JN485599

유럽헌법연구 I

▌대표저자 : 朴仁洙

영남대학교 법대교수 / 유럽헌법연구회 회장 / 한국비교공법학회 차기회장 / 한국헌법학회 부회장 / 한국지방자치법학회 부회장 / 한국공법학회 감사 / 국제헌법학회 한국학회 부회장 / 영남대학교 법과대학장 역임

▌유럽헌법연구회 구성원

박인수 교수(영남대학교) / 채형복 교수(영남대학교) / 문장일 연구교수(영남대학교) / 박진완 교수(경북대학교) / 서보건 교수(경남대학교) / 전학선 교수(광운대학교) / 전 훈 교수(경상대학교) / 정종길 교수(경기대학교)

유럽헌법연구 I

저자 / 박인수 외 7인 공저
펴낸곳 / 영남대학교 출판부
초판발행 / 2006년 2월 28일
초판3쇄 / 2008년 2월 26일
등록일 / 1975년 9월 5일 경산 제16-1호
주소 / 경북 경산시 대동 214-1
전화 / 053) 810-1801~3
FAX / 053) 810-4722

* 저자와의 협약으로 인지를 생략합니다.
* 잘못된 책은 바꾸어 드립니다.

책값 / **18,000** 원

유럽헌법연구 I

박 인 수 외 7인

영남대학교출판부

머리말

유럽헌법조약안(the Draft Treaty Establishing a Constitution for Europe)은 2004년 10월 29일 유럽연합 회원국 25개국의 정상들이 로마에서 서명함으로써 세계의 이목을 집중시킨 가운데 그 모습을 드러내었다. 헌법조약안은 전문 및 4개 편 본문의 448개 조문으로 구성되어 있으며, 36개 의정서, 2개 부속서, 50개 선언을 첨부하고 있다. 이전의 마스트리히트조약, 암스테르담조약, 니스조약 등과 비교하자면, 헌법조약안은 헌법전문을 별도로 두고, 종래의 조약 내용들을 집대성한 관계로 본문의 내용이 방대하며, 의정서 등의 헌법조약안에 대한 해석지침적 서류를 망라하고 있다는 점에 특성이 있다.

헌법조약안은 2004년 11월 11일 리투아니아가 비준한 이후 2005년 5월 29일 프랑스 및 6월 1일 네델란드가 비준을 부결하기까지, 헝가리, 슬로베니아, 이탈리아, 그리스, 슬로바키아, 스페인, 오스트리아, 독일이 국민투표 또는 의회동의의 방법에 의한 비준을 종료하였다. 프랑스와 네델란드의 비준 부결 이후에도 라트비아, 사이프러스, 몰타, 룩셈부르크에서 계속하여 헌법조약안에 대한 비준이 가결되었으나, 25개의 전 회원국에 의한 비준완료를 유럽헌법조약의 효력발생요건으로 하고 있으므로 2004년 10월 헌법조약안 서명 당시 예정하였던 2006년 11월 1일에 유럽헌법조약이 공식적으로 효력을 발생하기는 어려울 것으로 전망되고 있다. 또한, 프랑스와 네델란드의 비준 부결 이후 유럽의회가 2006년 상반기로 상정하였던 숙고기간(period of reflection)을 2006년 1월 19일 본회의에서 2007년 상반기까지 연기하고 2009년까지 유럽헌법을 제정하도록 촉구하고 있으므로 헌법조약안의 비준은 당분간 교착상태에 있을 전망이다. 그러나 헌법조약안의 내용과 관련하여서는 현재의 문안을 모두 폐기하고 새로운 조약안을 준비하는 방안 보다는 현재의 문안을 유지한 채 해석적 선언이나 추가의정서의 형식을 통해 보완하는 방법이 바람직한 것으로 보고 있으므로, 현재의 헌법조약안에 대한 연구와 자료수집은 지속적으로 이루어져야 할 것으로 본다.

마스트리히트조약에 의해 성립한 유럽연합은 종전의 경제공동체로서의 유럽을 대단히 빠른 속도로 정치공동체로 변모시키고 있다. 경제공동체로서의 결정판이 유로화 단일통화제도로 표현되었다면, 정치공동체로서의 모습은 유럽헌법의 제정으로 나타나고 있다. 유럽헌법에 관한 연구와 각국 헌법과의 비교 분석은 유럽과 회원국에 대한 연구와 이해를 확장하여 줄 뿐만 아니라 우리나라의 제도와 헌법 나아가 법분야 전반을 분석, 연구함에도 유용할 것으로 보아 2004년 헌법, 행정법, 국제법, 형법 등 다양한 분야의 연구자가 참가하는 유럽헌법연구회가 영남대학교에서 조직되었다.

본 유럽헌법연구(Ⅰ)은 유럽헌법연구회가 한국학술진흥재단 2004년도 기초학문육성 인문사회분야 지원(KRF-2004-072-BS3068)을 받아 연구한 결과물들을 정리한 것이다. 유럽헌법연구회는 영어·프랑스어 · 독일어 · 일본어 · 중국어의 다양한 언어의 연구자료들에 대한 강독회를 거치고, 한국비교공법학회와 공동으로 2004년 11월 영남대학교에서 '유럽헌법의 제정과 그 법적 쟁점'이라는 주제로 제1차 학술발표회를 개최하였으며, 2005년 1월에는 프랑스의 Paris 1대학에서 '유럽헌법, 회원국의 기본구조와 기본권(La Constitution européenne, les structures fondamentales des États membres et les droits fondamentaux)'이라는 주제로, 이어서 독일의 베를린 훔볼트대학의 발터-할렌슈타인-연구소에서 '유럽연합과 한국 간의 헌법적 대화'라는 주제로 공동세미나를 각각 개최하였다. 또한 2005년 8월에는 한국비교공법학회와 공동으로 헌법재판소에서 '유럽연합헌법의 기본원리'라는 주제로 제2차 학술발표회를 개최하였다. 공식적인 학술행사 이외에도 전문가 면담을 통한 자문이나 연구회 자체 토론 등을 거치면서 다양한 연구결과물을 축적할 수 있었다. 본 유럽헌법연구(Ⅰ)은 유럽헌법연구회의 활동을 통하여 생성된 다양한 연구결과물들 중 선별하여 정리한 것으로 유럽헌법연구에 있어서 주요한 자료로 활용되었으면 하는 기대를 감출 수 없다.

유럽연합법과 유럽의 개별 법에 대한 연구가 국내에서도 일부 연구자들을 중심으로 이루어지고 있기는 하지만, 유럽통합의 변화에 따른 새로운 물결을 시의적절하게 파악하기 쉽지 아니한 우리나라의 여건 속에서 유럽법의 출발이 될 수 있는 유럽헌법에 관한 내용을 단행본으로 출판함으로써 유럽헌법과 유럽법의 연구에 대한 관심을 이끌어 내고자 하는 것이 본서의 출간 목적이라 할 수 있다. 유럽통합에 따른 세계질서의 새로운 변화에 충분한 대응 준비와 실천이 어느 때보다 필요한 시기인 오늘날 본서의 출판이 계기가 되어 유럽연합헌법에 대한 전문적인 연구가 보다 활성화되었으면 한다.

본서의 출판은 국내외 유럽헌법전문가들의 협조와 유럽헌법에 대한 학문적 관심을 실천한 유럽헌법연구회 구성원들의 적극적인 참여가 없었으면 가능하지 못하였을 것이다. 출판에 즈음하여 유럽헌법연구회의 구성원인 영남대학교 채형복 교수, 영남대학교 문장일 연구교수, 경북대학교 박진완 교수, 경남대학교 서보건 교수, 광운대학교 전학선 교수, 경상대학교 전훈 교수, 경기대학교 정종길 교수에게 지면을 빌어 다시 한번 감사드리며, 학문적 대성이 있기를 기원한다. 각종 학술행사를 적극적으로 지원하고 참여하여 주신 모든 교수님, 연구자, 조교들에게도 심심한 사의를 표하며, 본서의 출판을 맡아 준 영남대학교 출판부장 이희욱 교수, 김성흠 행정실장, 이종백 선생과 유연숙 선생, 최종 원고의 수합과 정리를 맡은 문장일 연구교수와 박문석 강사에게 감사의 말씀을 드린다.

2006년 2월 25일

압량벌에서 **박 인 수**

차례

EU 헌법의 주요내용과 특징 [박인수]

Ⅰ. 서 론 ······ *1*
Ⅱ. EU헌법의 제정과 개정 ······ *3*
Ⅲ. EU 헌법의 주요내용 ······ *10*
Ⅳ. EU 헌법의 특징 ······ *26*
Ⅴ. 결 론 ······ *36*

유럽헌법제정에 관한 논의 [박진완]

Ⅰ. 서 ······ *40*
Ⅱ. 유럽헌법논의의 시발점으로서 유럽연합(EU) ······ *43*
Ⅲ. 유럽연합의 허약한 헌법적 구조의 대안으로서 유럽헌법조약 ······ *46*
Ⅳ. 니스(Nizza)에서의 유럽기본권헌장선언의 의미 ······ *50*
Ⅴ. 헌법화(Konstitutionalisierung) 혹은 조약의 개정(Vertragsrevision)? ······ *52*
Ⅵ. 유럽연합의 과도한 확대에 따른 기회와 위험요소들 ······ *55*
Ⅶ. 결 론 ······ *62*

유럽연합의 국가성여부와 법적 성격 [전학선]

Ⅰ. 서 론 ······ *66*
Ⅱ. 국가형태일반론 ······ *68*
Ⅲ. 유럽연합의 형성과정 ······ *73*
Ⅳ. 유럽연합의 기구 ······ *77*
Ⅴ. 유럽연합헌법을 통한 정체성파악 ······ *80*
Ⅵ. 주권(Souveraineté) ······ *88*
Ⅶ. 초국가성(supranationalité) ······ *89*
Ⅷ. 결 론 ······ *92*

유럽헌법조약상의 기본권 보장 [박진완]

Ⅰ. 서 ········ *94*
Ⅱ. 유럽연합의 기본권 헌장 ········ *98*
Ⅲ. 기본권 헌장의 유럽헌법조약에의 편입 ········ *104*
Ⅳ. 유럽헌법조약상의 기본권 보장과 포괄적 기본권 ········ *109*
Ⅴ. 제2편 기본권 헌장에 규정된 기본권들 ········ *113*
Ⅵ. 유럽헌법조약 상의 기본권 해석규칙 ········ *122*
Ⅶ. 결 론 ········ *132*

유럽헌법안에서 집행부간 권한행사의 범위 [정종길]

Ⅰ. 서 론 ········ *141*
Ⅱ. 입법적 권한 ········ *142*
Ⅲ. 행정 · 재정적 권한 ········ *148*
Ⅳ. 사법적 권한 ········ *154*
Ⅳ. 결 론 ········ *158*

유럽헌법상의 보충성원칙 [전 훈]

Ⅰ. 시작하는 말 ········ *163*
Ⅱ. 보충성원칙의 의의 ········ *166*
Ⅲ. 유럽연합조약 제 3B조(유럽공동체조약 제5조)의 분석 · *174*
Ⅳ. 보충성원칙 통제를 위한 새로운 메카니즘 ········ *177*
Ⅴ. 마치는 말 ········ *185*

유럽헌법과 국내법간의 효력 [서보건]

Ⅰ. 서 론 ········ *193*
Ⅱ. EC조약상의 EC법의 우위 ········ *196*
Ⅲ. 유럽연합의 권한에 관한 기본원칙 ········ *199*
Ⅳ. EU헌법상 권한의 유형 ········ *208*
Ⅴ. 회원국간 효력과 유럽사법재판소의 역할증대 ········ *212*
Ⅵ. 결 론 ········ *214*

▎유럽경찰의 조직과 권한 [문장일]

Ⅰ. 서 설 ········· *216*
Ⅱ. 유럽경찰의 조직과 권한 ········· *218*
Ⅲ. 독일 국내법 유럽경찰법의 내용 ········· *236*
Ⅳ. 요약 및 맺음말 ········· *239*

▎LA FRANCE ET LA CONSTITUTION EUROPEENNE [모덴·박인수]

Ⅰ. PRESENTATION DE LA ≪CONSTITUTION POUR L' EUROPE≫: (OU ≪CONSTITUTION EUROPEENNE≫) ········· *245*
Ⅱ. LA POSITION DE LA FRANCE A L'EGARD DE LA CONSTITUTION EUROPEENNE. ········· *267*

▎일본에서 유럽헌법의 논의 [서보건]

Ⅰ. 서 ········· *287*
Ⅱ. 유럽연합에 대한 기초법적 · 법철학적 분석 ········· *289*
Ⅲ. 통치기구의 문제 ········· *293*
Ⅳ. 주권과 시민권, 기본권의 개념에 관한 논의 ········· *301*
Ⅴ. 보충성(보완성)에 관한 논의 ········· *307*
Ⅵ. 일본에서 EU법에 대한 연구활동 ········· *311*
Ⅶ. 결론-EU법의 발전과 아시아의 대응 ········· *316*

▎유럽헌법의 전망 [박인수]

Ⅰ. 서 론 ········· *326*
Ⅱ. 회원국에 의한 유럽헌법 비준 문제 ········· *328*
Ⅲ. 회원국 가입확대의 문제 ········· *333*
Ⅳ. 결 론 ········· *339*

EU 헌법의 주요내용과 특징*

朴仁洙**

Ⅰ. 서론

기본권의 주요한 내용인 인간의 존엄성과 자유·평등·연대적 삶의 보장 등을 보편적 가치로 추구하며, 이를 사회와 국가 내의 제도에 의하여 투명하고 효율적으로 구현하기 위하여 민주주의와 법치주의를 구체화하고자 하는 것은 현대 국민국가와 헌법이 지향하고자 하는 공통적 방향이라고 할 수 있다.

동유럽의 정치적 붕괴 이후 더욱 가속화된 서유럽 공동체의 경제적·정치적 결속은 유럽연합 내에서의 유럽시민의 자유로운 이동과 체류, 단일통화 euro제도를 정착시켰으며, 회원국도 동유럽 국가들에 까지 확산되어 25개 회원국이 되었으며 루마니아와 불가리아의 가입도 가까운 시일 내에 실현될 것으로 보인다. 경제적 결속, 회원

---

* 이 논문은 한국학술진흥재단 2004년도 기초학문육성 인문사회분야 지원에 의하여 연구되었음(KRF-2004-072-BS3068).

** 嶺南大學校 法大 敎授

국 가입확대와 더불어 유럽연합은 정치적 결속과 유럽시민의 기본권 보장을 위하여 2000년 니스조약의 부속 형태로 유럽연합의 미래에 관한 선언 이후, Laeken 유럽이사회, 유럽미래회의, 정부간 회의의 활동 등을 거쳐 2004년 10월 29일 마침내 유럽연합 헌법조약안이 회원국 정상들에 의해 서명되기에 이르렀다.

본 헌법조약안은 전체 회원국이 자국의 국내법 규정에 따른 국민투표 또는 의회 동의 등의 비준절차를 2년 이내에 종결하는 경우 2006년 11월 1일부터 그 효력을 발생하게 된다. 이미, 자국 내의 헌법 또는 관계 법령 정비작업을 마치고 국내비준절차까지 종료한 국가가 리투아니아, 슬로베니아, 이태리, 헝가리 등이 있으며, 많은 국가들이 국내 비준에 관한 일정을 공포한 상태에 있다. 그러나, 25개국 전 회원국의 비준을 2년 이내에 받아 2006년 11월에 유럽헌법의 효력을 발생시키기에는 수많은 난관이 있을 것이라 생각되므로, 2006년에 그 효력의 발생할 것이라고 낙관하기는 쉽지 않다고 하겠다.

그러나, 그 효력의 발생이 2006년이 되거나 2007년이 되거나 간에 2004년 10월 25개 회원국 정상에 의해 서명된 헌법조약안의 내용은 그대로 유지되어지며 어떠한 수정도 있을 수 없다는 점에서, 이미 그 내용은 확정되어 있다고 하겠다.

따라서 본 논문에서는, 확정된 유럽연합헌법안이 체결되기까지의 과정[1)]과 효력 발생 및 헌법개정에 관한 문제와 유럽연합 헌법의 주요 내용으로서 EU 헌법전의 구성, EU가 추구하는 가치, EU의 기관 나아가 회원국과의 권한배분에 관한 문제를 살펴보고, 유럽헌법의 기존 조약 대체적 기능과 규범의 단순화, 유럽헌법에 의한 EU 민주주의의 강화와 EU의 효율성 증대를 유럽헌법의 특징으로

---

1) J. Touscoz, La constitution de l'union européenne, Bruylant, 2002, pp.97-137.

파악하여 고찰해 보고자 한다.

Ⅱ. EU 헌법의 제정과 개정

1. EU 헌법 조약안의 체결

유럽공동체가 유럽연합으로 전환한 것은 마스트리히트 조약으로부터 비롯되고 있으나, EU헌법 조약안에 관하여 공식적으로 논의하기 시작한 것은 2002년 2월 28일자로 개시된 '유럽미래회의(Convention on the Future of Europe, 일명 유럽회의 European Convention)에서였다. EU헌법 조약안의 체결을 유럽미래회의의 이전과 이후로 나누어 살펴본다.

(1) 유럽미래회의 이전

1) 2000.11.7. Nice 유럽이사회

2000년 11월 니스(Nice)에서 개최된 유럽이사회(the European Council)는 중동부 유럽국가로의 새로운 확대에 대비하여 '제 조약의 개정에 관한 협정(Agreement on the revision of the Treaties)'을 체결하기로 합의하였으며, 유럽이사회는 '니스조약(Treaty of Nice)'에 부속된 형태로 "연합의 미래에 관한 선언(Declaration on the future of the Union, 일명 '니스 선언: Nice Declaration')"을 채택하였다.

이 선언에 포함된 주요 내용을 간단히 살펴보면 다음과 같다.

먼저, 니스선언에는 연합의 미래를 논의하기 위한 세 단계가 예정되어 있었다. 제1단계는 공개토론의 과정을 거치도록 하는 것이었으며, 제2단계는 보다 구체화된 단계로서 2001년 겨울에 개최될 Laeken 유럽이사회에서 그 내용을 한정한다는 것이었다. 제3단계에서는 2004년에 개최되는 정부간회의(Intergovernmental Conference: IGC)에서 제 조약의 필요한 개정 내용에 대해 결정한다[2]는 것이었다.

또한 향후 연합의 미래회의에서 논의할 주요 논제로는 다음의 네 가지로서, 유럽헌법조약안에 포함될 기본적 내용에 관한 것들이었다고 볼 수 있다.[3]

· 보충성원칙에 비추어 보아 EU와 회원국 간 권한의 보다 명확한 경계를 어떻게 확립하고 감시할 것인가?
· Cologne 유럽이사회의 결론에 따라 니스에서 선언된 'EU 기본권 헌장(Charter of Fundamental Rights of the European Union)의 지위는 무엇인가?
· 그 의미의 변경없이 보다 명확한 동시에 이해 가능하도록 만들기 위하여 제 조약의 단순화는 어떻게 할 것인가?
· 유럽건설에 있어 국내의회의 역할은 무엇인가?

2) 2001.12.15. Laeken 유럽이사회

2001년 12월 15일, Laeken 유럽이사회는 'EU의 미래에 관한 선언(Declaration on the Future of the European Union, 일명 '라켄선언' Laeken Declaration)을 채택하였다.

이 선언이 지향하는 바는 보다 민주적이고, 투명하며, 또 효과적인 유럽을 건설하고, 유럽시민을 위한 헌법을 채택하는 것이었

---

2) 니스선언 제3항 · 제7항.

3) 니스선언 제5항.

다고 할 수 있다. 다시 말하여, '유럽헌법 제정 조약안(Draft Treaty establishing a Constitution for Europe)'을 준비하기 위하여 '유럽회의(European Convention)'를 조직하고, EU의 미래를 위한 본질적인 문제들에 대해 검토할 필요가 있다는 것이었다.

라켄선언은 다음과 같은 네 가지 주제를 강조하고 있다.

- 연합과 회원국간 권한의 배분을 어떻게 할 것인가?
- 어떻게 하면 유럽 제 기관(European Institutions)의 행위를 보다 명확·단순화시킬 것인가?
- 어떻게 하면 연합에 있어 보다 많은 민주성, 투명성 및 유효성을 확보할 것인가?
- 유럽시민을 위한 헌법의 제정은 가능할 것인가?

위의 첫 번째에서 세 번째의 주제는 결국 네 번째 주제인 '유럽헌법' 제정의 문제로 귀결되었으며, 라켄선언은 제3장에서 유럽의 미래, 그 가운데서도 특히 유럽헌법을 제정하기 위한 '유럽미래회의(Convention on the Future of Europe)'의 조직과 운영방식 등에 관하여 개략적인 가이드라인을 제시[4]하게 된 것이었다.

(2) 유럽미래회의

2002년 2월 28일자로 개시된 '유럽미래회의(Convention on the Future of Europe)'[5]는 유럽헌법을 제정하기 위한 논의를 개시하

4) 채형복, "유럽헌법의 제정을 둘러싼 법적 쟁점의 검토", 『영남법학』 제10권 제1호, 2004.6, p.197.

5) 유럽이사회는 유럽회의 의장으로 전 프랑스 대통령 Valéry Giscard d'Estaing을, Giuliano Amato와 Jean-Luc Dehaene을 부의장으로 임명하였다. 유럽회의는 이들 외에 15인과 13인의 각 회원국 및 가입후보국 대표(1인/1국). 30인과 26인의 회원국 및 가입후보국 국내의회 대표(2인/1국), 16인의 유럽회

고,[6] <표 1>과 같이 구성된 11개 실무단으로 하여금 주요 현안별로 보고서를 제출하게 하였다[7]. 이 보고서를 바탕으로 동 회의는 약 15개월여의 논의 결과를 2003년 6월 18일 Thessaloniki 유럽이사회에 '유럽헌법 제정 조약안(Draft Treaty establishing a Constitution for Europe)'을 제안서의 형태로 제출하였다. 동 유럽이사회는 정부간 회의(Inter-Governmental Conference: IGC)로 하여금 가능하다면 2004년 6월 15일에 있을 차기 유럽의회 의원 선거 전에 유럽헌법 초안에 대해 동의안을 채택하도록 요청하였다.

〈표 1〉 유럽회의 실무단의 구성

1	Working Gruop Ⅰ	보충성(Subsidiarity)
2	Working Gruop Ⅱ	기본권헌장/유럽인권협약(Charter/ECHR)
3	Working Gruop Ⅲ	법인격(Legal personality)
4	Working Gruop Ⅳ	회원국 의회(National parliaments)
5	Working Gruop Ⅴ	보충적 권한(Complementary Competencies)
6	Working Gruop Ⅵ	경제적 지배(Economic Governance)
7	Working Gruop Ⅶ	대외활동(External Action)
8	Working Gruop Ⅷ	방위(Defense)
9	Working Gruop Ⅸ	단순화(Simplification)
10	Working Gruop Ⅹ	자유, 안전 및 사법 (Freedom, Security and Justice)
11	Working Gruop Ⅺ	사회적 유럽(Social Europe)

의 대표 및 2인의 집행위원회 위원으로 구성되어 있으며, 또한 3인의 경제사회이사회 대표, 5인의 지역위원회 대표, 3인의 노사대표 및 유럽옴부즈맨이 업저버로서 참가하였다.

6) 유럽미래회의는 사실상 유럽헌법을 제정한 목적을 가지고 있었으므로 유럽헌법제정회의라고 부르기도 한다.

7) 실무단별 담당현안 및 그 주요쟁점에 대한 검토는 채형복, "유럽헌법의 쟁점을 둘러싼 법적 쟁점의 검토 -실무단의 최종보고서를 중심으로", 『영남법학』 제9권 제2호, 2003.8, pp.120-146 참조.

(3) 정부간 회의의 활동

위 제안서를 바탕으로 정부간 회의[8]에서 최종적으로 유럽헌법의 채택 여부에 대해 논의 · 결정하였다. 그리하여 IGC는 2003년 11월 25일자로 유럽헌법에 대한 자신의 견해를 문서 50/03(Document ICG 50/03)으로 채택하고, 이를 유럽이사회에 제출하였다.

2004년 6월 17~18일, 브뤼셀에서 개최된 유럽이사회는 유럽헌법조약(Treaty establishing a Consitution for Europe)을 채택하기로 공식적으로 합의하였다. 유럽이사회의 합의에 따라 유럽헌법조약안은 ICG 문서번호 81/04(Document ICG 81/04)로 채택되었으며, 문서번호 85/04(Document ICG 85/04)에 의해 일부 개정 · 보완되었다. 10월 29일, 회원국 정상들이 1950년 유럽공동체의 첫발을 내디뎠던 로마에서 회동하여 유럽헌법에 서명함으로써, 유럽헌법조약안은 유효하게 성립하게 되었다.

2. EU 헌법의 발효

25개 회원국들이 자국의 국내법 절차에 따라 헌법조약안에 대한 비준을 2006년 11월 1일 이전에 모두 마친 경우, 헌법조약안은 2006년 11월 1일 효력을 발생한다. 국내법에 따른 비준 절차는 국민투표에 의해 확정하는 경우, 의회의 의결에 의해 승인받는 경우, 국민투표와 의회의결 양자를 요구하는 경우 등 회원국의 국내법에 따라 상이하다.

모든 회원국의 비준이 2006년 11월 1일까지 이루어지지 않은 경

8) 정부간 회의(IGC)는 2003.9. 이태리정부의 요청에 의하여 로마에서 2003. 10.4일부터 개최되었다. IGC의 구성 등에 관하여는 http://www.robert-schuman.org/Synth105.htm.참조.

우에는 최종적인 비준절차를 종료한 국가가 비준서를 제출한 이후 2개월째의 1일에 효력을 발생하도록 규정하고 있다.[9] 예를 들면, 25번째 비준서가 2007년 2월에 제출된 경우에는 2007년 4월 1일에 효력을 발생하게 된다.

비준 실패의 경우 어떻게 할 것인지에 대하여는 공식적 규정이 없다. 그러나, 25개 회원국 정상들은 헌법조약 서명 후 2년이 경과되고 회원국의 4/5가 비준을 하였으나 일부회원국이 비준에 여전히 어려움을 겪을 경우 EU 정상회의에서 동 문제에 대한 해결방안을 강구하기로 결정한 바 있다.

따라서, 이러한 경우가 발생하게 되면 EU 정상회의에서는 헌법조약 비준을 위한 두 번째 국민투표를 실시하거나, 새로운 정부간회의(intergovernmental conference)를 개최하거나 아니면 잠정협약을 체결할 수 도 있을 것이다. 유럽헌법이 효력을 발생하기 이전 까지는 기존의 니스조약의 효력이 유지될 것임은 명확하다고 하겠다.

3. EU 헌법의 개정

헌법조약은 여타 국제조약과 마찬가지로 적법한 절차에 따라 개정 가능하며, 헌법조약안 제4편 일반 및 최종규정 제443조~제445조의 3개 조항에서 EU헌법의 개정절차를 일반개정절차와 약식개정절차로 구분하여 규정하고 있다.

헌법조약 발효후 모든 회원국 정부, 유럽의회 또는 EU집행위원회는 개정 제안을 할 수 있으며, 제안된 개정안은 '유럽미래회의(Convention on the Future of Europe)'와 유사한 협의회(Convention)

9) EU헌법 제4편 제447조 제2항.

에서 심의되어야 한다. 개정안에 대해 모든 회원국이 만장일치로 동의하고 회원국정부에서 비준되어야 헌법개정안은 확정된다.[10]

일반적 개정절차 이외에 EU헌법조약은 2가지의 보다 간략한 개정절차를 명시하고 있다. 첫번째 약식개정절차는 헌법 제3편의 규정에서 정하는 일정한 요건을 충족하는 경우에 해당하는 절차로서, 일정 요건이 충족된 경우 유럽이사회는 개정 발안할 수 있다. 이 경우 유럽이사회의 발안은 회원국의회에 이송되어 확정절차를 거쳐야 한다. 이송 후 6월 이내 어느 한 회원국 의회라도 반대하는 경우에는 헌법개정은 종료된다. 반대가 없는 경우에 한하여, 유럽이사회의 발안은 유효한 것으로 확정될 수 있다. 유효하게 확정된 헌법개정 발안이 통과되기 위해서는 유럽의회의 동의를 받아 유럽이사회가 만장일치로 결정하여야 한다. 유럽의회의 동의는 재적의원 과반수의 찬성을 요한다.[11]

두 번째 약식개정절차는 제3편 제3부 규정의 전부 또는 일부개정의 경우에 한하여 적용되는 절차이다. 이 절차는 모든 회원국정부, 유럽의회 또는 집행위원회는 유럽이사회에 헌법개정안을 제출할 수 있으며, 유럽이사회는 헌법개정안을 결정으로 채택할 수 있다. 유럽이사회는 이 경우 유럽의회, 집행위원회, 화폐와 관련한 경우에는 유럽중앙은행과 협의를 거친 후 만장일치 의결을 통하여 헌법개정을 행하게 된다. 유럽이사회에 의한 헌법개정이 효력을 발생하기 위하여서는 각 회원국의 헌법규범에 따른 회원국들의 동의가 있어야 한다.[12]

---

10) 일반적 개정절차는 헌법 제4편 제443조에서 규정하고 있다.

11) EU헌법 제4편 제444조.

12) EU헌법 제4편 제445조

Ⅲ. EU 헌법의 주요내용

1. EU 헌법전의 구성

유럽연합 헌법조약안은 전문과 본문 네개 편·448개 조문으로 구성되어 있으며, 36개의 의정서, 두 개의 부속서(annexes), 50개의 선언을 첨부하고 있다.[13] 이 헌법 조약안은 유럽미래회의가 초안한 조약안의 구성방법을 그대로 인용하고 있다.

본문 4개편의 편별에 따른 어떠한 규범적 위계관계도 존재하고 있지 아니하며, 헌법전문의 경우도 헌법적효력이 있는 것으로 보고 있다.

(1) 전문

이전의 조약들과 비교해 보면 헌법전문을 두고 있는 것이 새로운 시도라 할 수 있다. 전문에서는 유럽의 문화적, 종교적,[14] 인도주의 유산을 바탕으로 전세계 평화, 정의 및 연대를 위해 노력할 것과, 다양성 속의 통합을 통해 유럽시민들에게 최고의 기회를 제공할 것, 후세 및 세계에 대한 책임을 인식하고 인간에게 고유한 희망을 바탕으로 한 위대한 도전 추구 등에 관하여 규정하고 있다.

---

13) 36개 의정서·두 개의 부속서·50개 선언의 전체목록과 주요내용은 Jean-Luc Sauron, La Constitution européenne expliquée, Gualino éditeur, Paris, 2004, pp.247-290.

14) 이태리와 폴랜드 등 많은 국가들이 기독교를 헌법전문에 성문화 요구하였으나 반영되지 않았다.

(2) 제1편

제1편은 새로운 EU에 적용될 원칙, 목적, 기관의 개요 등에 관하여 규정하고 있다. 9개의 부, 60개의 조문으로 이루어져 있으며, 각 부는 다음과 같이 나뉘어져 있다.

제1부 연합의 정의와 목적
제2부 기본권과 연합의 시민권
제3부 연합의 권한
제4부 연합의 기관
제5부 연합의 권한 행사
제6부 연합의 민주적 생활
제7부 연합의 재정
제8부 연합과 인접환경
제9부 연합의 회원자격

(3) 제2편

연합의 기본권에 관한 제2편 규정은 2000년말 채택된 유럽연합 기본권헌장을 편입시킨 것으로, 전문・7개부 54개의 조문으로 이루어져 있다.

제1부 인간의 존엄성
제2부 자유
제3부 평등
제4부 연대
제5부 시민권
제6부 사법
제7부 헌장의 해석과 적용에 관한 일반규정

(4) 제3편

제3편은 EU의 정책과 운영에 관한 기본적인 내용을 규정하고 있다. 역내시장, 경제 및 화폐 통합, 자유·안전 및 사법의 공간, 공동외교 안보정책 등과 같은 EU의 대내·외적 정책이 규정되어 있다.

제3편은 7개의 부, 322개 조문으로 구성되어 있다.

제1부 일반적용조항
제2부 차별금지와 시민권
제3부 역내 정책과 활동
제4부 해외 영토와 자치령의 결사
제5부 EU의 대외 활동
제6부 EU의 기능
제7부 공통규정

(5) 제4편

EU 헌법조약의 일반 및 최종규정으로 이루어진 제4편은 헌법의 효력 발생, 헌법개정절차, 선행 조약들의 폐지 등에 관한 12개의 조문을 두고 있다.

(6) 부속 의정서와 선언

유럽헌법은 36개의 의정서, 두 개의 부속서와 50개의 선언을 첨부하고 있다. 부속 의정서의 내용으로는 EU에서의 회원국 의회의 역할에 관한 의정서, 보충성과 비례의 원칙의 적용에 관한 의정서, EURATOM 조약의 개정에 관한 의정서, 유로그룹에 관한 의정서, 유럽의회에 있어서 시민대표와 시민 및 유럽이사회와 각료이사회에서의 투표가중치에 관한 의정서 등이 있으며, 선언으로는 유럽헌법의 조문과 관련한 30개의 선언과 의정서와 관련한 20개의 선언이 있다.

2. EU가 추구하는 가치

(1) 유럽연합의 가치 구축

헌법은 상호 이질적인 요소들에 대한 동화적 통합의 결과이거나 또는 새로운 가치질서의 창출에 있다. EU헌법 또한 유럽연합 회원국들과 유럽연합 시민들을 하나로 통합하는 공통의 가치를 형성하는데 기여하고 있다. 유럽헌법을 초안하는 배경에는 유럽이 진정한 가치공동체로 거듭 날 수 있다는 낙관적인 견해에서부터 출발하고 있다는 점을 간과할 수 없다. 이러한 관점에서 고찰하면, 유럽헌법은 유럽 차원에서의 새로운 사회계약으로 볼 수 있으며, 이를 중심으로 유럽 시민들이 추구하고자 하는 공통의 가치를 확립하고 있다. 즉, 양차 세계대전과 전체주의의 체제에 의하여 오랫동안 분열되어 있었던 유럽의 시민과 개인들을 통합시키는 협약이라 볼 수 있을 것이다.

EU 헌법 前文에서 EU는 “인간의 불가양·불가침의 권리를 이루고 있는 보편적 가치들과, 민주주의, 평등, 자유, 법치주의”를 추구할 것을 규정하고 있다.

헌법은 유럽연합의 정체성을 확보하기 위한 원칙들과 기본적 가치들에 관하여 규정하고 있다. 따라서 “유럽연합은 유럽연합의 가치를 존중하고, 이를 공동으로 증진시키고자 하는 모든 유럽국가들에게 개방되어 있다”라고 규정하고 있다.

헌법 규정에 의하면 유럽연합이 토대로 하고 있는 가치들은 인간의 존엄성·자유·민주주의·평등·법치주의의 존중, 소수자의 인권을 포함한 인권의 존중으로 볼 수 있다.[15)]

"이러한 가치들은 다원주의, 차별금지, 관용, 정의, 연대, 남녀평등에 의해 특징될 수 있는 사회에 있는 회원국가들에게 공통적인 것이다"라고 헌법은 규정하고 있다.[16)] 이것은 유럽에게 보다 적절한 사회 모델을 제시한 것이라 볼 수 있을 것이다.[17)]

이러한 가치들에 대한 존중은 새로운 회원국 승인을 위한 본질적 요건 중 하나이며, 또한 역으로, 특정 회원국이 이러한 가치들을 존중하지 아니하는 경우에는 회원국으로서의 권한 행사를 중지하게 하는 점을 감안하면, 유럽연합의 가치에 관한 중요성을 충분히 이해할 수 있다. 이는 유럽의 가치들은 이견이 있을 수 없는 명확한 것이며 기본적인 것으로서, 단순히 선언적인 윤리규범 이상인 것으로 명백한 법적 개념임을 의미한다고 볼 수 있다.

(2) 유럽시민의 기본권 보장

유럽헌법 제2편은 연합시민의 기본권에 관하여 규정하고 있으며,

---

15) EU헌법 제1편 제2조 1문.

16) EU헌법 제1편 제2조 2문.

17) 유럽헌법은 유럽연합이 추구하는 가치의 바탕 위에서 EU가 지향하는 바의 목적을 헌법 제1편 제3조에서 다음과 같이 규정하고 있다.
- 연합의 목적은 평화와 그 가치 및 인민의 복지를 증진하는 것이다.
- 연합은 그 시민들에게 내부국경이 없는 자유, 안전 및 사법지대(an area of freedom, security and justice)와 권한이 자유롭고 왜곡되지 않은 역내시장(an internal market)을 제공해야 한다.
- 연합은 완전고용과 사회 발전을 지향하는 균형적인 경제성장, 사회시장경제 및 고도의 경쟁력에 기초한 유럽의 지속가능한 개발과 높은 보호수준과 환경의 질적 향상을 위하여 노력해야 한다. 이는 과학과 기술 발전을 증진시킬 것이다.

전문, 7개부, 54개 조문으로 구성되어 있다. 이는 2000년 12월 18일 Nice의 유럽이사회에서 채택한 유럽연합 기본권 헌장을 유럽헌법안에 편입한 것이다.

유럽연합의 기본권 헌장은 유럽의 다양한 회원국들 뿐만아니라 국제적 차원에서의 근거에 토대로 두고 있으나, 특히 1950년 유럽인권협약(la Convention européenne des droits de l'homme de 1950)[18]과 1989년 유럽사회헌장(la Charte sociale européenne de 1989)에 기반을 두고 있었던 것이다. 유럽연합의 기본권 헌장에 대하여는 법적효력이 의문시되고 있었으며, 재판규범성은 배제되어 있다고 보는 것이 일반적이었다. 그러나, 기본권헌장이 유럽헌법전에 편입됨으로 인하여 기본권헌장이 헌법적 성격을 부여받게 되고, 보다 강한 법적보장을 받게 되었다고 볼 수 있다.

7개의 부는 전술한 바와 같이 존엄성(제1부), 자유(제2부), 평등(제3부), 연대(제4부), 시민권(제5부), 정의(제6부), 헌장의 해석과 적용에 관한 일반규정(제7부) 으로 구성되어 있다.

헌법 제2장에 의한 기본권 규정은 유럽이 자유로운 유통공간으로서 단일한 경제공동체일 뿐만아니라 1950년 체결하였던 유럽인권협약이 지속적으로 유지되면서 유럽시민의 존엄성과 자유를 보호하기 위한 가치추구와 권리의 공간임을 확인한 것이라 볼 수 있다.

결국, 유럽연합 기본권헌장은 유럽연합과 그 회원국들로 하여금 인권보장을 위한 자국의 규정들을 완결시켜 주는 기능을 행하게 된다고 할 것이다. 이러한 기능은 유럽으로 하여금 세계의 여타 어느

18) EU의 유럽인권협약의 가입여부가 EU헌법 이전에 관심대상이었으나, EU헌법은 제1편 제9조 제2항에서 'EU는 유럽인권협약에 가입한다'라고 규정하고 있으므로 EU헌법이 발효되면 이 문제는 헌법규정에 의해 해결되어질 것이다.

지역보다 기본권 보장이 실효적으로 보장될 수 있는 민주적 공간으로 거듭 태어나게 할 것이다.

유럽인에게 공통적인 가치들과 이에 부합한 기본권 규정들은 유럽이 지향하는 미래사회의 핵심들을 표현하고 있는 것이라 할 것이다.

3. EU의 기관

EU의 기관은 마스트리히트 조약 이후 암스테르담 조약, 니스조약 등에서 규정하고 있는 EU기관의 기본골격을 유지하고 있다. 즉, 유럽의회, 유럽이사회, 각료이사회, 집행위원회 및 사법재판소를 5대 기관으로 규정하고 있으며, 기타기관으로서 유럽중앙은행과 감사원, 자문기구로서 지역위원회와 경제사회이사회를 두고 있다. EU 헌법안 제1편 제4부 제1장에서 5대 기관을 규정하고 있으며, 제2장에서 기타기관과 자문기구에 관하여 조문화하고 있다.

EU 헌법의 필요성 중 주된 부분이 EU기관의 작용을 보다 명확히 하고자 하는데 있다고도 할 것이다. 유럽공동체의 의사결정 구조가 대단히 복잡한 과정을 거치도록 이루어져 있었기 때문에 이는 유럽 시민들로 하여금 EU에 의해 취해지는 결정들에 대하여 무관심하게 하였으며, 대단한 거리감을 가지게 하였던 것이 사실이다. 따라서, 유럽의 정치체계에 관하여 유럽시민들이 잘 이해할 수 있도록 하기 위하여, 헌법전은 EU 각 기관의 역할과 작용을 명시하고 있다.

종전 EU 조약에 의해 이미 구체화된 내용 이외, 현행 헌법조약안에서 구체화하거나 새로이 제도화한 내용을 중심으로 살펴보면 다음과 같다.

(1) 유럽 집행위원회의 축소와 정당성의 강화

유럽 집행위원회는 EU에서 중심적인 역할을 맡고 있다. 유럽 집행위원회는 법률안 발안권을 독점적으로 행사하며, 이를 통하여 주요한 정치적 영향력를 행사하게 된다.[19)]

헌법 발효 이후 처음으로 구성되는 집행위원회(2009~2014)에는 각 회원국 별로 1명씩의 집행위원[20)]을 가지게 되지만,[21)] 그 이후부터는 집행위원의 수를 전 회원국 수의 2/3로 제한하고 있다.[22)] 즉, 이 기간동안 루마니아와 불가리아가 유럽연합 회원국으로 승인되어진다면, 회원국의 수는 27개에 달하게 되며 집행위원의 수는 18인으로 이루어지게 된다. 집행위원를 배출하는 회원국은 전체 회원국간의 동등한 순환 순서에 따라 결정되는 방식을 취하게 된다. 집행위원의 규모를 축소한 유럽 집행위원회의 새로운 구성방법은 회원국의 수가 증대함에 따라 예견되는 의사결정에서의 비효율성과 집행위원의 회원국 이익대표적 성격을 배제하여, 유럽연합의 의사결정을 보다 간편하게 하고자 하는 데 있다고 할 수 있다.

또한 주요한 개혁적인 내용이 될 수 있는 것이 집행위원회 위원장 선출방법이라 할 수 있다.[23)] 향후 유럽 집행위원회 위원장은 유럽의회 의원 선거 결과에 따라 구성되는 유럽의회가 유럽이사회의 추천에 의해 선출된다. 유럽이사회의 추천은 유럽의회와의 협의를 거치도록 하고 있다. 집행위원회의 위원장 선출방법의 변경은 두

---

19) 집행위원회에 관하여는 EU헌법 제1편 제26조 참조. 집행위원회는 유럽의회에 연대책임을 진다.

20) 집행위원회위원의 임기는 5년으로 규정하고 있다.

21) EU헌법 Ⅰ-26조 제5항.

22) EU헌법 Ⅰ-26조 제6항.

23) EU헌법 Ⅰ-27조 제1항, 집행위원회 위원장의 권한에 대하여는 Ⅰ-27조 제3항 참조.

가지의 장점을 나타내고 있다. 첫째는 집행위 위원장에게 민주적 정당성을 부여한다는 점이다. 현재까지 집행위 위원장이 민주적 정당성 기관이 아님으로 해서 이 기관이 유럽 시민들과 격리되어 있는 것으로 인식되고 있었다는 점을 고려하면 집행위 위원장 선출방법의 변경은 대단히 중요한 의미를 가지는 것이라 볼 수 있다. 둘째는 유럽의회의원 선거가 단순히 유럽의원 선출적 기능만 가지는 것이 아니라, 선거 그 자체가 하나의 정치적 행위로서 유권자 다수의 투표가 유럽 정치에 직접 관여하게 된다는 것을 의미한다고 볼 수 있다.

(3) 유럽이사회 대통령

EU 유럽이사회 의장 또는 유럽이사회 대통령은 현재 각 회원국들의 국가 원수 또는 행정부 수반에 의해 6개월씩의 임기로 순환되고 있다. 이러한 임명 방법은 EU 전 회원국들의 국가원수 또는 행정부 수반으로 구성되는 유럽이사회가 EU의 주요한 정책 방향을 결정함에 있어서 업무의 안정성을 확보하기에는 상당한 장애로 작용하였던 것이다.

따라서 유럽 헌법전의 가장 주요한 개혁적인 내용 중 하나가 안정적인 대통령직의 창설이라 할 수 있다. 유럽의회와 집행위원회에서와 마찬가지로 유럽이사회도 전속적 대통령을 가지게 되며, 전속 대통령은 회원국에서의 여하한 직무도 행할 수 없게 된다.[24] 대통령은 유럽이사회의 재적 과반수에 의해 선출되며, 2년 반의 임기를 가지며 1회에 한하여 연임할 수 있다.[25]

24) EU헌법 I-22조 제3항.

25) EU헌법 I-22조 제1항. 유럽이사회 대통령의 권한에 대하여는 EU헌법 I-22조 제2항 참조.

유럽이사회 대통령은 국제무대에서 EU 대표의 자격으로 참석하고 발언 및 표결권을 행사하며, 유럽이사회의 회의를 주재하고 조정한다.

(4) 각료이사회

EU회원국의 각료들로 구성되는 각료이사회는 유럽의회와 함께 유럽법률 표결에 관한 주요한 권한을 행사한다. 각료이사회는 경제, 재정, 농업 등과 같이 관련 영역별로 별도로 구성되며, 단일한 각료이사회만 존치하는 것이 아니다.

각료이사회와 관련한 첫 번째 변화는 이사회가 심의 · 표결 시에는 공개로 하도록 함에 있다고 할 수 있다.[26] 현재까지 비공개로 이루어졌던 이사회의 활동을 공개적으로 행하도록 변화시킨 것은 EU의 민주화라는 측면에 기여할 것으로 예측할 수 있다. 각료이사회가 담당하는 구체적인 관련 영역에 대하여 EU 헌법은 총무이사회[27]와 외무이사회[28]를 별도로 두도록 규정하고 있다. 총무위원회는 분야별 각료이사회의 업무들이 긴밀하게 협조될 수 있도록 하며, 외무위원회는 새로이 신설되는 유럽 외무장관에 의해 주재되며 유럽이사회에 의해 확정된 외교정책 방향에 따라 EU의 대외 활동을 구체화하게 된다.

두 번째 변화는 의결정족수의 변화에 있다. 즉, 단순 과반수로 의결하는 유럽의회와 달리, 각료이사회에서의 의결정족수는 각 회원국의 현실적인 영향력과 유럽시민의 과반수의사를 고려하도록 하

---

26) EU헌법 Ⅰ-24조 제6항.

27) EU헌법 Ⅰ-24조 제2항.

28) EU헌법 Ⅰ-24조 제3항.

고 있는 가중다수결제도를 취하고 있다. 현재까지 가중다수결제도는 각 회원국의 인구비례에 따라 각 회원국이 일정 수의 투표권을 갖도록 하는 투표 수 가중의 방법을 취하였었다.[29] 그러나 EU헌법안은 이러한 가중 다수결제도를 보다 투명하고 보다 민주적인 제도로 대체하여 회원국의 수와 유럽시민의 수에서 모두 다수결을 얻도록 하는 이중다수결제도를 채택하고 있다. 이 제도에 따르면, 유럽이사회에서 법률이 가결되기 위해서는 최소한 유럽시민 65%를 대표하는 15개이상 회원국 55%의 합의를 얻어야 한다.[30] 새 제도는 다수를 형성함에 있어 보다 용이하고 따라서 이사회가 결정을 행함에 있어 보다 수월하다는 점에서, Nice 조약에서 확립되었던 가중다수결제도와 비교해 보면 보다 민주적이며 보다 효율적인 것으로 평가되고 있다.

---

29) 루마니아와 불가리아까지 EU에 가입한 경우를 전제로 한 확대된 유럽 27개국에 대한 투표가중치는 다음과 같다.

독일	29	불가리아	10
영국	29	오스트리아	10
프랑스	29	슬로바키아	7
이탈리아	29	덴마크	7
스페인	27	핀란드	7
폴란드	27	아일랜드	7
루마니아	14	리투아니아	7
네덜란드	13	레토니아	4
그리스	12	슬로베니아	4
체코공화국	12	에스토니아	4
벨기에	12	사이프러스	4
헝가리	12	룩셈부르크	4
포르투칼	12	몰타	3
스웨덴	10	합계	345

현행 가중다수결제도에 관한 내용은 채형복, "다양성 속에서의 통합", 『유럽연구논총』 제18권, 2003년, 겨울호, pp.145-148 참조.

30) EU헌법 I-25조 제1항.

(5) 유럽외무장관

EU 헌법은 유럽외무장관직을 신설하고 있다.[31] 외무장관은 현행 Javier Solana가 행하고 있는 공동외교안보정책의 대표기능과 현재는 Chris Patten이 행하고 있으나 2004년 11월 1일부터는 Benita Ferrero-Waldner 여사가 행하게 될 대외관계 집행위원회 위원의 기능을 통합한 것이라 할 수 있다. 외무장관은 EU의 대외활동에 보다 강한 일관성과 통합을 부여할 것으로 보여진다.

외무장관은 유럽의회의 신임을 받아 유럽이사회에 의해 임명되며, 유럽집행위원회의 부위원장[32]과 각료이사회의 외무이사회 의장[33]이 된다.

(6) 유럽의회

EU헌법은 유럽의회의 권한을 강화하고 있다. 종전보다 입법・예산영역과 정치적 통제영역에서 유럽의회는 그 권한을 확장하고 있으며,[34] 이는 EU의 민주주의를 실제적 측면에서 진일보하게 할 것으로 본다.

구성의 측면에서, EU헌법은 소규모 국가의 주장을 수용하여 유럽의회의원의 최소수를 4인에서 6인으로 증대함으로써,[35] 소규모국가의 대표성을 확대하였다. 반면 유럽의회의원의 총정원의 한계를 750인으로 제한하고 있으며, 특정회원국에게 최대한 배정할 수 있는 의원수를 96인으로 제한하고 있다.[36] 이러한 신구성방법에 따르

31) EU헌법 Ⅰ-28조.
32) EU헌법 Ⅰ-28조 제4항.
33) EU헌법 Ⅰ-28조 제3항.
34) EU헌법 Ⅰ-20조 제1항.
35) EU헌법 Ⅰ-20조 제2항.

면 독일은 99석의 과거의석수가 96석으로 줄어들게 되며, 영국과 프랑스는 동일한 의원수를 유지하게 된다.37)

이러한 원칙은 2009년 유럽의회가 새로이 구성될 때부터 적용된다.

(7) 유럽사법재판소

사법재판소는 회원국 간(EU와 회원국간, EU의 기관간이나 EU의 개인들간에 발생하는)의 법적분쟁을 규율하고 EU 영토 내에서 EU 권리를 수호하고 해석하는 사법기관이다.38)

4. 회원국과의 권한배분

(1) 권한의 명확화

EU헌법은 EU와 그 회원국 간의 권한 배분을 명확히 하고 있다.

---

36) EU헌법 Ⅰ-20조 제2항.

37) 현행 유럽의회 의석수를 도표로 보면 다음과 같다.

독일	99	스웨덴	19
영국	78	오스트리아	18
프랑스	78	슬로바키아	14
이탈리아	78	덴마크	14
스페인	54	핀란드	14
폴란드	54	아일랜드	13
몰타	5	리투아니아	13
네덜란드	27	레토니아	9
그리스	24	슬로베니아	7
체코공화국	24	에스토니아	6
벨기에	24	사이프러스	6
헝가리	24	룩셈부르크	6
포르투칼	24	합계	732

38) EU헌법 Ⅰ-29조; 유럽사법재판소에 관하여는 R.Dehousse, La Cour de justice des Communautés européennes, 2e éd, Montchrestien, 1997. p.158 참조.

헌법은 EU 내에서 누가 무엇을 할 것인가? 라는 논제에 대하여 명확한 해법을 제시하고 있다. 이것은 다양한 권력단계에서의 책임을 강화할 수 있다는 점에서 유럽의 민주화에 결정적인 요소가 될 것이라 할 수 있다.

(2) 권한 배분의 원칙

EU와 회원국 간의 권한배분은 다음의 세 가지 원칙에 의거하고 있다.[39)]

- EU는 회원국이 헌법전에서 그에게 부여하고 있는 권한을 행사한다. 그 이외의 모든 권한은 계속해서 회원국에게 속한다. 이러한 배분원칙에 따라 EU는 회원국의 합의없이 회원국의 권한을 침해하면서 그의 권한을 확대할 수 없다는 것을 의미한다.
- EU는 회원국이 그들의 권한을 공통으로 행사하고자 결정한 사항에 대하여 보다 효율적이기 위하여 행위한다(보충성의 원칙).[40)]

---

39) 유럽헌법은 EC조약과는 달리 보다 직접적이고 명확하게 연합의 권한의 權原에 대해 규정하고 있다. 양자의 관련 규정을 비교해보면 다음과 같다.
EC조약 제5조: "공동체는 본 조약에서 부여하고 있는 권한과 조약에서 위임하고 있는 목표의 범위 내에서 활동한다(The Comminity shall act within the limits of the powers conferred upon it by this Treaty and of the objectives assigned to it therein)."
유럽헌법 제Ⅰ-11조: "연합의 권한의 한계는 권한 부여 원칙에 의해 규율된다(The limits of Union competences are governed by the principle of conferral)."

40) 유럽헌법에서는 '보충성 원칙(the principle of subsidiarity)'은 '연합의 권한'에 대한 제1편 제3부 제Ⅰ-11조 3항에서 '비례의 원칙(the principle of proportionality)'과 더불어 권한 행사의 기본원칙의 하나로서 규정되어 있다. 보충성원칙이 문제되는 것은 연합의 '배타적 권한'보다는 주로 '공유권한'에 관한 분야이다. 유럽헌법 제Ⅰ-11조 3항은 위에서 언급한 보충성원칙의 적용에 대한 현 EC조약 제5조의 내용을 그대로 수용하고 있다. 따라서 보충성원칙은 제안된 행동 목표를 회원국들이 충분히 달성할 수 없고, 또

— EU는 결정된 목표에 도달하기 위하여 필요한 조치만을 취할 수 있다(비례의 원칙).[41]

세 가지 원칙 중 어느 하나라도 준수되지 아니한 채 결정된 EU의 행위는 불법적인 것이 된다. 이러한 행위에 대하여서는 회원국과 시민들에 의해 유럽사법 재판소에 제소될 수 있다. 불법이 확인되면 EU에 의하여 행해진 조치에 대하여 유럽사법재판소는 취소할 수 있다. 보충성의 원칙을 위반한 경우, 회원국의회는 그 개별국가를 통하여 EU사법재판소에의 제소를 청구할 수 있다.

(3) EU권한의 유형

헌법은 EU권한을 3대 유형으로 구분하고 있다.

a. EU의 배타적 권한
이는 헌법에 열거한 분야에 대하여서만 EU가 권한을 배타적으로 행사하게 된다.[42]

한 그 제안된 행동의 규모나 효과로 인하여 연합이 더 잘 달성할 수 있는 경우에 연합이 자신의 배타적 권한의 범위에 속하지 아니하는 영역에서 그 부여받은 권한과 할당받은 목표의 범위 내에서 회원국의 국내적·지역적 차원의 문제를 해결하기 위해 적용된다. 연합의 기관들(the Union Institutions)과 회원국 의회는 헌법에 부속된 '보충성 및 비례의 원칙의 적용에 관한 의정서'에 규정된 바에 따라 보충성의 원칙을 적용해야 한다; 채형복, 유럽헌법에 있어 '유럽연합(EU)의 권한'의 개념, p.11.

41) 비례의 원칙은 EC법의 법원으로 인정되는 '법의 일반원칙(general principles of law)'의 핵심적인 목록의 하나로 자리매김하고 있는데, 유럽헌법에 의하면, 비례의 원칙은 보충성원칙과 더불어 유럽연합의 권한행사에 가장 적절한 통제장치로서의 역할을 하게 된다. EC법상 비례의 원칙은 공동농업정책(Common Agricultural Policy: CAP)에 관해서 규정하고 있는 EEC조약 제40조 제3항에서 직접적으로 유래한다.

42) EU의 배타적 권한은 유럽사법재판소 판례를 통하여 처음으로 사용된 개념

b. EU와 회원국간의 공유권한

이는 EU가 그의 권한을 행사하지 않았거나 행사할 것을 포기하지 아니함에 따라 회원국 또한 그들의 권한을 이러한 분야에 대하여 행사할 수 있다.

- 환경
- 소비자 보호
- 교통[43)]

EU에서의 고용정책과 경제정책에 대하여서는 회원국들이 조정하지만[44)] 공동외교안보정책(common foreign and security policy: CFSP)의 영역에서는 EU가 스스로 권한을 인정하고 있다.[45)]

c. 회원국에게 완전할 권한이 있으나 유럽전체의 관점에서 조정 또는 지원행위를 행할 수 있는 영역

- 사람의 건강보호・증진
- 산업
- 문화
- 관광
- 교육, 청소년, 스포츠 및 직업훈련[46)]

이며, 그 적용분야는 관세동맹, 역내시장의 운영에 필요한 경쟁규칙의 확립, 유로를 채택하고 있는 회원국을 위한 통화정책, 공동어업정책에 있어 해양생물자원의 보전 및 공동통상정책 등이다(제1편 제13조 제1항).

43) 공유권한분야에 대하여는 EU헌법 제1편 제14조 제2항이 규정하고 있으며, 다음과 같다.
공유권한은 역내시장, 제3편(Part Ⅲ)에 정의된 사회정책, 경제적, 사회적 및 지역적 통합, 해양생물자원의 보전을 제외한 농어업, 자유, 환경, 소비자 보호, 운송, 범유럽운송네트워크, 에너지, 안전 및 사법지대 및 제3편(Part Ⅲ)에 정의된 공중보건과 관련된 공동안전 등의 분야에 적용되게 된다(제Ⅰ-14조 2항).

44) EU헌법 제1편 제12조 제3항, 제1편 제15조.

45) EU헌법 제1편 제12조 제4항, 제1편 제16조.

46) EU헌법 Ⅰ-17조에 의하면 이외에도 시민보호 및 행정협력에 관하여 규정하고 있다.

Ⅳ. EU 헌법의 특징

유럽연합의 법적 근거가 되고 있는 기존 조약들의 공동체 규범을 단순화하고, 나아가 민주주의와 법치주의를 효과적으로 구현하기 위하여 EU헌법 조약안이 제정되어야 할 필요성이 있었으며, 이를 EU헌법의 주요 특징으로 고찰해 볼 수 있다.

1. 규범의 단순화

유럽헌법이 지향한 주요한 목표 중 하나는 유럽시민들로 하여금 EU에 보다 친숙감을 가지게 할 수 있는 제도적 장치를 확보한다는 점에 있다고 할 수 있다. 이 점은 2001년 12월 Laeken에서 개최한 유럽이사회가 유럽헌법조약안 초안 작성 책임을 유럽미래회의에 부여할 당시부터 명확하게 하였던 목표라 볼 수 있다. 따라서 유럽헌법은 EU의 단순화와 명료화를 단일 규범전으로 실현하고자 한 유럽연합 국가들의 기본적 목표에 대한 결과라 볼 수 있다.

(1) 기존의 조약안들에 대한 단일 대체규범으로서의 유럽헌법전

1950년 로마조약 이후 1992년 마스트리히트 조약에 의해 유럽연합이 공식적으로 성립하기 이전 까지만 하더라도 이미 수차례의 조약이 성립되어, 그 조약의 내용을 확인하는 것이 용이하지 않았으며 또한 그 내용을 확인한다 하더라도 법적효력에 대하여서 까지 유럽시민들이 이해한다는 것은 쉽지 않게 되어 있었다. 또한 마스트리히트 조약 이후 암스테르담조약, 니스조약 등으로 EU조약이

다양화되면서 EU 규범자체를 단일화·단순화하고자 하는 유럽시민들의 요구는 더욱 강력하게 나타나게 되었다. 따라서 종전 EU 내에서 적용되고 있었던 조약, 협약, 협정, 선언, 성명서 등 그 명칭 자체가 어떠하든 간에 그 내용이 EU의 기본규범을 형성하고 있는 것들을 망라하여 헌법전의 이름으로 대체하게 된 것이라 볼 수 있다.

이러한 요구는 먼저 유럽의회, 유럽이사회, 각료이사회, 유럽 집행위원회, 유럽중앙은행, 유럽 사법재판소의 제도적 구조를 수용하면서 반영되었다고 볼 수 있다.

또한, EU 기구의 명료화 또는 합리화는 마스트리히트 조약에서 창출하였었던 EU 삼주제도를 폐지하는 방향으로 진행되었다. 삼주제도를 대체하는 단순화된 제도가 기대되고 있으나, 현재로서는 유럽공동체·공동외교안보정책(CFSP)·사법내무협력을 세 개의 기둥으로 하고 있는 삼주제도의 역할이 공동체의 정책과 회원국 정부간 정책으로 전환될 것으로 볼 수 있다.

또한 유럽헌법전이 발효하고 난 이후 EU에게 법인격을 부여하게 되면, 유럽연합이 회원국들과 세 개의 유럽공동체의 집행체에 불과하므로[47] 그 의사형성이 간단하지 아니하였던 상황으로부터 벗어나, 독자적인 의사형성이 용이해 질 것이라 할 수 있다. 예를들면 국제기구와 협정을 체결하는 경우에, EU는 법적으로 하나의 완결된 주체의 지위를 가지게 될 것이며, EU 자신과 국제기구와의 협정 체결이 이루어지게 된다.

---

47) 유럽공동체(EC)·유럽석탄철강공동체(European Coal and Steel Community; ECSC)·유럽원자력공동체(Euratom).

(2) 규범 종류와 절차의 단순화

유럽헌법은 EU가 집행행위를 확보하기 위하여 취할 수 있었던 법규범을 <표 2>에서 보는 바와 같이 종전 15 종류에서 6종류로 축소하였다.48) 또한 사용되는 용어에 있어서도 단순화하고 있다.

〈표 2〉 법규범의 단순화

BEFORE THE CONSTITUTION More than 15 legislative instruments....	CONSTITUTION 6 legislative instruments		
• Regulation • Convention (EC Treaty) • Convention (EC Treaty) • Directive • Framework Decision	Law Framework law	Legislative acts	BINDING
• Decision • Decision (Title V, EU Treaty) • Decision (Title VI, EU Treaty) • Principles and general approaches • Joint strategy	Regulation Decision	Non legislative acts	BINDING
• Action • Common position (Title V, EU Treaty) • Common position (Title VI, EU Treaty) • Recommendation • Opinion	Recommendation Opinion		

용어의 단순화와 관련한 구체적인 예로서는 유럽헌법 이전의 경우 유럽의회가 제정하는 규범에 대하여도 명령 또는 지침이라는 용어를 사용하고 있는데 반하여, 유럽헌법에서는 유럽의회가 제정하는 규범에 대하여는 유럽법률 또는 유럽골격법률이라는 명칭을 부여하여 의회가 제정하는 규범에 대하여는 법률이라는 동일한 용어

48) 6개의 유형에는 기속력을 가지는 유럽법률 · 유럽골격법률 · 유럽결정 · 유럽규칙과 기속적 효력이 없는 권고 · 견해가 있다. EU헌법 I-33조.

를 부여하고 있다. 이러한 용어의 단순화는 EU에서의 결정과정을 이해함에 있어서도 상당한 역할을 할 수 있을 것이라 본다.

유럽법률을 제정하는 입법절차의 단순화와 관련하여, 유럽의회와 각료이사회의 공동 결정[49]하는 일반적 입법절차가 원칙이 되며, 각료이사회에서 이중다수결 결정절차를 일반화하고 있다.

(3) 권한배분의 명확화

헌법은 전술한 바와 같이 EU의 권한에 대하여 명확하게 개념 규정하고 있다. 먼저, 회원국과 EU 간의 권한배분을 정하는 원칙을 두고 있다.[50]

- EU의 권한은 회원국들이 헌법 내에서 그에게 배분한 것을 원칙으로 한다 (배분의 원칙) 즉, 회원국들이 EU에 배정하지 아니한 모든 권한은 회원국들에 속한 것으로, 이는 보통법의 원칙에 의한 것이라 볼 수 있다.
- EU는 회원국들이 그들의 권한을 공동으로 행하고자 결정한 사항에 대하여 보다 효율적이기 위하여 (보충성의 원칙),[51] 필요한 범위 내에서만 (비례의 원칙) 행위할 수 있다.

헌법은 또한 EU의 권한을 다음과 같이 분류함으로써 EU 권한의 명확화를 구현하고 있다.

---

49) EU에서의 결정과 결정절차에 관하여는 G.Bertrand, La prise de décision dans l'Union européenne, 2e éd., 2002, pp.59-85.

50) EU의 권한에 관하여 V. Michel, Recherches sur les compétences de la communauté, L'Harmattan, 2003, p.704.

51) 보충성의 원칙에 관하여는 J. L. Clergerie, Le principle de subsidiarité, ellipses, 1997, p.127; Claude du Granrut, La citoyenneté européenne Une application du principe de subsidiarité, LGDJ, 1997, p.159 참조.

- 동일 화폐단위 euro를 사용하는 회원국의 통화정책, 공통 상업정책과 EU 관세 등과 같이 EU가 단독으로 입법하는 영역에 대하여 EU는 배타적 권한을 가진다. 배타적 권한을 행사하는 입법사항은 열거적인 것에 한하고 있다.
- EU 내에서의 안전과 사법 등과 같이 EU와 회원국이 입법권을 공유하는 영역에서 EU는 공유적 권한을 가진다.
- 대학간 교류와 EU권 언어교육 등 회원국의 권한에 속하지만 유럽 차원에서의 교육을 지속화하기 위한 정책 등과 같은 특정 정책에 대하여는 EU가 지원, 조정, 보충적 행위를 행할 수 있다.

2. 민주주의의 강화

(1) 보다 민주적이고 투명한 EU

유럽헌법전에 대한 또 다른 특징은 유럽 민주주의의 강화에 대한 요구를 수용한 점이라 할 수 있다. 민주주의의 측면에서 가장 괄목할 만한 성과는 유럽통합사에 있어서 EU 정당성의 근거를 유럽의 시민 자신들에게서 구하고자 하는 첫 번째의 시도라는 점에 있다. EU헌법은 EU의 민주적 정당성의 강화를 향하여 명백히 진일보하고 있다고 할 것이다.

(2) 유럽시민의 기본권 보장

유럽헌법이 인간의 존엄성, 자유, 평등, 민주주의, 법치국가, 차별금지 등 EU가 추구하는 가치들을 수용하고 있는 것은 소수자인권·남녀평등 등과 같은 시민의 인권 보장의 외연을 강화하기 위한 것이라 할 수 있다.[52)]

---

52) R.Ergec, protection européenne et internationale des droits de l'homme.

유럽헌법은 2000년 말 채택한 유럽기본권 헌장[53]을 제2편에 편입하였으며, 이는 전술한 바와 같이 법적 효력을 가지지 못하였던 기본권 헌장에 대하여 기속력있는 법적효력을 부여하게 되는 결과를 가져온다고 할 것이다. 이러한 관점에서 헌법은 EU의 유럽인권협약 가입을 규정하고 있으며, 이를 통하여 유럽시민의 기본권 보장은 한 단계 더 나아가게 될 것으로 본다.

(3) 대표민주주의의 확대

대표민주주의의 강화는 EU를 민주화함에 있어서 중심적 개념요소를 이루고 있다.

유럽의회의 권한이 입법, 예산, 정치적 통제의 영역에서 확대된다.

1) 입법영역

유럽의회의 권한은 40여개의 새로운 사항에 까지 확대되어진다. 따라서, 유럽의회는 EU 회원국을 대표하는 각료이사회와 함께 실질적인 입법기관으로서의 성격을 가지게 된다.[54] 예를들면, 유럽의회 입법권은 국경에서의 출입국 통제, 망명신청자에 대한 접수와 처리에 관한 문제, 불법체류자에 관한 문제 등에까지 미치게 된다.

EU에게 승인된 새로운 권한들은 공동결정절차의 대상이 되는 것이며, 여기에는 유럽의회가 행사하는 8개의 새로운 영역도 추가되어진다.

---

53) 2000.12.7일 니스에서 공포한 유럽연합기본권 헌장의 의미에 관하여, 박진완, "유럽헌법제정에 관한 논의", 『공법학 연구』 제6권 제1호, 2005.2, pp. 83-84.

54) 유럽의회에서의 입법작용에 관하여는 D. Blanc, Les parlements européen et français face à la fonction législative communautaire, L'Hatmattan, 2004, p.527 참조.

유럽헌법상 유럽의회는 다음의 새로운 8개 영역에 대하여 개입할 수 있다.

- 스포츠
- 시민보호
- 지적재산권
- 공간 (대학간 협력과 연구 계획)
- 행정협조 (공무원교육 계획)
- euro 사용에 필요한 조치
- 범죄자나 범죄단체에 대한 재정적 통제 (테러단체의 재산 동결)
- 에너지 (에너지 공급의 안전 또는 에너지 경제 계획)

2) 예산영역

유럽의회는 매년 예산 총액을 확정함에 있어서 각료이사회와 동일한 결정권을 가진다. 유럽예산의 가장 큰 부분에 해당하는 경상경비에 대하여 최종적인 결정권은 물론 각료이사회가 가진다.

3) 정치통제의 영역

유럽의회는 유럽이사회의 제청을 받아 집행위원회 의장을 선출한다. 이 경우 유럽이사회는 유럽의회의 선거결과가 반영된 유럽의회와 사전적인 협의를 거쳐야 한다. 이는 유럽선거를 정치화하게 하며 유럽시민의 투표권 행사에 보다 비중을 두게 하는 효과를 가져온다.

헌법상, 유럽의회는 유럽시민의 직접·보통선거에 의해 선출되는 유일한 공동체 기관으로서, 그 권한과 정치적 영향력을 집행위원회, 각료이사회와 함께 삼각적 관계를 이루며 행사하고 있다.

(4) 시민의 광범한 참여 확보 — 참여민주주의 원칙

EU의 결정 행위에 시민들로 하여금 참여하게 하기 위하여, 헌법은 EU 민주주의에 시민의 참여를 장려하는 장치들을 규정하고 있다.

첫째, 헌법은 시민발안제도를 창안하여 규정하고 있다. 이 제도에 따르면, 유럽시민은 100만명의 서명에 의한 청원에 의하여 집행위원회에 법률안 발안을 청구할 수 있다.[55]

둘째, 헌법은 시민사회의 결사나 조직에게 EU 결정에 참여할 수 있는 가능성을 확대하고 있으며, EU의 기관 특히 집행위원회와 시민사회의 결사들, 시민들간의 대화의 중요성을 인식하고 있다. 헌법전에서 규정하고 있는 바와 같이 각료이사회가 유럽법률을 심의할 때, 각료이사회의 활동은 투명하고 공개적으로 이루어져야 한다.[56] 이는 시민사회에 실질적인 정보를 제공하게 하며, 그 참여를 용이하게 할 것이다.

(5) 유럽시민권

유럽헌법은 유럽시민권에 대하여 규정을 두고 있다, 유럽시민권은 유럽통합이론에 근거하여 의도적으로 정립된 것으로 사권적으로 계획된 제도상의 개념[57]이며, 회원국의 국적에 부가되는 자격으로 회원국의 국적을 대체하는 것이 아니다. 이것은 유럽민주주의 형성에 있어 중심적 요소로, 유럽시민권의 개념 설정에 새로운 지평을 열고 있다.

---

55) EU헌법 Ⅰ-47조 제4항.

56) EU헌법 Ⅰ-47조 제3항, Ⅰ-50조.

57) 전학선, "유럽연합의 국가성 여부와 법적성격", 『공법학 연구』 제16권 제1호, 2005.2, p.55.

유럽헌법은 회원국들과 시민들의 결합체로서 유럽연합을 명실상부하게 창설하는 것이 되는 것이다. 즉, 유럽연합은 그 추구하는 바 가치를 존중하고 공동으로 이를 증진하고자 하는 모든 유럽국가 들에게 개방되어 있다. 이는 유럽 시민권자는 공동의 가치에 동의하고 있는 것으로 간주되고 있다는 것을 의미한다.

유럽헌법은 또한 새로운 참여민주주의 제도와 유럽시민의 대표성 보장 등과 같이 유럽시민권에 대하여 폭넓은 규정을 두고 있다.

유럽연합 시민권자가 향유하는 권리를 헌법은 명시하고 있으며, 그 내용으로는 역내에서의 자유로운 이동과 체류, 유럽의회와 자치단체 선거에서의 입후보 및 투표권, 외교 및 영사 보호권, 유럽의회 청원권 및 유럽 옴부즈만 진정권, EU 권내의 어떠한 언어로도 문서를 작성하여 EU 기관 및 부속기관에게 송부할 수 있으며 동일한 언어로 답변을 수신받을 권리가 규정되어 있다.

그러나, 헌법이 명시하고 있는 유럽시민권자의 권리는 열거적인 것이 아니라 할 수 있다. 왜냐하면, 헌법 제1편 제6부 유럽연합의 민주적 생활에서 유럽시민들의 다른 권리들이 나열되어 있기 때문이다. 예를들면, EU 모든 영역의 행위에 대하여 자신의 의견을 피력하고 교환할 수 있는 가능성, EU 기관 문서에의 접근권 등이 있다.

3. EU의 효율성 증대

(1) EU의 확대와 효율적 운영 확보

2004년 5월 1일 10개의 회원국이 EU에 편입됨으로서 EU 회원국은 25개국으로 확대되며, 따라서 확대된 유럽연합에서의 보다 효율적인 운영방법을 헌법에 확보하는 것이 무엇보다 중요한 과제에 속하였다고 볼 수 있다. 확대된 EU가 효율적인 결정을 취하기 위하여서는 EU의 결정과 행위에 대하여 정당성을 보장하여 줌으로써 강화할 수 있다고 보았다.

(2) 집행위원회의 효율성 확보

유럽헌법은 2014년까지는 각 회원국들의 동일대표원칙을 유지한다. 동일대표원칙은 유럽법률의 독점적 발안권을 행사하는 집행위원회에서 중·소규모의 국가들도 대표자를 가지기를 원하는 요구내용을 만족시키고자 한 것이다. 그러나 헌법은 2014년부터 집행위원회의 규모를 18명으로 축소할 것으로 규정하고 있다.[58]

이는 집행위원회가 자국의 이익을 대변하는 정부간 기관적 성격을 탈피하도록 하여, 집행위원회를 집단적 책임 운영 체제로 전환시키고자 하는 것이다. 집행위원회 이사의 수적인 감소는 유럽의 일반이익을 효율적으로 형성하는데 기여할 것으로 본다.

(3) 각료이사회 결정의 용이성

헌법에서 각료이사회에서의 표결원칙과 관련하여 의결정족수를 규정한 것은 니스조약에 비하여 진일보한 것이라 할 수 있다. 의결정족수로 헌법은 이중다수결 원칙을 도입하였으며, 이 원칙에 의하면 각료이사회의 결정은 EU 시민 전체 수의 65%를 대표할 수 있는 국가 15개국 이상 중에서 최소한 55%의 합의를 얻게 되면 유효하게 이루어진 것으로 보는 것이다.[59] 이러한 새로운 원칙은 EU가 취하는 결정행위의 근거가 회원국 정당성과 시민정당성이라는

---

58) EU헌법 Ⅰ-26조 제6항.

59) EU헌법 Ⅰ-25조 제1항.

이중적 정당성에 뿌리를 두고 있다는 점을 인정함으로써, 결정행위를 보다 용이하게 할 것이라 하겠다.

V. 결론

새로운 밀레니엄의 세기를 맞이하면서 유럽은 유럽시민들이 이상으로 가지고 있는 가치들을 구현하면서 개인의 기본권을 보장하는 민주주의와 법치주의를 한걸음 한걸음 내디디고 있다. 유럽헌법의 제정은 새로운 밀레니엄을 유럽연합의 차원에서 준비하는 규범질서의 신호탄이라 볼 수 있다. 유럽연합이 장기적인 전망에서는 단일한 주권을 행사하는 연방국가로 전환할 수 있는 가능성을 예견하는 견해도 있으나, 아직까지는 그 추이를 지켜보아야 할 것이며, 연방국가로서보다는 연합의 형태로 공동의 가치공동체가 지속될 수 있다면 회원국의 주권이 보장되며 독립성이 보다 강한 국가연합의 형태를 굳이 외면할 이유가 있을 것인가라는 의문을 지워 버릴 수 없다.

유럽연합헌법은 유럽의 국가연합형태를 더욱 공고하게 하는 데 그 기여하는 바가 지대하다고 볼 수 있다. 종전 유럽공동체와 유럽연합에 의하여 제정 또는 체결되었던 복잡하며 다양한 규범들을 통일된 법전으로 체계화하고, 유럽연합에게 독립된 법인격 주체를 부여함으로써, 유럽연합을 하나의 규범적 공동체로 창설하고 있는 것이 유럽헌법이라 할 수 있기 때문이다.

따라서 헌법이라는 용어에 불가분적 관계에 있는 국가라는 관념에 몰입하여 유럽연합헌법은 유럽연방을 대외적으로 선포하는 신호탄의 성격을 가지는 것이라 이해하기보다는 헌법의 기본적 개념의 외연이 규범적 공동체를 창설하는 근본규범으로 확장되었다고 보는 것이 타당할 것으로 사료된다.

유럽연합헌법이 유럽시민의 기본권 보장을 구현하기 위하여 유럽연합 기본권헌장을 헌법 제2장에 편입시켜 기본권헌장에 헌법적 효력을 부여하고 나아가 유럽연합의 유럽인권협약에의 가입은 근대 입헌주의 헌법 이후 일관되어 온 헌법의 기본개념을 그대로 수용하고 있는 입법적 태도라 할 수 있다.

유럽이사회를 제도화하고, 임기 2년 6월의 유럽이사회 대통령을 선출하고, 유럽 외무장관직을 신설하고, 집행위원회의 구성을 축소하고, 법규범의 종류와 절차를 단순화하고, EU의 권한을 명확히 하고, 유럽의회의 공동입법자로서의 지위를 강화하는 것 등이 종전 EU가 적용하였던 규범 내용 중에서 EU의 민주주의와 국제 경쟁력 강화를 위하여 수정 또는 새로이 도입한 것들로서 유럽연합헌법전이 수용하고 있는 주요한 내용들 이라 볼 수 있다.

유럽연합헌법이 효력을 발생하기 시작하면 세계의 정치 및 경제, 사회 나아가 문화, 예술, 관광. 스포츠 등 거의 모든 영역에서의 유럽 차원에서의 규범적 확산이 보다 빠르게 진행할 것이라 할 수 있다. 왜냐하면 유럽연합은 규범공동체이면서 동시에 유럽헌법에 의하여 강한 경쟁력을 가진 민주·법치 공동체로 새로운 출발을 할 것이기 때문에 제반 여건에 있어 유럽연합의 수준에 미치지 못하는 국가들에게는 강한 자극을 주게 될 것이기 때문이다. 세계질서의 새로운 변화에 충분한 대응 준비와 실천이 어느 때보다 필요한 시기이다.

주제어 : 유럽연합, 유럽연합헌법, 유럽연합헌법조약안, EU헌법

참고문헌

박진완, "유럽헌법제정에 관한 논의", 『공법학 연구』 제6권 제1호, 2005. 2.

전학선, "유럽연합의 국가성 여부와 법적성격", 『공법학 연구』 제16권 제1호, 2005. 2,

채형복, "유럽헌법의 제정을 둘러싼 법적 쟁점의 검토", 『영남법학』 제10권 제1호, 2004. 6,

채형복, "다양성 속에서의 통합", 『유럽연구논총』 제18권, 2003년, 겨울호.

J. Touscoz, La constitution de l'union européenne, Bruylant, 2002.

D. Blanc, Les parlements européen et français face à la fonction législative communautaire, L'Hatmattan, 2004.

J. L. Clergerie, Le principle de subsidiarité, ellipses, 1997.

Claude du Granrut, La citoyenneté européenne Une application du principe de subsidiarité, LGDJ, 1997.

V. Michel, Recherches sur les compétences de la communauté, L'Harmattan, 2003.

G.Bertrand, La prise de décision dans I'Union européenne, 2e éd., 2002.

R.Dehousse, La Cour de justice des Communautés européennes, 2e éd, Montchrestien, 1997.

Jean-Luc Sauron, La Constitution européenne expliquée, Gualino éditeur, Paris, 2004.

Pierre Lequiller, Correspondance européenne avec 25 jeunes de l'Union, une approche facile de la Constitution, éditions Lignes de repères, 2005.

Laurence Burgorgue-Larsen, Anne Levade et Fabrice Picod, La Constitution européenne expliquée au citoyen, Hachette Pluriel, 2005.

Etienne de PONCINS, La Constitution européenne en 25 clefs, Editions

Lignes de repères, 2005.
Jean-Dominique Giuliani, L'Elargissement de l'Europe, PUF, 2e éd., 2005.
Elvire Fabry, Qui a peur de la citoyenneté européenne? La démocratie à l'heure de la Constitution, préface de Pierre Hassner, 2005.

http://www.robert-schuman.org/Synth105.htm. 참조.

유럽헌법제정에 관한 논의*

박진완**

Ⅰ. 서

국제적 기관에 대한 국제법적인 창설조약(Gründungsvertrag)과 관련된 헌법개념의 국제법상의 조약개념에로의 확대는 최근의 유럽헌법제정논의를 통해서 그 최정점에 이르렀으며, 그에 대한 해결책은 유럽헌법조약(der Vertrag über eine Verfassung für Europa)에서 찾을 수 있다. 이것은 기존의 국민국가적 중심의 헌법개념이 국제법속의 국제적 헌법개념(internationales Verfassungsrecht)[1]으로 확대되는 것을 의미한다. 유럽연합(EU)을 통한 헌법화(Konstitutionalisierung) 과정의 확대로서 조약의 개정(Vertragsrevision)의 형태[2]로서 성립된

---

* 이 논문은 한국학술진흥재단 2004년도 기초학문육성 인문사회분야 지원에 의하여 연구되었음(KRF-2004-072-BS3068).

** 경북대학교 법과대학 법학부 교수

1) Vgl. Robert Uerpmann, Internationales Verfassungsrecht, JZ 2001, S. 565; Ulrich Haltern, Internationales Verfassungsrecht?, AöR 128 (2003), S. 513 f.

2) Vgl. Johannes Christian Wichard, Der Vertrag über eine Verfassung für

유럽헌법조약(EUV)은 조약과 헌법적인 요소 양자 모두를 포함하고 있다. 이러한 양 측면의 공존의 배후에는 유럽헌법조약을 통해서 유럽연합 속에서 나타나고 있는 국제법적인 조약과 독자적인 직접적 통치권(Herrschaftsgewalt) 사이의 긴장관계가 해소된다는 기대와 우려가 동시에 제기되고 있다. 이러한 긴장관계는 통상적으로 초국가성(Supranationalität)이라는 개념을 통해서 달리 표현될 수 있다[3]. 왜냐하면 초국가성은 순수한 국제법적인 관찰방식 혹은 국가법적인 고찰방법으로도 완전히 파악되어질 수 없기 때문이다. Udo Di Fabio는 유럽연합의 초국가성을 개방적인 주권형태(offene Herrschaftsform)로 파악하고 있다. 이러한 초국가성과 관련된 주권개념의 특징을 그는 「정치적으로 통합된 공동체의 경쟁을 위한 윤곽질서(Ordnungsrahmen)」[4] 그리고 「보다 오래되고 그리고 새로운 해결개념으로서 주권(Souberänität als alter und neuer Schlüsselbegriff)」이라고 표현하고 있다[5]. 이러한 개방적인 주권형태로서 유럽연합의 초국가성이 보다 멀리 내다보는 관점에서 유럽연합의 국가형성에 대한 대안이 제시될 수 있는가? 이러한 문제와 관련하여 우선적으로 유럽연합의 국가형태에 대한 분석이 시도되어 진다[6]. 물론 이에 대한 해답은

Europa: Konstitutinalisierung oder Vertragsrevision? Supranationale Verfassung zwischen Staat und Völkerrecht, EuGRZ 2004, S. 556 ff.; Jean-Paul Jacqué, Der Vertrag über eine Verfassung für Europa: Konstitutinalisierung oder Vertragsrevision? Trennung der Begriffe von Föderation und Staat, EuGRZ 2004, S. 551 ff.; Franz C. Mayer, Wer soll Hüter der europäischen Verfassung sein, AöR 129 (2004), S. 417.

3) Wichard, EuGRZ 2004, S. 556.

4) Udo Di Fabio, Der Verfassungsstaat in der Weltgesellschaft, in; ders., Der Verfassungsstaat in der Weltgesellschaft, 2001, S. 23 f.

5) Di Fabio, Ist die Staatswerdung Europas unausweichlich, in; ders., Der Verfassungsstaat in der Weltgesellschaft, S. 89.

6) Vgl. Christian Callies/Mattias Ruffert, Vom Vertrag zur EU-Verfassung,

2000년 2월 베를린 훔볼트대학(Humboldt Uni. zu Berlin)에서 행해진 독일 외무장관 Joschka Fischer의 「국가연합에서 연방으로(Vom Staatenverbund zur Föderation)」라는 강연제목에서 미리 찾을수 있다[7]. 기존의 국가형태에 대안으로서 유럽연합의 확대와 강화는 기존의 국가철학에 대한 근본적 검토를 요구하고 있다[8]. 이러한 검토의 핵심적 과정은 기존의 국가의 기능을 유럽연합이 대체할 수 있는지 여부 그리고 그것이 가능하다면 어느정도까지 가능한 가에 대한 질문에 대한 해답을 찾는 과정이라고 볼 수 있다. 이러한 문제에 해결의 실마리를 유럽연합은 유럽헌법조약에서 찾고 있다. 따라서 이러한 유럽연합헌법제정을 통한 유럽연합 통합의 가속화와 정당화과정은 대 과거의 폐쇄된 국민국가로서 폐쇄된 헌법국가에서 개방적 헌법국가에로의 이전을 넘어서는 경계가 없어진 헌법국가(der entgrenzte Verfassungsstaat)[9]에로의 이전을 위한 미래의 새로운 유럽국가건설 과정의 출발점이라고 볼 수 있다. 이것은 국민국가적 헌법국가에서의 헌법제정권력을 통한 헌법제정에 대한 논의가 유럽전체로로 확대되어가는 과정에서 다시 차원을 변경하여 전개되어지는 양상으로 해석할 수 있다.

EuGRZ 2004, S. 544 f.; Christoph Schönberger, Die Europäische Union als Bund. Zugleich ein Beitrag zur Verabschiedung des Staatenbund-Bundesstaat, AöR 129 (2004), S. 88 ff.

7) Joschka Fischer, Vom Staatenverbund zur Föderation - Gedanken über die Finalität der europäischen Intergration, FCE-Speziel 2/2000, in: Walter Hallstein-Institut für Europäisches Verfassungsrecht der Humboldt Uni. zu Berlin (Hrsg.), Verfassungsrechtliche Reformen zur Erweiterung der Europäischen Union 2000, S. 171.

8) Peter Badura, Gedanken zur Grundfrage der Staatsphilosophie, in: Festschrift für Martin Kriele zum 65. Geburtstag, 1997, S. 802.

9) Karl-Peter Sommermann, Der entgrenzte Verfassungsstaat, KritV 81 (1998) S. 412 ff.

Ⅱ. 유럽헌법논의의 시발점으로서 유럽연합(EU)

미국에서의 필라델피아 헌법제정회의를 통한 헌법제정 그리고 불란서 혁명진행과정에서 제기된 헌법제정권력을 통한 헌법제정의 역동적 과정이 최근 다시 2004년 6월 17일~18일 브뤼셀에서 개최된 유럽이사회(Europäischer Rat)가 공식적으로 채택하기로 합의한 유럽헌법조약의 체결과 그 이후 전개될 유럽연합 구성국가들의 유럽헌법의 채택에 대한 국민투표(Referenden)와 비준과정(Ratifikationsverfahren)에서 생생하게 전개되게될 것이다. J. H. H. Weiler교수는 유럽헌법의 이상의 재점화를 위한 출발선상에서의 유럽헌법제정을 위한 유럽헌법의 독자적 진행과정을 위한 변호하기 위한 자신의 논문에서 재미있는 비유를 제시하고 있다[10]: 유럽의 필라델피아(European Philadelpia)가 일종의 헌법적 사막에서 유럽의 약속된 땅으로 나아가기 위한 여정에서, 그는 모세와 그의 지팡이의 인도를 통해서 사막을 건너가는 과정에 참여하겠다는 의사를 밝히고 있다

유럽헌법의 이상은 확대된 유럽의 본질적 부분 그리고 정당화된 개혁의 반영으로서 제기되어진 것이다. 이러한 유럽헌법의 이상에 대한 원래의 아이디어(original idea)는 유럽연합을 위한 스피넬리 기초조약(Spinelli's Draft Treaty)에서 찾을수 있다. 1980년대의 시작과 더불어 기존의 유럽공동체(EG) 내에서 「제2세대의 유럽(Europa der zweiten Generation)」이라는 표제어 아래 아주 강력한 개혁에 대한 논의가 제기되었다. 여러 가지 측면에서 제기된 유럽정책적인

---

10) J. H. H. Weiler, In defence of the status quo: Europe's constitutional Sonderweg, in Weiler/M. Wind, European, Constitutionalism beyond the State, Cambridge University Press 7 (2003).

주도권과 개혁제안들에 있어서 Altiero Spinelli에 의하여 제안되고, 1984년 2월 14일 유럽의회에서 의결된 「유럽연합의 창설에 관한 조약초안(Entwurf eines Vertrages zur Gründung der Europäischen Union)」이 무엇보다 특히 중요한 역할을 수행하였다[11]. 1992년 2월 7일에 체결된 Maastricht조약을 통한 유럽연합의 창설은 유럽의 통합에 있어서 새로운 장을 열었다. 그러나 Maatsticht조약은 그 비준과정(Ratizifierungsverfahren)에서 몇몇 장애물에 직면하게 된다. 그 첫 번째 장애물은 덴마크에서의 2차국민투표이고, 그 후에 제기된 장애물은 독일에 있어서 조약에 대한 의회의 동의법률(Zustimmungsgesetz)에 대한 헌법소원이 제기되었다[12]. Maastricht조약 체결 이후 유럽연합은 항상 매우 바쁘게 새롭게 개정된 다음의 조약을 체결하였다: 1997년 10월 2일의 Amsterdam 조약, 2000년 12월 11일의 Nizza조약, 그리고 2003년 7월 18일의 유럽헌법제정회의(Europäischer Konvent)의 유럽헌법조약의 초안(der Entwurf des Vertrags über eine Verfassung für Europa) 그리고 2004년 2004년 6월 17일~18일 브뤼셀(Brüssel)에서 개최된 유럽이사회(Europäischer Rat)의 공식적 채택. 이렇게 본다면 지금까지 유럽연합의 전개과정은 거대한 유럽연방국가건설을 위한 시발점으로서 유럽헌법의 제정으로 귀결된다. 이것은 결국 국가와 헌법과의 관계에서 국가에 대한 헌법의

---

11) Klaus-Dieter Borchardt, Die rechtlichen Grundlagen der Europäischen Union, 2. Aufl., 2002, Rdnr. 21.

12) 동의법률에 대해서 연방헌법재판소에 제기된 헌법소원제기의 주된 근거는 유럽연합조약이 독일연방의 헌법적 구조의 정체성을 변화시킨다는 주장이었다. 이에 대해서 독일연방헌법재판소의 1993년 12월 12일 자신의 결정에서 헌법소원을 각하하였다. 그럼에도 불구하고 독일연방헌법재판소는 독일연방공화국에서의 정치적 행위에 대한 통합의 형성영역이 명백히 좁아질 것이라는 것을 강조하였다. BVerfGE 89, 115 = JZ 1993, S. 1100 = NJW 1993, S. 3047 = EuGRZ 1993, S. 429; Borchhardt, ebd., Rdnr, 24. Fn. 31.

선재성을 반영한 한 예라고 설명할 수 있겠다.

이러한 유럽연합을 유럽통합의 전개과정은 미래에도 계속이어질 진행형이라는 것을 고려해 볼 때 유럽헌법에 관한 논의는 그 이전의 유럽공동체가 아니라 유럽연합을 바탕으로 해서 전개되어야만 한다[13]. 따라서 물론 아직 이에 대한 유럽연합구성국가들의 국민투표와 비준과정이 남아있지만 지금까지 형성된 헌법적 관례들을 존중하여 유럽헌법제정권력을 통하여 형식적 유럽헌법조약을 채택한 것이 궁극적으로 유럽연합이 연방국가로 진행되기 위한 수순이 될 것인가의 문제는 여전히 미래의 문제다. 헌법이 규율하게될 확실한 국가적 실체가 완전히 명확하게 정의되지 않은 상태에서 체결된 유럽헌법조약은 여전히 아직실현되지 않은 환상을 머금고 있다고 볼 수 있다. 이런 점에서는 과도하게 확대된 유럽연합질서의 법적인 정당화를 위한 형식적인 유럽헌법의 채택의 이면에는 몇몇 심각한 비판적 반성이 수반되어져만 한다. 왜냐하면 역사의 진행과정에서 진보적인 것이라고 받아들여진 것이 사실 나중에 돌이켜보면 퇴보적인 것이 될 수도 있기 때문이다. 그럼에도 불구하고 유럽헌법의 열풍이 Weiler교수가 지적한 것처럼 황무지 같은 사막에서 약속된 낙원으로 인도할 것이라는 기대는 우리가 헌법주의(constitutionalism)를 통해서 체험한 헌법에 대한 희망을 근거로 하고 있는 것이다.

---

13) Francis Snyder, The unfinished constitution of the European Union: principles, process and culture, in Weiler/M. Wind, European, Constitutionalism beyond the State, Cambridge University Press 55-56 (2003). 그 외의 다른 논거를 Francis Snyder는 다음과 같이 설명하고 있다: 「한편으로는 오늘날 불가능하지는 않지만, 유럽연합의 광범위한 법적 관련성을 배제하고 유럽공동체법을 법기술적 입장에서 접근할 수 없다」.

Ⅲ. 유럽연합의 허약한 헌법적 구조의 대안으로서 유럽헌법조약

미국, 오스트레일리아, 독일 그리고 캐나다와 같은 연방제 국가에서는 연방의 기관들이 연방의 시민들로 구성된 하나의 헌법적 시민(a constitutional demos)을 전제로한 단일의 헌법제정권력(a single pouvoir constituant)에 의하여 구성되어진다는 것이다. 물론 연방국가헌법은 각 주의 권리를 보장할려고 시도하지만, 헌법적 이론과 역사적인 실제적 현실은 그렇지 않을수도 있다. 국민국가건설과정과 마찬가지로 일종의 연방국가건설과정에서 생길수 있는 가장 큰 그릇된 환상은 헌법제정권력의 모체가 되는 헌법적 시민의 법학적 전제조건과 정치적 그리고 사회적 현실을 혼동한다는 것이다. 연방국가에서의 헌법이론과 현실의 괴리는 헌법제정권력으로서(constituent power)으로서 형식적 주권(the formal sovereignity)의 행사가 연방국가에서는 특별한 헌법적 조정과정을 거칠 수밖에 없다는 것을 의미한다. 헌법제정을 위해서 소집된 헌법적 시민이 조직되어있다는 형식논리적인 헌법이론적 가설에 바탕을 둔 형식적 주권행사에 기반을 둔 형식적 권위는 헌법의 경험적 정당화를 통해서 보강되어져야만 한다. 미국 역시 헌법제정 이후에 전개되는 헌법의 우위(supremacy of the constitution)의 실현과정에서 나타난 여러 세대간의 반목과 남북전쟁이라는 비싼대가를 치르고 난뒤에 헌법적 이념이 내재화될 수 있었다는 사실은 헌법의 경험적 정당화가 간단하지 않다는 역사적 선례를 실증하고 있다. 이와 마찬가지로 이미 정치적 신념과 세계관이 다른 다양한 시민과 문화적·종교적 배경이 다른 민족들이 서로 공존하는 다원화된 다문화사회에서는 하나의 헌법적 시민이라는 법학적 가정은 더 이상 받아들여질 수 없다. 왜냐하면 이러한 하나의 헌법적 시민이라는 기존의 정치적 차이를 초월하는 상호간의 소속감을 전제로 하고 있기 때문이다.

이미 유럽에서는 이러한 하나의 헌법적 시민이라는 전제조건이 존재하지 않는다. 따라서 유럽연합의 헌법적 구조는 결코 하나의 유럽헌법시민에 의한 헌법채택과정을 통해서 헌법이 채택되어서 법적효력이 부여될 수 있는 헌법체계가 될 수 없다. 그래서 헌법주의의 고전적 조건에 바탕을 두고 있는 기존의 연방국가의 헌법이 누리는 것과 똑같은 정도의 권위를 유럽헌법은 누릴수가 없다. 따라서 유럽헌법에는 고전적 헌법주의의 전제조건이 결여되어있다. 이러한 사실은 결과적으로 유럽헌법이 오로지 규범적 위계질서만 존재하는 헌법이 되게 만든다[14]: 「공동체규범은 이와 충돌하는 구성국가규범에 대하여 우위를 가진다. 그러나 이러한 위계질서는 규범적 권위의 위계질서 혹은 실제적 힘의 위계질서에 바탕을 둔 것이 아니다. 참으로 유럽연방주의는 위에서 아래로 내려가는 규범의 위계질서로 만 구성된 것이지, 결코 위에서 아래로 내려가는 권위와 실제적 힘의 위계질서를 바탕으로 한 것은 아니다」. 이러한 유럽의 헌법적 구조의 허약성은 헌법제정권력의 행사를 통한 국민주권적 요구가 실현되지 않은 헌법적 구조의 당연한 결론이다. 결국 국민주권(Volkssouveränität)의 요구는 유럽연합의 구성국가로부터 유럽연합에로의 권력이동과 같은 초국가적 권력의 정당화과정에도 적용되어져야만 한다[15]. 결국 이러한 권력이동을 정당화하는 과정은 헌

14) Weiler, Europe's constitutional Sonderweg, p.9.

15) Rainer Arnold, Begriff und Entwicklung des Europäischen Verfassungsrechts, in: Festschrift für Hartmut Maurer zum 70. Geburtstag, 2001, S. 858; Badura, Gedanken, S. 804 f.

법제정권력의 행사를 통한 헌법제정이다.

Weiler교수는 유럽연합조약에 기반을 둔 기존의 헌법적 조정보다는 형식적 헌법의 제정을 통해서 유럽연합의 새로운 이해를 반영하기 위한 네가지 중요한 원인을 제시하고 있다[16]: ① 정치적 요인, ② 절차적 혹은 과정적 요인, ③ 실질적 요인, ④ 규범적 그리고 개념적 요인. 첫 번째 요인인 정치적 요인은 이미 25개국으로 확대된 유럽연합에서 기존의 제도적 조정과정은 더 이상 잘 기능할 수 없다. 모든 유럽의 헌법제정권력의 정당성을 근거로 만들어진 형식적 헌법의 결여는 유럽연합의 모든 중요한 헌법적 결정들이 사실상 정치의 정상적인 기능성 뿐만 아니라 통일성(uniformity)의 원칙 그리고 법률 앞의 평등원칙을 위협하는 힘있는 구성국가들에 의하여 내려지는 것을 계속적으로 방치하는 결과가 된다. 이것은 마치 유럽헌법의 핵심적 내용이 독일, 이탈리아 그리고 스페인의 헌법재판소가 결정한 바에 의하여 영향을 받을수도 있다는 사실의 암시이기도 하다. 이러한 문제점을 극복하기 위해서 유럽헌법의 제정은 필요하다. 두번째 요인은 절차적 혹은 과정적 요인이다. 헌법제정권력의 행사를 통한 헌법제정과정에서 중요한 헌법적 문제에 대한 논쟁이 제기될 것이고, 이 과정에서 같은 의견을 공유하는 자와 반대자가 자연스럽게 형성될 것이다. 따라서 헌법제정과정에서 이러한 서로 대립되는 세력들의 정치적 합의도출과 타협이 가능하게 된다면, 그것은 민주주의의 실행, 시민적 윤리성 그리고 정치현실 모두에 대하여 매우 긍정적 기능을 하게 된다. 세 번째 요인인 실질적 요인은 헌법의 수권 및 권력제한규범성에 그 근거를 두고 있다. 따라서 헌법은 계속적으로 권한이 증가되는 유럽연합의 권한의 근거규

16) Weiler, Europe's constitutional Sonderweg, pp.11-12.

정인 동시에 제한규정으로서 기능하게 된다. 마지막으로 규범적 그리고 개념적 요인은 헌법제정권력에 의하여 만들어진 유럽연합헌법은 우선적으로 그 구성국가들에 의하여 준수되어지고 모든 구성국가들에 대하여 적용되어져야만 한다. 이러한 헌법의 규범력을 발휘하기 위한 제도적 장치가 만들어져야만 한다. 이것은 궁극적으로 유럽연합헌법의 수호자 논쟁을 불러일으키게 만든다. 그리고 개념적 요인의 문제는 유럽연합질서에 대한 헌법이론적 토대를 제공한 헌법학자들의 이론에 대한 연구의 문제가 될 것이다. 결국 이것은 유럽헌법의 법단계설에 따른 법질서의 통일성을 바탕으로한 규범적 위계질서 속에서의 유럽헌법의 근본규범성에 대한 Hans Kelsen식 법이론적 접근과 형식적 헌법제정과정의 배후에서 전개되는 적나라한 힘의 행사의 헌법적 권위로서 정당성을 부여하는 Schmitt적인 헌법개념적 이해가 그 핵심적 내용으로 부각될 것이다. 이를 Weiler는 「Kelseno-Schmittian turf」라고 표현하고 있다.

물론 Weiler가 들고 있는 이러한 중요한 요인들은 우리가 헌법의 특질과 기능으로서 언급한 것에 대한 다른 표현에 지나지 않는다. 이러한 논의가 제기되고 있는 가장 중요한 원인은 유럽연합의 새로운 국가성에 대한 점진적 접근이다. 왜냐하면 국가의 문제는 항상 헌법의 문제와 연결되어 있기 때문이다. 최종적 권위 그리고 헌법적 근본규범에 대한 문제의 논거는 너무나 중요한 것이어서 그것은 법적인 복종 그리고 정치적 권력의 문제일 뿐만 아니라 도덕적 실행과 정체성의 원인으로서 유럽의 국가적 헌법질서의 완전무결성(integrity)의 근거가 된다[17].

17) Weiler, Europe's constitutional Sonderweg, p.15.

Ⅳ. 니스(Nizza)에서의 유럽기본권헌장선언의 의미

이러한 유럽의 헌법적 구조의 허약성을 극복하기 위한 새로운 헌법적 해결시도로서 고전적 헌법제정과정을 채택하여 그 결과로서 고전적인 성문헌법을 제정할 필요가 있다는 주장이 정치권에서 뿐만 아니라 학계에서도 제기되게 되었다. 특히 유럽연합의 기본권헌장(die Charta der Grundrechte der EU)[18]은 이러한 방향으로 나아가기 위한 중요한 조치로서 받아들여졌다. 왜냐하면 핵심적인 헌법적 내용으로서 유럽의 공통적인 기본권의 규범화는 우선적으로 유럽공동체내의 모든 인간을 구속하는 정치적 타협에 의하여 기본적 가치가 아닌, 근본적 가치의 지속적 토대로서의 국가이해와 인간상의 확인을 전제하기 때문이다[19].

2000년 12월초 프랑스 니스(Nizza)에서 개최된 유럽정상회담에서 미래의 유럽공동체조약개정(Vertragsreform)의 최종목적이 분명히 드러나게 되었다. 2000년 12월 7일 유럽평의회(der Europäische Rat)의 승인하에 유럽의회(Europäischer Parlament), 이사회(각료이사회(Ministerrat))그리고 위원회(Kommision)는 유럽연합의 기본권헌장

18) 유럽연합기본권헌장에 포함된 54개조의 기본권목록은 유럽연합이 인정한 확실하게 보장하기 위한 것이다. 유럽연합기본권헌장은 이미 유럽 인권협약(EMRK)에서 유효하게 보장되어진 기본권보호수준을 반영한 것인 동시에 몇몇의 이러한 보장수준을 넘어서는 혁신적 내용을 포함하고 있다. Thomas Schmitz, Die EU-Grundrechtscharta aus grundrechtsdogmatischer und grundrechtstheoretischer Sicht, JZ 2001, S. 833; vgl. Christoph Grabenwarter, Die Charta der Grundrechte für die Europäische Union, DVBl, S. 1 ff.

19) Siegfried Broß, Grundrechte und Grundwerte in Europa, JZ 2003, S. 429 ff.; Jan Snapp, Die Menschenrechte als Grundlage der nationalen und europäischen Verfassungen, JZ 2003, S. 217 ff.

을 공포하였다.

유럽헌법의 제정에 있어서 중요한 발전적 의미를 가지는 유럽연합의 기본권헌장선언은 유럽헌법의 계속적인 성장부분에 대한 공식화로서의 의미를 가진다. 유럽연합의 기본권헌장은 법적으로 성문화하는 성격과 계수적 성격을 가진다. 유럽기본권헌장은 기본권보호와 관련되어지는 한에 있어서는 여기저기 흩어진 공동체법의 법원들을 법전으로 성문화시킨다. 유럽기본권헌장은 또한 기존의 유럽인권협약(Europäischen Menschenrechtskonvention)과 유럽사회헌장(European Sozialcharta)의 권리보장을 그대로 수용하여 계수한다[20].

이러한 유럽연합의 기본권헌장 선언은 유럽헌법과 관련된 유럽연합법에 대한 판례와 학문적인 논의에 있어서 기본권의 기능에 대하여 살펴보고 그리고 이를 통해서 현재의 시점에서의 이에 대한 비판점들을 검토해보는 중요한 계기를 제공한다. 그와 동시에 유럽연합의 기본권헌장에 대한 이해의 지평이 보다 넓어지고 심화되게 될 것이다. 니스회의에서 유럽연합의 기본권헌장의 선언은 유럽통합(europäische Integration)의 최종적 목적이 바로 기본권공동체(Grundrechtsgemeinschaft)이여야 하는가하는 본질적인 질문을 제기하게 만든다. 이러한 질문은 계속진행되어지고 있는 유럽통합에 있어서 기본권의 의미와 역할의 계속적인 증대라는 것을 전제조건의 기반으로 하고 있다. 유럽통합에 있어서 기본권은 결과적으로 유럽공동체의 구성원인 각 개별국가의 시민들과 밀접한 관련을 가지게 된다. 비록 기본권은 최초의 조약내용에서는 언급되지 않았지만, 1960년대 후반부터 점진적으로 중요한 의미를 가지게 되었다. 최근에 이러한 기본권의 중요성은 가속적으로 증가되어졌다. 이러한 기본

20) Arnold, Begriff, S. 863.

권의 중요성을 유럽연합은 기본권헌장에 관한 조약의 목적에서 기본권보호가 유럽연합의 기초원리(Gründprinzip)이고 유럽연합의 정당성(Legitimität)을 위한 포기할 수 없는 전제조건이라는 것을 명시하고 있다. 이러한 내용은 유럽연합조약(Vertrag über die Europäische Union) 제6조에서 찾을수 있다. 유럽연합조약(EUV) 제6조는 제1항에서 "연합(die Union)은 법치국가성과 마찬가지로 자유, 민주주의, 인권과 기본적 자유의 존중에 근거를 두고 있다. 왜냐하면 이러한 원칙들은 모든 가입국가들이 공통된 것이기 때문이다"고 함으로써 유럽연합의 근거원리의 공통적 분모로서 기본적 자유의 보장을 들고 있다. 동조약 제6조 제2항에서는 "연합은 기본권이 1950년 11월 4일 로마에서 서명된 인권과 기본적 자유의 보호를 위한 유럽협정(Europäische Konvention) 속에서 보장되어지고 그리고 공동체법의 일반적 원칙들로서 가입국가들의 공통적인 헌법전통 속에서 기본권이 도출되어지는 바와 같이 기본권을 존중한다"고 함으로써 유럽연합의 목적이 기본권보장영역의 확대와 강화에 있다는 것을 분명히 하고 있다.

V. 헌법화(Konstitutionalisierung) 혹은 조약의 개정(Vertragsrevision)?

유럽헌법조약과 관련된 유럽헌법에 대한 논의는 이러한 국제법적 고찰방식 혹은 국가법적인 고찰방식 중 어떤 하나의 일방적 입장에서의 논의로 축소되기 보다는, 유럽연합의 양 요소를 국제법적인 측면(조약)과 헌법에 규정된 직접적인 통치권(헌법)의 양측면 모두를 고려하는 것이어야만 한다. 물론 이러한 양 입장을 모두 고찰한 뒤에 도출된 최종적 결론은 다음과 같은 것이 될 것이다: 유럽헌법조약은 유럽의 헌법화과정이다. 이것을 다른 말로 직설적으로 표현한다면 유럽연합의 헌법국가성인정을 전제조건으로서 헌법의 제정이다. 이러한 조약형태를 통한 헌법의 제정의 초국가성의 문제와 주권의 문제의 상관관계정립이라는 중요한 과제가 설정되어 있다. 유럽연합의 헌법조약은 조약의 개정(Vertragsrevision)을 통한 헌법화(Konstitutionalisierung)과정인가 하는 질문은 헌법과 국제법상의 조약을 넘어서는 헌법개념정립을 통해서 어느 정도 해소될 수 있다. 유럽헌법조약은 조약과 헌법 양자모두를 요구하고 있다. 왜냐하면 단지 유럽헌법조약만이 유럽연합 속에서 나타나고 있는 국제법적인 조약과 독자적인 직접적 통치권(Herrschaftsgewalt) 사이의 긴장관계를 잘 다룰수 있기 때문이다. 이러한 긴장관계는 이러한 긴장관계를 통상적으로 초국가성(Supranationalität)이라는 개념을 통해서 달리 표현하고 있다.

초국가성은 순수한 국제법적인 관찰방식 혹은 국가법적인 고찰방법으로도 완전히 파악되어질 수 없다. 이러한 견지에서 유럽헌법에 대한 논의는 이러한 국제법적 고찰방식 혹은 국가법적인 고찰방식 중 어떤 하나의 일방적 입장에서의 논의로 축소되기 보다는, 유럽연합의 양 요소를 국제법적인 측면(조약)과 헌법에 규정된 직접적인 통치권(헌법)의 양측면 모두를 고려하는 것이어야만 한다. 국제법적인 측면에서 본다면 유럽연합은 어느 정도 외부적인 측면에서 살펴보면 국제법적인 조약에 의하여 창설된 국제적 기관(internationale Organisation)이다. 보다 덜 까다로운 헌법개념에 의하면 국제적 기관에 대한 국제법적인 창설조약(Gründungsvertrag)을 헌법으로 명명하기도 한다[21]. 창설조약은 구성국가로부터 독립된 단체의 의사에

21) Eckart Klein, Die internationaleen und Supranationalen Organisationen, in: Wolfgang Graf Vitzhum (Hrsg.), Völkerrecht, 2. Aufl., 2001; Robert

의하여 형성되어질 수 있는 기관을 구성하고, 이러한 기관에 대하여 특정한 과제를 부여한다. 기관을 조직하는 창설조약은 규약(Satzung) 혹은 조직규약(Organisationsstatut)으로서의 헌법으로 이해되어 진다. 따라서 ILO, UNESCO 그리고 WHO 등과 같은 창설조약들은 또한 헌법으로 불린다.

유럽연합의 국제법적인 토대제공(Fundierung)은 일련의 중요한 결과를 가져온다. 다른 모든 국제기관과 마찬가지로 유럽연합 역시 그 존속에 있어서 구성국가로부터 독립되어 있다. 유럽연합의 정당성은 구성국가들로부터 도출되어지고, 유럽연합의 법적인 문서들의 유효성(Wirksamkeit) 그리고 이러한 문서들에 저촉되는 개별국가의 법규정에 대한 유럽연합의 법적인 문서들의 우위는 구성국가들의 국제법적인 자기구속(Selbstbindung)을 통해서 정당화된다.

헌법인 동시에 조약인 유럽헌법조약은 유럽연합의 초국가성을 정당하게 다루고 있다. 내용적인 측면에서 접근해 보면 유럽헌법조약은 헌법이다. 그러나 그 성립형식은 조약이다. 그러나 조약은 국내법적 질서에의 수용절차만 거친다면, 국내법적질서가 된다는 점에서 조약이라는 형식이 결코 유럽헌법조약의 헌법규범성을 부인하는 근거가 될 수는 없다. 단지 헌법제정과정에서 필요한 정당성의 근거로서 모든 국가권력은 국민으로부터 나온다는 국민주권의 원리에 의한 보완의 문제가 제기된다. 이러한 유럽헌법조약의 국민주권원리에 의한 보완은 유럽의 국민국가적 헌법질서가 탈국가적 헌법질서에로의 전환(Translation)에 대한 정당화근거가 된다. 탈국가적 헌

Uerpmann, Internationales Verfassungsrecht, JZ 2001, S. 566; Johannes Christian Wichard, Der Vertrag über eine Verfassung für Europa: Konstitutinalisierung oder Vertragsrevision? Supranationale Verfassung zwischen Staat und Völkerrecht, EuGRZ 2004, S. 556.,

법질서를 지향하는 유럽연합의 초국가성은 국가없는 헌법의 제정과 이에 대한 국민주권적 정당화실험을 요구하고 있다. 이러한 실험은 기존의 유럽연합에서 제기되는 주권개념의 불가분성에 대한 의문과 관련된 유럽연합과 구성국가사이의 주권의 분리를 요구하게 하는 연방국가로의 이행과정으로 이어지게 될 것이다.

Ⅵ. 유럽연합의 과도한 확대에 따른 기회와 위험요소들

유럽연합의 확대는 여러 가지 기회와 장점에도 불구하고 또한 다른 측면에서 여러 가지 위험요소들을 내포하고 있다. 이러한 위험요소들은 과도한 확장(Überdehnung)이란 개념적 설명을 아주 선명하게 부각될 수 있다[22]. 현재 25개의 국가로 구성된 유럽연합의 계속적인 확장이 그대로 이어질 것이다. 왜냐하면 불가리아와 루마니아와 같은 2007년 가입이 예정되어있고, 터어키와 같이 국가는 호시탐탐 가입기회를 노리고 있기 때문이다. 새로운 국성국가들의 가입과 관련하여 유럽연합은 새로운 가입후보국가들을 제도적으로 준비 선정하고 있는가 하는 의문이 제기될 수 있다.

유럽연합을 통한 유럽통합의 중심에는 확장(Erweiterung)과 심화(Vertiefung)라는 두개의 목적들이 있다. 1957년에 성립된 유럽경제공동체(europäische Wirtschaftsgemeinschaft)와 마찬가지로 현재의 유럽연합 역시 유럽연합의 공통적인 기본가치들을 존중하고 있는 유럽의 국가에는 가입이 개방되어 있다. 유럽연합의 창설조약들은 「ever closer union among the people of Europe」이라는 통합목적을

22) C. Calliess/M. Ruffert, EuGRZ 2004, S. 542.

공식화하고 있다. 이것은 더 이상 경제적 통합은 독자적 목적이 아니라, 유럽연합 속에서 유럽의 국민 그리고 국가들의 보다 긴밀한 통합의 길을 열어놓기 위한 수단이다. 따라서 분리되지 않은 채 서로 연결되어 있고, 따라서 서로 평행적으로 추구되어져야만 하는 유럽연합의 주된 목표인 확대 및 심화와 관련하여 과도하게 확대된 유럽연합의 예견할 수 없는 결과를 우려하는 회의론자들은 이러한 양목적의 동시추구공식(Sowohl-als-auch-Formel)에 대하여 반론을 제기한다.

우선적으로 유럽연합의 확대는 구성국가들에게 다양한 기회를 제공할 뿐만 아니라, 중요한 질문들과 의문점들을 생생하게 현실화시킨다. 이러한 확대의 기본적 수단은 이미 서구문명의 발전에 중요한 역할을 수행한 이방인을 대하는 인간의 두가지 기본적 전략을 바탕으로 하고 있다. 하나의 전략은 경계를 점진적으로 제거하는 것이고, 또 다른 하나는 와서 우리의 우리들의 일원이 되라는 정신이다[23]. 이러한 기본적 정신들은 매우 고상한 것이어서 국가간의 경계는 제거될 수 없다는 기존의 편견자체를 제거하는 효과를 가진다. 물론 유럽의 과도한 확대로 인한 구성국가 간의 이질성의 증가로 인한 현실적 위험요소는 증폭되어질 수 있다. 결국 이러한 문제를 풀 수 있는 유일한 해결수단은 Kant적인 도덕적 정언명령에 근거를 두고 있는 헌법적 관용의 원칙(the Principle of Constitutional Tolerance)의 실천이다. 유럽헌법조약을 통한 유럽헌법적 질서의 구축은 인간적 삶의 관용의 확대라는 정신적 기반이 헌법적 가치에 의하여 지원되는 것을 전제로 하고 있다는 점에서 진보적이라고 할 수 있다. 그러나 이러한 헌법적 관용에 기반을 둔 편견의 제거라는

---

23) Weiler, Europe's constitutional Sonderweg, p.19.

일반적 요소와는 별도로, 기존의 구성국가들과 새로운 가입국가들의 정치적 · 경제적 · 사회적 차이의 조정과정은 간단하지 않다. 다음의 여러 가지 측면들이 복합된 문제가 중요하게 다루어진다. 새로운 가입국가들의 경제적 그리고 사회적 적응과정에서의 경제적 지원의 문제가 제기될 때, 어떻게 재정문제가 충분히 납득가능하게 해결되어질 수 있을까? 따라서 유럽연합의 확대와 관련된 이러한 종류의 재정적 평준화(Ausgleich)의 과정에서 경제적으로 낙후된 지역에 대하여 장려된 구조정책의 개혁과 같은 배분적 정의의 측면에서 명령되어지는 계획경제에 의하여 몰락된 농업정책의 개혁의 문제들이 현재 당면한 중요한 문제점들로서 부각되고 있다. 국가적 이해관계 그리고 거부가능성들이 지금까지 순수한 개혁작업들을 방해하였고, 유럽연합을 예산과 재정문제 그리고 금융제도에 있어서 인장력 실험대(Zerreißprobe)에 몰아넣고 있다. 통화블록 그리고 (그 사이에 많이 손상되어진) 통화안정협약에도 불구하고 구성국가들은 자신의 국가적 경제 그리고 재정정책의 영역에서의 유럽연합 내부에서의 순수한 독자적인 권한의 결여로 인하여 독자적인 길을 가고 있다.

이러한 여러 가지 문제점들을 해결하기 위한 새로운 대안으로서 유럽헌법조약을 통한 유럽연합의 새로운 창설(Neubegrüdnung)이 매우 중요한 대안으로 제기되었다. 유럽헌법조약을 통한 유럽의 통합과정에서 각 구성국가들의 유럽헌법의 채택에 대한 국민투표(Referenden)와 비준과정(Ratifikationsverfahren)에서 다음의 문제가 제기되어 진다: 몇몇 유럽헌법에 의한 통합에 적극적인 구성국가들은 유럽통합의 이상의 이해관계 속에서 이미 예견되어진 유럽연합의 새로운 창설을 다양화되어진 통합의 이상을 유럽연합 헌법 제1조 제2항, 제3조 제2항에서 찾고 있다. 따라서 유럽헌법조약의 각 구성국가의 국내법적 채택과정에서 헌법이 유럽헌법에 대한 국민투표를 금지하고 있는가에 대한 우선적 논의가 제기될 것이고, 이에 대한 대답은 Abbé Immanuel Joseph Sieyès의 「Il suffit que la nation veuille」민주적 국가이론에 바탕을 둔 모든 국가권력은 국민으로부터 나온다 라는 국민주권적 헌법제정권력의 행사라는 점에서 그렇지 않다라는 결론을 도출하게 될 것이다[24].

만일 유럽헌법조약의 구성국가의 국내법적 수용을 위한 절차에서 다수결의 확보가 예정되어 있지 않아서, 이것이 효과적으로 실행될 수 없다면, 유럽의 규칙과 규범들이 구성국가들의 국내적 정치·경제적 상황을 필연적으로 에워싸는 유럽의 규칙과 규범들의 질서력이 각 구성국가들의 헌법질서에서 어느정도까지 관철될 수 있는가 하는 문제가 제기된다. 이러한 문제와 관련된 중요한 대안은 유럽통합의 추진 및 보장기구로서 보다 많은 의무가 부여된 유럽연합이사회(Kommission)의 유럽헌법조약의 각 구성국가의 채택과 비준에 있어서의 역할과 권한의 강화이다. 이에 대한 내용적 척도는 유럽이사회에 의하여 승인된 헌법조약이 구성국가들의 국가적 이해관계에 저항하여 새로운 진보를 실현하였는지 여부가 매우 중요한 유럽헌법조약의 특성으로서 부각되게 될 것이다.

미래에 대한 전망으로서 유럽헌법조약의 각 구성국가적 국내법적인 수용을 위한 국민투표와 비준과정이 잘 정리되어서 유럽헌법체제가 완전히 성립된 이후에 나타나는 순기능과 그에 수반되는 역기능은 무엇일까라는 우선적 의문이 제기된다. 유럽헌법체제하에서의 과도한 유럽연합의 확장에 의하여 발생되는 위험요소들은 헌법규범의 수권규범적 그리고 권력제한적 기능에 의해서 어느 정도 제거될

---

24) Michael Elicker, Verbietet das Grundgesetz ein Referendum über die EU-Verfassung, ZRP 2004, S. 225.

수 있다. 그럼에도 불구하고 중앙에 대한 권력집중에 따른 양면가치적인 위험(Risiko)들을 통해서 이에 대한 역기능은 보다 강화되어지고 증폭될 수 있다. 유럽헌법체제의 새로운 창설 과정에서 보다 많은 중요한 권한들이 아무런 통제도 없이 계속적으로 브뤼셀(Brüssel)로 이전·집중되어지게 될 것이다. 이와 관련하여 유럽연합이 중앙집권적이고, 시민으로부터 격리된 거대국가(Superstaat)가 될 수 있다는 위험은 지속적으로 강화되게 된다. 그러나 이러한 위험은 서로 반대되는 가치들의 대립을 전제로 하고 있다는 점에서 양면가치적인 요소를 포함하고 있다. 왜냐하면 권한의 위임(Kompetenzübertragung)은 유럽연합의 과도한 확장과 결부되어 나타나는 유럽연합의 와해에 대한 위험을 저지하는데 기여할 수 있기 때문이다. 그러나 이러한 순기능은 또 다른 측면에서는 계속적인 중앙집중을 통해서 유럽연합이 아주 다양하게 형성된 과도한 권한을 가진 거대국가로서 질식사할 위험을 수반한다. 따라서 현재에는 이에 대한 적절한 해결책이 존재하지 않기 때문에 유럽헌법체제의 구축에 있어서 각 구성국가들의 통합에 대한 적극적 참여를 강하게 요구함으로서 이문제를 우선적으로 해결할려고 시도할 것이다. 그럼에도 불구하고 과도한 중앙집중은 결국 이러한 위험은 유럽통합의 토대가 되는 민주주의나 법치국가성의 기본적 가치들이나 원리들이 침해되는 결과를 초래하게 될 것이다. 모든 본질적 결정과정들의 유럽연합의 영역에로의 이전은 명백한 시민과의 격리를 초래할 뿐만 아니라, 유럽이사회의 중심적 권한에 근거한 결정과정들은 당연히 집행적 부담 (각 국가의 의회를 통하여 단지 제한적으로 상쇄되어질 수 있는 것)을 안고 있기 때문에 특히 민주주의원리가 침해될 가능성이 크다. 유럽연합이 공동체법의 국내법적인 전환과 적용과정에서 나타나는 구성국가적 집행적 결합은 유럽헌법조약의 경우에도 완전히 제거된다고 볼 수 없다. 유럽헌법을 통한 공동체법의 효과적인 실현과 마찬가지로 공동체법의 통일적이고 평등한 효력보장으로 특징지워지는 법공동체로서 유럽연합의 기초가 흔들린다면, 유럽연합의 법치국가적 한계의 이탈의 위험성은 더욱 더 커진다.

그럼에도 불구하고 유럽의 각 국가의 경계를 넘어서 자행되는 조직범죄들 그리고 불법이민과 관련하여 유럽연합에서의 안전과 자유와 권리의 보장을 위한 조치들의 필요성은 계속적으로 증대된다. 이러한 광범위한 구성국가들의 국회 그리고 유럽의회에 의하여 실행될 수 없는 유럽연합의 집행작용 그리고 국성국가들의 집행작용에 의하여 행해지는 안전과 자유와 권리보장의 요구는 결국 광범위한 유럽의 내부정책(Innenpolitik)을 요구하게 될 것이고, 이러한 유럽연합영역에서의 안전정책(Sicherheitspolitik)은 결국 유럽연합의 기존 국가의 중요한 기능인 내부적 안전의 보장까지 떠 맡는 결과를 초래한다. 결국 이러한 수순은 유럽연합이 중앙집권화된 강력한 힘을 가진 거대국가로 진행하는 과정으로 이어진다고 생각된다.

그러나 이러한 낙관적 전망에 기인한 유럽연합의 거대화에 수반된 위함에 대한 우려 외에도, 구성국가의 증대로 인하여 점점 더 증가되어지는 국가간의 이질성 때문에 유럽연합이 아무런 내용이 없는 속빈 강정 내지 법적으로 아무런 효과를 내지 못하는 공염불이되는 것은 아닌가 하는 질문 아니면 유럽가치공동체는 법적으로 효력을 가지는 실제적 현실이 될 수 있는가 하는 의문이 제기된다. 또한 순수히 경제적으로 통합된 유럽의 자유무역지역이 쇠퇴한다면, 과연 유럽연합이 계속 지속될 수 있을것인가 하는 의문도 제기될 수 있다. 새로운 가입국가들 중에 폴란드(Polen)는 경제적 통합에만 제한되어진 유럽경제공동체(Europäische Wirtschaftsgemeinschaft)를 선호하고 있다. 여러모로 상황이 좋았던 처음의 초기 10년 전의 유럽연합가입국가들은 우선적으로 자신들의 전체적인 주권을 다시 회복하였다는 사실을 고려해 본다면, 이러한 국가들이 이미 다시 유럽공동체의 영역에서 그들의 완전한 주권을 포기할려고 하지 않을려고 하는 것은 더 이상 놀라운 일이 아니다. 이러한 상황과 관련하여 유럽헌법제정이 가지는 의미는 어떻게 부각될 수 있을까. 그것은 헌법의 기본적이상인 국민의 기본권보장의 구조가, 유럽헌법에서는 강력한 힘을 가지는 주요 국가들의 권한행사의 제한을 통한 약소국의 권리보호에도 그대로 투영된다는 데에서 찾아야만 한다.

물론 구성국가와 유럽연합 사이에는 전통적인 국가구조와 새로운 연합형태의 명령에 대한 동시성이 존재한다. 그러나 이러한 정치적 지배와 국가는 완전히 일치하는 것은 아니다. 왜냐하면 양자는 구성적인 긴장상태 속에 있기 때문이다. 새로운 유럽헌법체제하에서 전개되는 유럽연합은 이미 19세기에 나타난 국가유형과 어떻게 구별되어질 것인가 하는 문제 그리고 유럽에게의 새로운 국가연합형태의 전개의 모범이 되는 미국의 국가형태와 어떻게 구분되어질 수 있는가 하는 본질적인 문제제기를 피해갈 수 없다. 이러한 문제제기에 대한 기본적 입장은 구성국가와 연합 사이의 권한은 권한배분의 원칙에 따라 의미깊게 구분되어서 배분되어져야 한다. 즉 구성국가와 연합 사이의 책임은 균등하게 배분되어야 하며, 연합은 전제적인 지배연합으로서 결코 명확하지 않은 권력국가의 유산을 상속해서는 안된다. 유럽헌법조약이 지향하는 유럽 연합은 구성국가에 의하여 조종되는 것과 마찬가지로 구성국가가 연합에 의하여 조정되는 국민의 의사에 의하여 도출되는 자치적인 법공동체(autonome Rechtsgemeinschaft). 바로 여기에 유럽연합의 헌법에 의하여 표출되는 독자적인 정신적 그리고 정치적 도전이 있다.

Ⅶ. 결 론

1993년의 Maastricht조약에 대한 결정을 통해서 독일연방헌법재판소는 열린 국가들의 유럽연합의 이상에 한발 더 다아가게 되었다. 이 과정에서 독자적으로 주권적 권한을 행사함이 없이, 주권국가관념을 넘어서는 공적인 권력의 새로운 조직형태가 문제되어진다. 독자적인 형태의 정치적 결합으로서 그리고 초국가적 기관으로서 유럽연합은 구성국가들 그리고 직접적으로 유럽의 국민들로부터 직접 나오는 의회에 대한 직접적 선거의 정당성의 원천으로부터 샘솟는 정당성의 분출을 통해서 그 정당성을 인정받아야 한다. 이런 의미에서 오래된 의미의 고전적 주권개념은 새로운 해결개념(Schlüsselbegriff)으로서 재등장하게 된다. 처음부터 주권개념은 두가지 의미를 가진다. 실제적-구체적(eine praktische-anschauliche) 의미 그리고 법학적-추상적(juristische-abstrakte) 의미[25]. 주권의 첫 번째 의미 속에서는 주권의 개념적 다발에 속하는 모든 개별적인 요소들이 열거되어져 있다. 주권의 두 번째 의미 속에서 주권개념을 일반화시키려고 하고, 그리고 이를 통하여 체계적으로 일반적인 주권의 최종적 근거에 대하여 질문을 할려고 시도한다. 그에 대한 최종적 대답은 국민주권이다. 따라서 유럽헌법제정은 유럽의 국민이 그들의 헌법제정권력을 행사하였다는 데서 유럽연합차원에서의 국민주권실현을 요구하고 있다. 유럽연합의 헌법제정권력으로서 유럽의 시민은 하나의 헌법적 시민은 아니다. 그래서 이전에 Dieter Grimm의 유럽에서의 민주주의전개과정의 공통적 조건으로 든 공통

25) Di Fabio, a.a.O., S. 90.

적 언어, 유럽적 이해관계를 관철시키는 정당구조, 그리고 이의 토대가 되는 유럽적 의사소통시스템이 존재하지 않는다는 비판은 타당성이 없다. 단일의 국민의 헌법제정권력이론의 허구성은 이미 국민국가적 주권개념의 정당화과정에서도 논증이 되었다. 이러한 배경을 무시한 채 전개되는 Grimm의 비판은 괘변이었다는 것이 역사적으로 증명되고 있다.

유럽헌법조약의 그 내용적 정당성은 유럽통합의 목적관념(Zielvorstellungen)은 여러 가지 관점에서 정리될 수 있다. 이미 유럽에서는 동서냉전체제의 시작과 더불어 외교적인 측면 그리고 집단안전보장의 측면에서 유럽영역의 계속적인 독립화의 요구가 문제로 제기되었다. 이러한 외교적 그리고 집단 안전보장의 목적 그리고 경제적인 측면에서의 통합과 발전의 요구의 저편에는 세계-경제사회의 전쟁터에서 유럽구대륙의 행위능력과 영향력을 유지하기 위해서 통용될 수 있는 유일한 방법은 유럽연방국가(ein europäischer Bundesstaat)의 건설이다. 설사 좌파적 사회국가이념을 추구하는 정치가들은 여전히 국민국가적 총자산의 유지를 고집할 수도 있지만, 그들 역시 동시에 경제적인 측면에서 정치적으로 정당한 질서를 제시하기 위해서는 강력한 유럽의 기관을 요구하게 된다. 미국에 버금가는 세계에서 두 번째의 강대국이 되기 위한 목적을 Fischer)는 「국가연합(Staatsverbund)에서 연방(Förderaton)으로」라고 표현하고 있다.

유럽헌법조약에 있어서 헌법의 역할과 관련된 논의에 있어서 다음의 네가지 가능한 헌법의 의미들이 부각된다[26]. 그 첫 번째 의미는 경험적 의미에 있어서 헌법에 대하여 언급하는 것이다. 이것은

---

26) Snyder, The unfinished constitution of the European Union, p.56.

현실적으로 국가와 같은 정치가 조직되어지는 방식이다. 두 번째 의미는 정치의 법적질서를 형성하는 근본적인 법적 규범들의 전체(totality)로서 실질적 의미의 헌법을 암시(내포)한다. 이러한 의미의 헌법은 이미 유럽연합의 헌법조약 이전에도 존재하고 있다. 세 번째 의미의 헌법은 도구적 의미의 헌법(in an instrumental sense), 적어도 원리적인 헌법적 규범들을 나타내고 있는 성문의 문서 혹은 근본적인 법적인 기록들로서 헌법개념이다. 이러한 헌법적 의미는 유럽연합의 헌법조약을 통해서 나타날 수 있었고, 그 이후의 유럽헌법의 수호자 논쟁과 관련된 유럽법원과 같은 기관의 헌법해석을 통해서 계속적으로 확인될 것이다. 마지막의 네 번째의 헌법적 의미는 성문헌법규정의 의미의 단순한 전달이 Konrad Hesse의 헌법에 대한 의지(Wille zur Verfassung)와 같은 국민의 헌법에 대한 태도라고 볼 수 있다. 이런 점에서 볼 때 유럽헌법조약의 성공은 각 구성국가국민들의 헌법에 대한 태도에 달려 있다는 주관적 의미에서의 헌법적 의미는 매우 중요하다.

유럽연합의 헌법제정논의와 관련하여 헌법이 왜 필요한가라는 질문에 대한 대답은 헌법에 대한 유럽연합시민들의 태도에서 찾아야 한다. 그에 대한 해답을 Weiler교수는 유태인의 세가지 종교적 준수사항(정결율법(kosher laws), 안식일 율법(Sabbath laws), 성적관계의 순수성의 계율(the laws of purity in sexual relations))을 예로 들면서 헌법을 제정하고 준수하는 문제를 이러한 신의 계율을 지키는 것과 같은 차원의 문제로 비유하고 있다[27]. 이러한 헌법의 종교적 경전과의 동일시는 매우 중요한 헌법제정의 동기로 작용한다. 초국가성, 국가없는 헌법, 주권의 분리 등으로 표현되는 유럽연합의

27) Weiler, Europe's constitutional Sonderweg, pp.14-15.

헌법조약과 관련된 모든 포장들도 궁극적으로는 헌법개념과 국가개념의 상관관계를 피해갈 수 없다. 이에 대한 해답은 유럽연합의 기존의 외교국방을 넘어서는 내부적 정책까지 승계하면서 기존의 국민국가의 자유와 안전의 보장에 대한 국가의 전통적 기능을 수행할 수 있는가 여부에 달려 있다. 모든 역사적인 변천에도 불구하고 전통적인 자유와 안전에 대한 결정적 보장 그리고 복지의 가능성에 대한 국가의 기능은 초국가적인 공동체의 헌법에 대한 새로운 사고를 지향하는 유럽연합의 차원에서도 포기될 수 없다.

유럽연합의 국가성여부와 법적 성격

전학선*

Ⅰ. 서론

20세기 중반부터 유럽에서는 여러 가지 다자간 조약을 통하여 유럽국가 상호간에 국경의 장벽을 허물기 시작하여, 드디어 2004년 10월 29일에는 유럽연합(Union européenne) 25개국 정상 및 유럽연합 집행위원장이 참석한 가운데 로마에서 유럽연합헌법조약 서명식이 열렸다. 1950년대에 유럽석탄철강공동체를 시작으로 하여 점점 결속력을 강화하더니 유럽공동체에서 유럽연합으로 되어 단일 헌법을 채택하여 유럽통합을 위한 중대한 결실을 맺게 되었다.

오늘 날 급변하는 국제정세 속에서 세계 각국은 정치적 이해관계 속에서 혹은 경제적 이해관계 속에서 다른 나라들과의 관계를 더욱더 긴밀하게 유지할 필요성을 느끼게 되었고, 이러한 필요성의 증가로 국제조약을 통하여 그 결속을 다지고 있다. 예를 들면 동남아

---

* 단국대학교 법과대학 교수

시아의 지역협력기구로서 동남아시아국가연합(Association of South-East Asian Nations)이 1967년 8월 설립되었고, 1989년 11월 한국·미국·일본·호주 등과 동남아시아국가연합이 아시아태평양경제협력체(Asia Pacific Economic Cooperation)를 결성하였으며, 미국·캐나다·멕시코 3개국이 1992년 12월 북미자유무역협정(North American Free Trade Agreement)을 체결하였다. 이처럼 지역적으로 블록을 형성하여 직역발전을 위한 협정을 체결하여 지역발전과 세계변화에 대응하고자 각국들은 노력하였다.

그 가운데 유럽연합은 50여년만인 2004년 단일헌법을 채택함으로써 괄목할만한 성과를 거둔 것이다. 유럽연합이 단일헌법을 만듦으로써 유럽은 좀 더 하나의 국가에 가까이 다가서게 된 것이다. 그러나 유럽이 통합됨에 따라 유럽연합이 회원국들에게 좀 더 강력한 지배력을 행사하게 되고, 회원국들은 유럽연합에 더욱 더 종속되게 되는 것이다. 따라서 유럽연합은 유럽의 주권국가들로 구성된 하나의 단체인데, 이러한 유럽연합이 과연 어떠한 성격을 가지는가 하는 문제가 대두된다. 초기에 유럽국가들이 경제공동체를 형성하여 유럽공동체를 이끌어 오다가, 이제는 유럽연합으로서 단일 헌법을 가지게 됨으로써 과연 유럽연합의 정체성이 무엇인가 하는 점이 논의되는 것이다.

유럽연합이 단일국가적 성격을 가지고 있는 것인지, 아니면 연방국가적 성격을 가지고 있는 것인지, 혹은 국가연합의 성격을 가지고 있는 것인지 여부 혹은 국제기구로서의 성격을 가지고 있는지 여부가 문제된다. 이러한 논의는 구성회원국들의 정체성과도 연결이 된다볼 수 있다. 유럽연합 회원국들에게 진정한 국가로서의 정체성이 아직도 남아있는지, 아니면 이미 국가로서의 정체성을 사라졌다고 봐야하고 연방국가의 支邦國의 지위에 그치는 지 여부가 문제된다. 유럽연합이 단일헌법을 채택함으로써 유럽연합의 국가성 여부를 파악하는 것이 유럽연합 회원국들의 국가성 여부도 함께 파악하는 길이 될 것이다. 따라서 여기서는 국가의 전통적인 구성요소라고 거론되는 국민·주권·영토와 관련하여 주권과 국민에 비견되는 개념인 유럽시민권 과 관련하여 살펴보면서 유럽연합의 국가성 여부에 대하여 살펴보기로 한다.

Ⅱ. 국가형태일반론

국가란 "일정한 지역을 기초로 하여 존립하는 다수인의 조직화된 정치단체"[1] 또는 "일정한 지역을 지배하는 최고권력에 의하여 결합된 인류의 집단"[2]이라고 이야기할 수 있다. 국가는 일정한 지역을 기초로 하여 사람들로 구성되어 최고권력에 의하여 결합된 정치단체라고 볼 수 있는데, 이러한 국가는 그 모습을 다양하게 띄고 있다. 인류가 모인 모든 정치적 결합체가 국가가 될 수 없으므로, 어떠한 단체가 국가로서 인정될 수 있고 어떠한 단체가 국가로서 인정될 수 없는가 하는 것이 문제가 된다. 결국 모든 정치적 결합체나 혹은 최고권력에 의하여 지배되는 집단을 모두 국가로 인정할 수 있는가 하는 문제가 대두된다.

국가가 어떠한 형태로 분류될 수 있는가 하는 점에 대하여 많은 논의들이 있었는데 "사회공동체가 정치적인 일원체로 조직되고 통일되는 형식",[3] 또는 "국가의 구조형태와 조직체계가 어떠한 것인

1) 권영성, 헌법학원론, 법문사, 2004, 104면.

2) 김철수, 헌법학개론, 박영사, 2004, 101면; 성낙인, 헌법학, 법문사, 2004, 84면.

가를 기준으로 한 국가의 유형",[4] 혹은 "국가의 전체적 성격을 나타내는 전반적인 조직과 구성에 관한 유형"[5], "한 국가의 특색을 나타내는 정치적 지배형태",[6]를 국가형태라고 말한다.

전통적으로 국가형태는 세습적이며 종신적인 군주에 의하여 지배되는지 여부에 따라 군주국과 공화국으로 분류되고, 통치권을 중앙에 집중·통일시키는 국가인지 혹은 통치권을 각 支邦에 분산시켜서 분권주의에 입각하고 분할된 각 支邦이 결합하여 하나의 국가적 결합체를 구성하는가에 따라 단일국가와 연방국가로 분류하고 있다. 이와 더불어서 국가적 성격을 부여하기에는 그 지배력이 약한 국가연합이 종종 연방국가와 비교되기도 한다.

1. 단일국가(Etats unitaires)

단일국가는 국가의 구성이 단일한 통일적 국가를 말한다. 즉 통치권이 중앙에 집중·통일되어 있는 것을 특징으로 한다. 따라서 단일국가는 일반적으로 권력집중형이라고 말하여지기도 한다. 그러나 국가마다 차이가 있으나 지방자치제도에 의하여 지방자치단체에게 광범위한 자치권을 부여할 수 있다는 점에서는 권력분산적인 측면도 있다.[7] 물론 이러한 자치권도 중앙정부가 위임한 범위내에서만 인정된다.

---

3) 허영, 한국헌법론, 박영사, 2002, 184면.

4) 권영성, 헌법학원론, 법문사, 2004, 109면.

5) 성낙인, 전게서, 92면; 이관희, 한국민주헌법론Ⅱ, 박영사, 2004, 105면.

6) 계희열, 헌법학(上), 박영사, 2004, 200면.

7) 김철수, 전게서, 128면.

2. 연방국가(Etats fédéraux)

연방국가는 그 본질에 관한 이해에 따라 그 개념정의가 달라지고 있다. 단일국가에서의 지방자치는 단일한 주권국가에서 그 지역적 분할을 통하여 권력분산과 주민자치를 구현하고 있기 때문에, 적어도 국가 자체의 성격에 관한 특별한 문제가 될 것이 없다. 즉 연방국가의 국가성을 부정하는 견해는 찾아보기 어렵다. 그러나 연방국가에서 支邦의 법적 성격을 어떻게 보느냐, 즉 支邦國이 주권을 가질 수 있는가 여부에 대하여 논란이 있다.

支邦國이 주권을 가지고 있는가 혹은 支邦國이 진정한 국가인가에 관하여 ① 支邦國만이 주권을 가지며 연방은 하등의 국가적 성질을 가지지 않는 다는 견해, ② 주권은 연방 및 支邦國에 총유적으로 귀속한다는 견해, ③ 연방만이 주권을 가지며 支邦國은 주권을 가지지 않으나 참다운 국가적 성격을 가진다는 견해, ④ 연방만이 참다운 국가이며 支邦國은 넓은 자치권을 가진 일종의 자치단체에 불과하기 때문에 주권을 가지지 않는다는 견해[8], ⑤ 연방국가뿐만이 아니라 支邦國도 주권을 가지지만 외교권 등은 연방헌법을 제정하여 연방정부에 위탁하고 있을 뿐이므로 대내적으로 자주조직권을 가진 일종의 주권국가라는 견해[9] 등이 있다.

이 문제는 연방국가의 역사적 성격과 그 출현배경을 도외시하고는 일의적으로 단정할 수는 없다. 전통적인 주권이론에 따라 주권은 단일불가분적이라고 본다면 연방국가와 支邦國 사이에 주권의 공유나 분할의 문제가 필연적으로 제기된다. 이는 동일한 국가내에서 주권국가의 병존을 의미하기 때문이다. 그렇다고 연방만이 주권

8) 권영성, 전게서, 113면.

9) 김철수, 전게서, 128면.

국가이고 支邦國은 비주권국가라고 한다면 전통적인 국가의 개념이나 국가의 요소에 중대한 혼란을 초래하게 된다. 여기에 전통적인 국가이론에 충실한 연방국가와 支邦國의 구별론 내지 주권국가성 여부의 문제는 일정한 한계에 봉착한다.10)

연방국가의 경우 동일헌법 · 양원제의회 · 연방최고법원 등의 존재를 그 특징으로 한다고 볼 수 있다. 연방국가의 예로 많이 거론되는 국가가 오늘날의 미국 · 스위스 · 독일 · 구소련 등이다.

3. 국가연합(Confédérations d'Etats)

국가연합은 일반적으로 주권국가 상호간의 연합을 의미한다. 그것은 복수의 국가간에 맺어진 국제조약에 근거하여 국가간에 성립된 연합체인 것이다. 즉 국가연합은 주권국가 상호간의 국제조약에 기초한 조약공동체인 것이다. 이는 특정한 정치적 · 경제적 · 문화적 목적을 달성하기 위하여 주권국가들간에 맺어진 국제협정에 기초하여 설립된 국제기구와는 구별된다. 국가연합에서 개별구성국가는 국가로서의 단일성이 유지되고 탈퇴의 자유가 보장된다. 따라서 국가연합은 국제적으로는 단일체로 나타나나 그 자체가 단일국가는 아니다. 따라서 국가연합은 진정한 국가로 볼 수 없다. 또한 연방국가와 비교하여 국가연합은 만장일치로 체결되는 국제조약에 기초하여 성립된다는 점에서 다수결로 채택되는 헌법에 기초하는 연방국가와 다르다.11) 그리고 국가연합에서는 회원국들이 언제든지 원하는 경우에는 탈퇴를 할 수 있다.12)

---

10) 성낙인, 전게서, 98면.

11) Dominique Turpin, Droit constitutionnel, PUF, 1997, p.53.

12) Jean Gicquel, Droit constitutionnel et institutions politiques, Montchrestien,

국가연합은 연합조약 · 복수헌법 · 연합의회 등이 존재하고 최고연방법원이 존재하지 아니한다는 점 등이 그 특징이다.

4. 연방국가와 국가연합의 차이

① 연방국가는 진정한 의미의 주권국가이지만, 국가연합은 진정한 의미의 국가 내지 주권국가가 아니다. ② 연방국가는 연방헌법에 근거한 영속적 결합체이지만, 국가연합은 구성국가간의 조약에 근거한 잠정적이고 한시적 성격을 가지는 결합체이다. ③ 연방국가는 일반적인 국제법상의 주체라는 점에서 支邦國과 구별될 뿐만 아니라, 국가연합이 조약상 특수하고 한정적인 부분을 제외하고는 국제법 주체가 될 수 없다는 점과도 구별된다. ④ 연방국가의 통치권은 연방 자체내에서 연방과 支邦에 분할되지만, 국가연합에서 통치권은 원칙적으로 개별국가가 보유한다. ⑤ 연방국가는 연방이 국제법상의 책임을 다하고 있지만, 국가연합은 원칙적으로 국제법상의 책임을 지지 않는다. ⑥ 연방국가에서의 병력은 연방에 속하지만, 국가연합에서의 병력은 여전히 구성국가가 보유한다. ⑦ 연방국가는 통일헌법 · 양원제의회 · 연방최고법원 등이, 국가연합은 연합조약 · 복수헌법 · 연합의회 등이 그 제도적 특징이다.[13)]

단일국가 · 연방국가 · 국가연합의 구별이 어느 정도 원론적인 부분에서는 합의가 되어있는 듯 하다. 그러나 현대에 와서 단일국가는 지방분권의 강화로 연방국가화 되어 가는 경향이 있고, 연방국가는 구가 결속력과 통합력이 강화되면서 단일국가화 되어 가는 경향이 있다. 또한 국가연합의 경우에도 과거와 같이 국가연합의 특

1997, p.66.

13) 성낙인, 전게서, 100면.

징에 머물기보다는 국제법적 통합이라든가 지역의 블록화 현상이 두드러지면서 연방국가적 성격과 국가연합적 성격을 함께 가지는 단체가 생겨나고 있다. 개별국가의 존재를 전제로 하면서 통합력을 강화하고자 점점 더 고전적인 이론에서의 단일국가 혹은 연방국가, 그리고 국가연합의 모습에 일치하니 아니하는 경우가 발생하게 되는 것이다.

Ⅲ. 유럽연합의 형성과정[14)]

유럽연합의 형성과정은 지난 50여년에 걸쳐서 유럽에서 정치적, 법적, 제도적, 사회적 측면에서 가장 중요한 면을 살펴보는 것이 된다.

제1차 세계대전과 제2차 세계대전을 거치면서 미국이 세계의 뉴리더 국가로 세계정치무대에 등장을 하면서 그 이전까지 세계무대에서 발언권이 강하던 유럽 특히 프랑스 등이 미국의 정치적·경제적 힘에 대항하기 위하여 유럽을 하나로 묶는 공동체의 필요성이 대두되었다. 또한 제1차 세계대전과 제2차 세계대전을 거치면서 유럽의 양대 대국이었던 프랑스와 독일간의 적대감을 해소하고 이와 더불어서 유대관계를 높이면서 유럽의 결속을 더욱 더 확고히 하고자 하였다. 따라서 1950년대 초 당시 프랑스 경제계획청장인 장 모네(Jean Monnet)의 아이디어를 빌어, 로베르 슈망(Robert Schuman) 프랑스 외무장관이 1950년 5월 9일 기자회견을 통해 석탄 및 철강 산업을 초국가적인 기구를 통해 공동관리하자는 '슈망선언'을 발표

---

14) 주구주연합대표부 홈페이지 http://www.koreanmissiontoeu.org/eu_intro/eu_intro_a01.php 참조.

하였다. 로베르 슈망 프랑스 외무장관의 제의를 영국을 제외한 독일, 이탈리아 및 베네룩스 3국이 수락함에 따라 프랑스・독일・이태리・화란・벨기에・룩셈부르크 6개국이 1952년 8월 유럽석탄철강공동체(ECSC - European Coal and Steel Community)를 정식으로 발족하였다.

그 후 석탄과 철강산업만을 대상으로 한 공동시장을 모든 산업으로 확대하기 위한 필요성이 대두되었고, 중요성이 날로 증가하던 원자력의 공동개발 및 이용을 목적으로 하는 유럽원자력공동체의 결성이 필요하게 되었다. 따라서 1957년 3월 로마에서 관세동맹, 경제 및 화폐동맹과 회원국간의 상품・사람・서비스 및 자본의 자유이동을 이룩함으로써 공동의 경제・산업・사회・재무 및 재정정책을 지닌 단일시장을 형성하려는 목적의 공동체인 유럽경제공동체(EEC - European Economic Community) 및 공동에너지 시장의 창설, 핵 원료의 균형 공급 보장, 핵 에너지의 안전 및 인간과 환경의 보호를 위한 특별계획 등을 추진하려는 목적의 공동체인 유럽원자력공동체(EURATOM - European Atomic Energy Community) 창설조약에 서명이 이루어지게 되었다.

독립된 집행부를 가진 별도의 기구로 출발한 유럽석탄철강공동체・유럽경제공동체・유럽원자력공동체 등 3개의 공동체는 1967년 7월 1일 '유럽공동체의 단일이사회 및 단일집행위 설립에 관한 조약'(Merger Treaty)의 발효에 따라 집행부를 이사회, 집행위, 구주의회 등으로 단일화하였다. 동 조약으로 단일기관이 각 공동체의 업무를 모두 관장하게 되고 공동 예산제도를 실시하게 됨으로써 동 3개의 공동체는 사실상 단일공동체화하여 명칭도 3개 공동체를 총괄하는 유럽공동체(EC - European Communities)로 명명하게 되었다.

유럽공동체는 유럽공동체 기본이념 달성을 위해 관세동맹(역내

관세철폐와 대외공동관세 시행), 공동시장(Common market) 및 공동농업정책(Common Agricultural Policy)을 우선적으로 추진하였으며, 유럽공동체 역내 환율안정 구상을 발전시켜, 1979년 3월 유럽통화제도(EMS - European Monetary System)를 발족하였다.

한편, 1973년에 영국, 덴마크, 아일랜드, 1981년에 그리스, 1986년에 스페인, 포르투갈이 각각 유럽공동체에 가입함으로써 유럽공동체는 12개 회원국으로 확대되었다.

유럽공동체 회원국들은 유럽공동체 역내시장 완성을 위해 유럽경제공동체 조약을 보강하는 단일유럽의정서(Single European Act)를 1986년 2월에 체결하였다.(1987년 7월 발효) 단일유럽 의정서에 따라 인적, 물적, 자본 및 서비스의 자유이동을 제한하는 각종 규제를 철폐하는 국내입법을 시행하여 1993년 1월 역내 단일시장을 성립시켰다. 유럽공동체의 성장과 발전 그리고 역내 단일시장의 완성으로 인해 심화된 유럽 경제통합의 성과를 바탕으로 일정분야에서의 정치통합을 실현하고 궁극적인 단일 경제 · 통화권을 건설하기 위한 유럽통합 움직임은 더욱 가속화되었는데, 유럽공동체 회원국 12개국은 1991년 12월 유럽연합조약(마스트리히트 조약)을 확정하고 국내비준 절차를 마침으로써 마침내 1993년 11월 유럽연합(European Union)을 출범시켰다.

유럽연합은 기존 유럽석탄철강공동체 · 유럽경제공동체 · 유럽원자력공동체를 포함하는 유럽공동체를 한층 발전시킴과 더불어서 공동외교안보정책(CFSP - Common Foreign and Security Policy)을 시행함으로써 실질적인 정치 통합을 이루고, 내무사법협력까지를 포함하는 공동체로 새로이 탄생시켰다.

한편, 유럽연합는 오스트리아, 스웨덴, 핀란드 3국을 1995년 1월부터 새로운 회원국으로 가입시켜 회원국을 15개국으로 확대하였다.

유럽연합 회원국들은 1997년 6월 암스테르담 정상회담에서 중·동구 국가들과의 유럽연합 확대 협상을 위해 92년 마스트리히트 조약을 대체하는 『암스테르담 조약』을 채택하고, 1997년 10월 동 조약에 서명하였다. 암스테르담 조약이 체결됨에 따라 1998년 3월부터 우선 협상 대상국 6개국(폴란드, 헝가리, 체크, 슬로베니아, 에스토니아, 사이프러스)과 회원국 확대 교섭을 개시였고, 1999년 1월 1일부터 회원국 중 11개국이 참가한 유럽 단일통화가 도입되었고, 참가국의 통화 및 금리정책을 유럽중앙은행에서 추진하게 됨으로써 경제통화 통합에 성공하였다.

한편 1999년 5월 1일 "암스테르담 조약"이 발효됨으로써 이를 바탕으로 회원국 확대 교섭이 더욱 진전되고 경제통합 차원에 넘어, 정치, 사회분야에서의 통합을 위한 공동 외교안보정책 및 내무·사법 분야에서의 통합 노력을 보다 적극적으로 추진하게 되었다.

2000년 3월부터는 제2차 가입협상 대상국 6개국(슬로바키아, 라트비아, 리투아니아, 몰타, 루마니아, 불가리아)과 가입협상 개시하여, 2000년 12월 니스 정상회의에서는 암스테르담 조약에 포함되지 못한 집행위의 규모 및 구성, 각료이사회 투표권수 조정, 가중다수결에 의한 결정분야 확대, 긴밀한 협력 등에 관해 합의하여 "니스 조약"을 채택하고 2001년 2월 26일 동 조약에 서명하였다.

2002년 12월 코펜하겐 정상회의에서는 10개국(헝가리, 폴란드, 체크, 에스토니아, 라트비아, 리투아니아, 몰타, 슬로바키아, 슬로베니아 및 사이프러스)과의 유럽연합 가입협상을 완료하여, 2003년 4월 아테네에서 가입조약에 서명하고, 해당국들의 2004년 5월 1일자 유럽연합 가입 및 회원국 자격으로 2004년 유럽의회 선거에 참여하도록 하였다. 2004년 5월 1일 위 10 개국의 유럽연합 가입으로 현재 25개국을 회원국으로 가진 유럽연합이 출범하였다.

한편 불가리아, 루마니아는 2007년 유럽연합 가입을 추진하고, 터어키의 경우, 2004년 12월 유럽이사회가 집행위의 평가·건의 보고서에 기초해 민주주의·인권·소수민족 보호 등 "코펜하겐 정치적 기준"을 충족한다고 결정할 경우 지체없이 터어키와의 유럽연합 가입협상을 개시할 예정이다.

Ⅳ. 유럽연합의 기구

유럽연합의 성격을 파악하기 위해서는 유럽연합의 권력이 어떻게 분리되어 있는지를 살펴보아야 할 것이다. 유럽연합의 국가로서의 성격을 가지는지 여부를 파악하는데 있어서 유럽연합의 기구들이 우리들이 고전적으로 거론하는 입법권이며. 혹은 행정권 및 사법권 등은 어떠한 기관이 행사하는가를 파악할 필요가 있다.

유럽연합의 기구는 유럽의회(Parlement européen), 유럽이사회(정상회의)(Conseil européen), 각료이사회(Conseil des ministres), 집행위원회(Commission européenne) 및 유럽사법재판소(Cour de justice de l'Union européenne)로 구성되어 있다.

1. 유럽의회(제I-20조)

유럽의회는 각료이사회와 공동으로 법률을 제정하고, 예산 수립 및 헌법에 규정된 정치적 통제와 협의를 하며 집행위원장(Président de la Commission européenne)을 선출한다.

유럽의회는 5년 임기로 유럽연합 시민의 보통·자유·직접·비밀투표에 의해 선출되며, 의원수는 750명을 넘지 못하고, 국별 최소의석수는 6석이고, 최대 의석수는 96석으로 회원국의 인구수에 비례하여 각국의 의원수를 정한다. 유럽의회는 의원들 가운데에서 의장과 사무처를 선출한다.

2. 유럽이사회(제I-21조)

유럽이사회(정상회의)는 회원국 국가원수 또는 정무수반, 유럽이사회 의장 및 집행위원회 위원장으로 구성되며, 유럽연합의 정치방향과 우선순위를 정하나 입법 기능은 행사하지는 않는다.

유럽이사회는 의장의 소집으로 분기별 1회 회의가 소집되며, 유럽이사회의 결정은 헌법에서 달리 규정하고 있지 아니하는 한 '합의'(consensus)로 이루어진다.

3. 유럽이사회 의장(제I-22조)

유럽이사회 의장은 유럽이사회에서 가중다수결(majorité qualifiée)로 선출되며 임기는 2년 6개월로 1회 연임이 가능하다. 유럽이사회 의장은 정상회의를 주재하고 업무를 추진하며, 외무장관회의(Conseil des affaires générales) 결과를 토대로 집행위원장과 협력하여 정상회의의 준비 및 연속성 확보한다. 또한 유럽이사회의 결속과 컨센서스 도출하며, 유럽의회에 매 유럽이사회 회의 결과 보고서를 제출한다.

유럽이사회의장은 공동외교안보정책과 관련하여 유럽연합 외무장관의 권한을 침해하지 않는 범위 내에서 대외적으로 유럽연합을 대표한다.

4. 각료이사회(제I-23조)

유럽연합의 각료이사회는 유럽의회와 공동으로 입법기능과 예산기능 그리고 정책결정 및 조정기능 수행한다.

각료이사회는 헌법이 달리 규정하지 않는 한 가중다수결로 의사결정을 한다.

5. 유럽연합 외무장관(제I-28조)

유럽이사회(정상회의)는 집행위원장의 동의를 얻어 가중다수결에 의해 유럽연합 외무장관을 임명한다. 유럽연합 외무장관은 공동외교안보를 담당하고 외교정책을 담당한다.

6. 집행위원회(제I-26조 내지는 제I-27조)

유럽연합의 입법활동은 헌법이 다르게 규정하고 있는 경우를 제외하고는 단지 집행위원회는 제안에 의하여서만 채택될 수 있다. 다른 사항은 헌법이 규정하는 경우에 한하여 집행위원회가 제안할 수 있다.

집행위원회 위원들의 임기는 5년이다.

유랍연합헌법이 채택되고 난 후 첫 위원회는 유럽이사회 의장 및 부의장 가운데 한사람인 유럽연합의 외무장관을 포함하여 회원국의 대표들로 구성된다. 그 다음 위원회는 유럽이사회가 수를 개정하지 아니하는 한 회원국 수의 3분의 2로 구성한다. 위원회 구성원은 회원국들 사이에서 교대로 대표들이 선출되며, 이러한 선출방식은 유럽이사회의 만장일치로 채택된 결정(décision)에 의하여 성립된다.

유럽위원회는 유럽연합헌법의 적용을 감독하고, 유럽사법재판소의 통제아래 유럽연합 법률의 적용을 감독하며, 예산을 집행하고 프로그램을 시행한다. 또한 행정 및 관리기능을 수행하고 입법제안을 하기도 한다.

집행위원회 위원장 선출방식을 살펴보면, 유럽이사회가 유럽의회 선거 결과를 고려하여 가중다수결로 집행위원회 위원장 후보를 지명한 다음 유럽의회가 다수결방식에 의하여 위원장을 선출한다.

7. 유럽사법재판소(제I-29조)

유럽사법재판소는 유럽헌법 및 제반 법률의 해석과 그 적용에 대한 판결을 통하여 유럽연합법의 이행을 보장하는 역할을 담당하고 있다.

유럽사법재판소는 사법법원(Cour de justice), 일반재판소(Tribunal), 특별재판소(tribunaux spécialisés)로 구성이 되며, 사법법원은 회원국 판사들로 구성되고 검사들(avocats généraux)의 보조를 받는다.

V. 유럽연합헌법을 통한 정체성파악

유럽연합헌법은 전문을 가지고 있으며 네 개의 장과 부속의정서와 선언으로 구성되어 있다. 제1장 유럽연합의 목적·기구 등에 대하여 규정하고 있고, 제2장은 기본권헌장, 제3장은 유럽연합의 정책과 기능, 제4장은 일반조항들로 구성되어 있다.

1. 유럽헌법전문

유럽연합헌법전문은 유럽의 문화적, 종교적, 인도주의 유산을 바탕으로 전세계 평화, 정의 및 연대를 위해 노력할 것과 다양성 속의 통합을 통해 시민들에게 최고의 기회를 제공하며, 후세 및 세계에 대한 책임을 인식하고 인간에게 고유한 희망을 바탕으로 한 위대한 도전을 추구할 것을 선언하고 있다.

유럽연합은 회원국들의 공동의 목적을 달성하기 위해 설립되었으며, 평화, 유럽연합의 가치 및 유럽연합 시민의 복지 증진, 유럽연합 시민의 자유와 안전 및 정의와 단일시장 제공하며, 균형있는 경제성장, 사회시장경제 및 고도경쟁을 기초로 한 지속가능한 개발을 추구하고, 사회적 소외계층차별철폐, 사회정의실현, 남녀평등, 아동권리보호를 선언하고 있고, 문화·언어적 다양성을 존중하며, 유럽의 문화유산 보호 및 증진을 선언하고 있다.

2. 법인격

유럽연합은 법인격(personnalité juridique)을 갖는다고 선언하고 있다.(제I-7조)

국가연합의 성격가운데 하나가 법인격을 부여받지 못하여 직접적인 권리의무의 주체가 되기 힘들다는 점도 고전적인 국가연합을 규정하는 한 내용이다. 그러나 유럽연합헌법은 유럽연합에 대하여 법인격을 부여하고 있다. 따라서 유럽연합은 국제조약의 주체가 될 수 있다. 예를 들면 유럽인권협약(Convention européenne des droits de l'homme)에 가입할 수가 있게 된 것이며,[15] 유럽연합헌법도 제I-9조에서 유럽연합이 유럽인권협약에 가입한다고 천명하고 있다.

3. 시민권

유럽연합 회원국 국민은 유럽연합의 시민이 되고, 유럽연합 시민권은 회원국 시민권을 대체하는 것이 아니라 동 시민권에 추가된다고 규정하고 있다. 유럽연합의 시민들은 회원국 내에서 자유로이 체류하고 이동할 수 있으며, 거주하는 지역에서 유럽의회 선거에서 투표권을 가지고 시의회선거에서 투표권을 가진다.(제I-10조)

유럽연합헌법 제I-10조에 따라 회원국의 국적을 가지는 자는 유럽의 시민이 되는 것이다. 본 조에 따라 유럽연합시민권의 취득에 관한 독자적인 구성요건이 주어지는 것이 아니고 유럽연합이라는 명칭하에 제3국가의 국적이 주어지는 것은 더 더욱 아니다. 유럽연합시민권은 회원국의 국적에 부수적인 것이므로 유럽연합시민권의 획득을 위해서 또 다른 보충적인 조치를 필요로 하지는 않는다. 결국 유럽연합헌법 제I-10조에서 말하는 유럽연합시민권이란 각 국의 국적법의 구성을 위한 선제조건으로서 정해진 것이 아니며 유럽연합시민권의 획득과 관련하여 회원국에의 실질적인 체류여부와 같은 조건이 직접적으로 연관성이 있는 것도 아니어서 사실상 회원국에서의 국적과 유럽연합시민권 사이에는 일정범위에서 상호관계가 있는 것이라고 볼 수 있다.[16)]

유럽연합이 정하고 있는『유럽연합시민권(European Citizenship)』, 즉 유럽인으로서의 향유하게 되는 시민권에 대한 인식의 시작은 13세기 영국의 대헌장 마그나카르타(Magna Carta)라고 볼 때 이미 8

---

15) Pascal Jan, La Constitution européenne: l'an I d'une fédération européenne d'Etat-nations, RDP, 2003, p.1254.

16) 김은경, 유럽연합시민권의 법적 개념과 의미, 유럽연구 제17권, 2003 여름, 315면.

백년 전으로 거슬러 올라가는 것이고, 그것이 기능적이며 제도적인 의미를 가지고 나타난 것은 유럽 내에서의 경제적 통합체를 모색하던 1950년의 냉전시대라고 볼 수 있다. 그 후 유럽연합의 시민권이 현대적 의미를 가지게 된 것은 지난 마스트리히트조약(Maastricht Treaty) 이후 명문으로 규정하기 시작한 데에서 비롯된다.

사실상 유럽연합시민권이라는 개념은 유럽통합이론에 근거하여 의도적으로 정립된 것으로 사전적으로 계획된 제도상의 개념이다. 유럽통합의 과정에서 불가결하게 필요했던 개념중의 하나가 유럽 내에 거주하는 각 개인들을 하나의 단위 하에 묶을 수 있는 정체성이라는 개념이었는데, 이를 어떻게 정의하고 제도적 장치와 연관시키느냐가 통합과정에서의 선결과제였던 것이다. 사실상 마스트리히트조약 이전에 존재했던 유럽공동체시민권이란 경제적인 개념에 의하여 도출된 것으로 시장공동체적인 개념하에서 시장을 공유하는 인적 요소가 가지는 법적 관계 내지 지위로만 한정적으로 인식하는 것이 보통이었다. 그러나 추후 합목적적인 유럽통합을 위하여 선제적인 해결과제로 등장한 것이 유럽공동체 시민권개념이 가지는 한계성의 타파였다.

한계성의 극복을 위한 유럽연합시민권의 정립은 외부적으로는 지리적 한계를 뛰어넘는 보다 폭넓은 정치적 의미를 가지게 되었고, 내부적으로는 정치적, 법적, 경제적, 사회적 지배력을 통합한다는 의미를 가지게 되는 것이었다. 그리하여『유럽(Europe)』이라는 지리적·정치적인 하나의 조건과『시민권(Citizenship)』이라는 정서적인 또 하나의 조건을 접합시켜『유럽연합시민권(European Citizenship)』이라는 초법적인 의미를 도출해 내게 된 것이다. 이 같은 의도하에서의 유럽연합시민권이란 유럽연합의 시민으로서 권리와 의무의 주체가 되는 관계를 말한다. 한 국가의 영역을 정하고 전통적인 경계인 국경을 넘어서는 초국가적인 시민적 지위로서 유럽연합시민권의 표지가 되는 것은 일반적인 방법에 따라 국적이 그 근거가 되고 있다. 그러므로 유럽연합 회원국의 국적을 가지는 자는 유럽연합의 시민이고, 유럽연합의 설립조약 등에 제시된 권리와 의무를 가지는 자로 정의되어지며 그 시민은 유럽연합내 회원국이 조인한 조약에 근거하여 유럽연합시민권을 가진다. 유럽연합시민권의 개념은 보편적 인권과 시민의 기본적 권리를 연장하여 그 절차와 법적 보호를 강화한 것으로서 유럽연합 내에서의 사회·정치적 통합의 심화로서 시민권의 강화에 대한 의지를 보여주고 있는 것이다.

현재 유럽연합에서 의도하고 있는 '유럽연합시민권'의 개념을 회원국 국적을 가지는 자를 유럽연합시민권을 가지는 것으로 보고 있다. 유럽연합 헌법 제I-10조에서 유럽연합시민에게 구체적인 기본권리를 보장하고 있다. 이는 법적·제도적 의미로서의 유럽연합시민에게 부여된 것으로 다음의 4가지 기본 권리를 내용으로 하고 있다. 첫째, 유럽연합 내에서의 자유로운 이동과 거주의 보장, 둘째, 국적과 무관하게 연합 내 거주지에서의 지방정부 및 유럽의회 선거권과 피선거권 보유, 셋째, 유럽 밖에서 자국 대사 혹은 영사관의 부재시 타 회원국 대사관 및 영사관으로부터 외교적 보호를 받을 권리, 넷째, 유럽의회에 대한 청원권 및 옴부즈맨(European Ombudsman)에게의 소원제출권의 보유 등이다.

사실상 유럽연합시민권을 통한 개인의 권리와 이해관계의 보호는 유럽연합시민권의 목적인 동시에 유럽통합을 위한 수단이고 연합내에서의 개인의 정체성을 확립하며 유럽연합시민을 통한 연합의 지배력의 정당성을 실현하는 근거가 되는 것이다. 또한 유럽연합시민권은 회원국의 국가적 시민권을 보충하는 것을 목적으로 하고 있으며 유럽연합시민권의 개념을 이끌어 냄에 있어 회원국 시민들에게 유럽통합의 과정에 더욱 강하게 귀속될 수 있도록 하는 의지를 보여주는 한 개념으로써 그 중요한 의미를 가진다.[17)]

4. 유럽연합법과 회원국 국내법과의 관계

과거에도 유럽재판소는 독자성에 의거한 유럽공동체법의 우위를 주장하였다. 1964년 Costa/ENEL 사건에서 "유럽경제공동체조약은 통상적인 국제법상의 조약과는 달리 고유한 하나의 법질서를 창설하였다. 이러한 고유한 법질서는 회원국들의 법질서에서 실행될 때에 수용되는 것이고 또한 회원국들의 법원에 의해서 적용될 수 있을 것이다. 따라서 오랜 기간을 거쳐 유럽공동체는 그 고유의 기관들과 법적 능역, 행위 능력, 그리고 국제법상의 활동능력과 특히 구성국의 관할권을 제한하거나 구성국의 고권을 유럽공동체에게 이양함으로써 생기는(유럽공동체 고유의) 고권을 갖추어 창설하게 되었고 회원국들은 일정한 영토위에서 그들의 주권을 제한하고 그 구성국과 공동체 자신에게도 구속적인 하나의 법적 단체를 만들게 되었던 것이다"라고 하였다.[18)]

또한 1978년 사건에서도 "유럽공동체 조약 및 유럽공동체의 기관의 조치들과 국내법이 모순되는 경우에는 국내법은 당연히 적용될 수 없으며, 장래에 걸쳐 국내 의회는 유럽법 등과 모순되는 입법을 하여서는 안된다"고 하였다. 그리고 더 나아가 국내법이 실체적으로 유럽법과 모순되는 경우는 물론이고, 유럽법에 반하는 절차에 따라 국내법이 제정되는 경우에도 당해 국내법은 적용되어서는 안된다고 판시하기도 하고, 지방자치단체 등 하위 행정기관은 유럽

17) 김은경, 전게논문, 316-317면.

18) 장태주, 유럽연합의 법적 기초, 유럽연합정부론, 엠-애드, 2002, 56면.

법에 모순되는 국내법을 적용하여서는 안된다고 판시하기도 하였다. 또한 국내법원도 유럽법원을 적용하여야 하고, 유럽법에 의하여 보호되는 시민의 권리는 보장하여야 하며, 이에 반하는 국내법은 배척하여야 한다고 판시하기에 이른다. 즉 유럽공동체와 시민간에 직접적인 법적 관련을 인정하였다는 것은 유럽공동체의 국가성을 한층 강화하는 성격을 가지게 하는 것을 보여주는 것이었다.[19)]

이러한 예들과 더불어서, 현행 유럽헌법은 제I-6조에서 '유럽연합헌법과 유랍연합기구들에 의하여 채택된 법은 유럽연합에게 부여된 권한을 행살함에 있어서 회원국의 법에 우선한다'라고 규정하여 회원국 국내법보다는 유럽연합법이 더 우위에 있다는 것을 규정하고 있다.

5. 보충성원칙(Subsidiarité)

유럽연합헌법 제I-11조는 유럽연합이 유럽연합헌법에서 부여하고 있는 권한과 유럽연합헌법에서 위임하고 있는 목표의 범위 내에서 활동하도록 하고 있으며, 전속적인 관할 사항이 아닌 경우 유럽연합은 회원국들이 목표를 충분히 달성할 수 없고 유럽연합이 담당할 경우 이를 보다 더 잘 수행할 수 있는 경우에 보충성의 원칙에 따라 개입을 하도록 하고 있으며, 이 경우에도 유럽연합헌법의 목적달성에 필요한 정도를 넘어서서는 안된다고 하고 있다.

유럽연합은 개별주권국가와는 달리 영역내의 모든 생활영역에 있어서 포괄적인 입법권을 가지고 있는 것이 아니다. 유럽연합은 유럽연합헌법에 의하여 공동체의 배타적인 관할권을 가지는데 이러한

---

19) 김기영, 통치관계를 중심으로 한 유럽동맹(European Union)의 국가성에 관한 고찰, 헌법학연구 제8권 제2호, 2002.8, 347면.

배타적인 관할권에 속하지 않는 사항에 대하여 관여하기 위해서는 보충성의 원칙이 요구되는 것이다.[20] 보충성의 원리란 소규모의 공동체에 의하여 해결될 수 있는 과제들이 대규모의 공동체에 의하여 해결될 수 있게 되었다 하더라도 "소규모의 공동체의 주도하에 할 수 있는 박탈하여 대규모의 공동체의 활동으로 삼아서는 안된다는 것을 의미한다.[21] 유럽연합과 관련하여 보충성원칙이 공식으로 승인되기 시작한 것은 마스트리치조약에 의해서였다. 이러한 보충성 원칙은 그 개념이 모호하다는 비판이 제기되기도 하였는데,[22] 이러한 보충성의 원칙은 유럽연합과 각 주권구가들과의 관계를 결정하는 중대한 원리라고 이해된다.[23]

이러한 보충성의 원칙을 이해하는 입장이 크게 두 가지로 나뉠 수가 있다. 즉 유럽연합의 권한을 강화한다고 볼 수 있는 견해와 그와 반대로 회원국들의 권한을 강화하고 유럽연합의 권한을 약화시킨다고 보는 견해이다. 후자의 견해에 의하면 보충성이란 더 큰 단위는 그것을 구성하는 더 작은 단위가 수행할 수 없거나 또는 수행하기가 적합하지 않은 기능만을 담당해야 한다는 것을 의미한다고 본다. 이는 개인, 집단, 지방으로부터 중앙에 이르기까지 각각의 더 큰 행위주체는 단지 보충적 또는 부차적 역할을 담당하는 것으로 만족해야 한다는 것이다. 즉 중앙의 권한은 지방적 수준에서 효과적으로 수행될 수 없는 일에만 적용되는 보충적 기능을 가져야 한다는 것이다. 이와 반대로 전자의 견해에 의하면 보충성의 원칙이 유럽연합의 권한을 강화시키고 회원국들의 잔여주권을 잠식해

20) 홍완식, 유럽연합의 입법체계, 유럽연합정부론, 엠-애드, 2002, 79면.

21) 홍성방, 헌법학, 현암사, 2002, 166면.

22) 김대순, EU법론, 삼영사, 1995, 16면;

23) 김대순, 마스트리트 유럽동맹조약에 나타난 보충성의 원칙에 관한 연구, 국제법학회논총 제39권 제2호, 1994, 72면 이하.

나간다고 보는 것이다.24)

Ⅵ. 주권(Souveraineté)

한나라의 국가성 여부를 결정하는 것 가운데 하나가 주권이다. 이러한 주권에 본질에 대한 전통적인 입장은 최고성·독립성·시원성·자율성·단일불가분성·불가양성·항구성·실정법 초월성 등을 들고 있다. 그러나 유럽통합과 관련하여 제기되는 주권개념은 과거에 전통적으로 발전하여온 주권개념을 의미한다고 보기는 어렵다. 전통적인 견해에 따르면, 주권이란 무제한적인 권력을 행사할 수 있는 권리를 의미하며, 이는 분리가 불가능하고 양도할 수 없는 것을 의미한다. 그러나 주권에 대한 새로운 개념에 의하면 주권도 분리가 가능한 것이다. 그러나 주권의 이양은 영토의 일부를 포기하는 것과 같이 양적인 의미로 평가되어서는 안된다. 오히려 어떠한 권한들이 공동체에게 부여되고 그러한 권한의 부여와 공동체에 의한 권한의 행사과정에서 회원국들과 공동체중 누가 특정한 문제에 대한 관할권을 가지는가를 결정해야 한다. 필요한 경우 업무에 관한 관할권은 공동체와 회원국들이 공유하거나 또는 회원국들은 특정한 하위의 업무들을 위임받을 수도 있다. 주권은 변경가능하고 집단적으로 새로운 형태의 주권을 창설할 수 있으며, 그리고 집단적으로 행사될 수 있다고 보는 것과 같이 주권의 개념에 유연성을 부여하는 시각은 특히 국가간 통합과정에 관한 견해들을 논함에 있어서 가장 중요한 이론적 바탕이 되는 것이다. 오늘 날과 같이 개

24) 정창화, 초국가공동체로서 유럽연합(EU)형성에 관한 연구-유럽연합법의 수용에 대한 이론과 실제, 행정논총 제42권 제2호, 2004, 71-72면.

별 민족국가들간의 교류가 확대되고 국가들간의 관계가 긴밀한 시대에는 개별 국가들이 특정한 영토 내에서 독립적으로 행동하는 개별 민족국가의 절대적 주권의 개념을 고수하기에는 벅찬 이론이 되어 버렸다고 할 수 있다.[25]

Ⅶ. 초국가성(supranationalité)

과거와는 달리 현대에 들어와서는 한 국가가 외국과의 관계를 단절한 가운데 정치・경제・사회・문화 등 모든 면에서 독자성을 유지하기가 쉽지 않다. 외국과의 관계속에서 국내문제도 영향을 받고 국내문제가 또한 외국에 영향을 미치게 된다. 이러한 외국과의 관계속에서 국제조약에 의하여 관계를 돈독히 하고 서로의 차이를 통합하려는 움직임이 가속되게 된다. 이러한 현상은 과거에 비하여 현재까지 더욱 더 많이 발생하였고 앞으로는 더욱 더 많이 발생할 것이다. 이러한 현상에 비추어서 초국가적 조직을 통하여 국가들을 통합하고자 하는 현상이 발생하는 것이다. 즉 여러 국가들이 공동으로 국제조약을 통하여 초국가성을 가지는 조직을 만들어가고 있는 것이다. 이러한 초국가적 조직은 대개의 경우 회원국들의 대표들의 선출하여 조직을 구성하고 심의기구를 만들며 공동법원 등을 조직하게 된다.

초국가성을 가지는 조직은 대개의 경우 몇몇 특징들이 나타나고 있다. 초국가성을 가지는 조직들은 국제조약에서 인정되는 범위 내에서 규범을 제정하고 결정하는 권한을 부여받고 있다. 또한 대개

25) 손희만, 유럽연합(EU)에서의 초국가적 공동체헌법의 발전에 관한 연구, 국제지역연구 제8권 제1호, 1999 봄, 69면.

의 경우 이러한 권한을 행사하는 경우에 있어서 만장일치를 요구한다던가 혹은 가중다수결을 요구하고 있다. 초국가성을 가지는 조직이 이러한 결정을 하는 경우, 다수결로 결정한 경우에 회원국 대표가 반대를 한 경우를 포함하여 회원국들은 특별한 절차 없이 결정을 수용하게 된다. 결국 초국가성을 가지는 조직이 제정한 규범이나 결정은 회원국의 규범에 대하여 우월적인 지위를 가지게 되는 것이다. 초국가성을 가지는 조직은 일방적으로 회원국에게 명령을 할 수 있다. 따라서 추곡가성을 가지는 조직인 국가적 성격 혹은 연방국가적 성격을 가지지 아니하는 한 회원국의 정책과 반대되는 결정을 하기도 한다. 이러한 점들을 고려할 때 초국가성을 가지는 조직은 회원국들의 주권에 영향을 미치게 된다. 왜냐하면 회원국들은 초국가적 조직의 규범에 종속되는 것이고 국내규범을 완전히 독자적으로 제정 · 지배할 수 없기 때문이다.[26]

이러한 초국가성을 가지는 조직은 국가연합보다는 더 강력한 통합적인 측면을 가지고 있다. 그러나 이러한 초국가성을 가지는 조직이 단일국가라고 볼 수는 없다. 초구가성을 가지는 조직은 특정의 목적을 가지고 형성되는 것이 보통이다. 국가연합은 제도화 되어있지 아니하다고 볼 수 있으며 진정한 규범제정권을 소유하고 있다고 볼 수 없다. 그렇다고 초국가성을 가지는 조직을 연방국가로 볼 수도 없다. 이는 초국가성을 가지는 조직이 국가성을 가지고 있다고 보기 어렵기 때문이다. 비록 초국가성을 가지는 조직에서 대표기구를 회원국 국민들의 직접선거를 통하여 선출하도록 한다고 하더라도 이러한 기구가 연방국가에서의 의회와 동일한 결정 권한을 가지고 있다고 보기는 어렵다.

---

26) Pierre Pactet, Institutions politiques et droit constitutionnel, Armand Colin, 1997, p.59 et s.

결국 초국가성을 가지는 조직은 국가연합보다는 더 통합적인 면을 가지고 있고 연방국가보다는 결속력이 약하다고 볼 수 있다. 초국가성을 가지는 조직은 연방국가의 사전단계라고 볼 수 있다. 그러나 초국가성을 가지는 조직이 연방국가로 나아갈지 아니면 초국가성을 가지는 조직으로 남을지는 회원국들의 의사에 달려있다고 할 것이다.

이러한 초국가성의 문제도 유럽연합의 정체성이 기존의 단일국가·연방국가 혹은 국가연합에 의하여 설명이 되지 않기 때문에 논의되고 있는 것이다. 유럽연합의 초국가적 특징은 다음과 같다.[27)]

① 독자적인 유럽연합법질서의 형성과 발전
② 유럽연합법의 직접적 효력발생과 강제적 구속력
③ 독자적인 사법체제의 형성과 발전
④ 회원국 정부들로부터 독립된 초국가적 기구와 제도의 발전
⑤ 초국가적 정책결정체제의 발전
⑥ 유럽연합의 공동정책의 발전과 확대
⑦ 독립된 자율적 예산체제의 형성과 발전을 통한 재정의 자율성
⑧ 단일화폐의 운영
⑨ 초국가적 기구들에 의한 법률제정과 정책결정은 회원국 정부를 구속
⑩ 유럽연합의 존립여부와 회원국들의 가입과 탈퇴는 초국가적 기구들의 협력에 의하여 가능

27) 손희만, 전게논문, 72-73면.

Ⅷ. 결 론

유럽연합헌법이 2004년 10월 29일 로마에서 25개 회원국 정상들이 모여 채택되었다. 유럽석탄철강공동체로 시작되어 많은 조약을 거쳐 유럽공동체에서 유럽연합으로 발전하였다. 과거 유럽은 많은 전쟁을 겪으면서도 서로의 필요에 따라서 동맹을 맞기도 하고 때로는 적대적인 관계에 서기도 하였다. 20세기 들어와서 세계대전이 끝난 후 미국의 패권주의에 견제를 하고 유럽의 발전을 위하여 프랑스·독일·이탈리아·네덜란드·벨기에·룩셈부르크 등 6개국이 시작한 것이 현재는 25개국으로 늘어나서 유럽 헌법(Constitution)이라는 이름의 규범을 제정하였다. 그러나 이러한 유럽연합헌법도 채결은 되었지만 유럽연합헌법이 발효되기 위해서는 회원국 25개국 모두의 비준을 받아야 한다. 그러나 프랑스 등 일부국가들은 유럽연합헌법의 비준절차로 국민투표를 실시하고자 하고 있으나 부정적인 여론도 만만치가 않은 상황이다. 회원국 25개국 전체의 비준을 받아야 유럽연합헌법이 발효하므로 만약에 회원국 1국이라도 비준을 받지 못하면 유럽연합헌법은 효력을 발할 수가 없는 것이다. 따라서 앞으로 유럽연합이 어떠한 방향으로 전개될지는 모르는 일이지만 채택된 유럽연합헌법에 기초하여 유럽연합의 국가성여부를 판단하였다.

유럽연합은 과거에 국제조약으로 유럽의 몇몇 국가들이 동맹을 맺어 공동체를 형성할 때에는 유럽공동체의 국가적 성격은 전혀 고려할 수준이 아니었다. 그러나 1991년 12월 유럽연합조약(마스트리히트 조약)을 확정하고 국내비준 절차를 마침으로써 마침내 1993년 11월 유럽연합(Union Européenne)을 출범시킴으로서 강력한 결속력을 가지게 되었다. 그 이후에 유럽연합헌법을 채택함으로써 유럽연합이 국가적 성격을 가지는 가가 문제된다. 현재의 상황에서는 유럽연합이 국가연합적 성격와 연방국가적 성격의 가운데에 있다고 볼 수도 있다. 유럽연합헌법이 회원국 만장일치로 비준이 되어야만 발효하게 된다는 점에서는 국가연합에 가깝다고 볼 수 있지만 회원국들에게 미치는 유럽연합법의 규범력을 고려할 때 연방국가적 성격도 가지고 있다.

또한 주권과 관련하여서도 유럽연합의회 의원선거에서의 외국인에게 선거권 부여하는 것과 지방선거에서 선거권부여 그리고 단일통화사용 등은 전통적인 주권이론에 의할 때 회원국들이 주권을 유럽연합에 이양하였다고 볼 수 있다. 따라서 주권을 이양하였다고 한다면 회원국들은 주권국가라고 보기 어렵고 유럽연합만이 국가라고 인정되어야 할 것이다. 그러나 현재 유럽연합 회원국들은 주권을 가지고 있다고 보아야 할 것이고 회원국들이 국가로서의 성격을 상실하였다고 보기는 어렵다.

이러한 상황에서 유럽에서는 신주권론이 대두되고 있고 전통적인 주권의 개념이 바뀌어서 논의되고 있는 것이다. 전통적인 주권개념으로는 유럽연합 회원국들의 국가성이 부정될 수밖에 없는 입장이기 때문에 새로운 주권론으로 이를 해결하려는 것이다.

또한 초국가성이라는 새로운 개념을 사용하여 현재 유럽연합의 정체성을 설명하고 있는 것이다. 분명 유럽연합은 국가연합보다는 더 결속력이 강한 조직이고 연방국가로 인정하기에는 아직 이른 감이 있다. 유럽연합이 추구하는 바가 연방국가 혹은 단일국가로의 통합이겠지만 앞으로 어떠한 방향으로 변해가고 유럽헌법이 어떠한 방향으로 개정(?)되어 그 권한을 어느 정도까지 확대 혹은 축소할 것인가 하는 점이 관심의 대상이라 할 것이다.

유럽헌법조약상의 기본권 보장*

朴眞完**

Ⅰ. 서

유럽공동체(EG)의 설립조약에는 각 구성국가들의 헌법 속에 규정된 기본권 목록에 비견될 수 있는 기본권 목록이 포함되지 않았다. 기본권 헌장이 만들어 지기 전까지 유럽연합은 성문의 기본권 목록을 가지고 있지 않았다. 물론 그 이전의 그리고 1952년의 석탄과 철강에 관한 유럽공동체(EGKS), 유럽공동체(EG), 유럽 원자력 공동체(EAG)의 창설조약들(Gründungsverträge)이 체결되었던 당시에 기본권 목록 도입에 대한 논의가 무시된 것은 아니었지만, 기본권 목록의 수용은 필요한 것으로 받아들여지지 않았다. 왜냐하면 조약체결당사자인 각 국가들은 구성국가 속에서의 충분한 기본권보호라는 전제를 출발점으로 삼고 있었기 때문이다. 유럽 공동체 설

* 이 논문은 한국학술진흥재단 2004년도 기초학문육성 인문사회분야 지원에 의하여 연구되었음(KRF-2004-072-BS3068).

** 경북대학교 법과대학 법학부 교수

립조약의 이러한 기본권 보장에 대한 침묵은 공동체조약의 중요한 특성으로 간주되었다. 그 당시에는 이러한 기본권 목록의 결여가 특별한 문제가 되지는 않았다. 왜냐하면 공동체 조약들 속에 포함된 공동체의 우선적 법(Primärrecht)[1]들은 공동체 구성국가들에 대하여 그리고 부분적인 범위속에서 구성국가들의 시민들에 대하여 직접적인 효력을 발휘할 수 있었기 때문이다.[2] 기본권이 유럽공동체의 영역에서는 특별한 의미를 가지지 못한다는 당시의 결론은 너무 성급한 것이고 잘못된 것이었다는 것이 그 후에 계속적으로 인식되기 시작하였다. 유럽공동체 설립조약에서의 기본권 보장에 대한 공통적 기반의 결여로 인하여 유럽연합의 기본권 보장과 유럽연합의 각 구성국가의 헌법상의 기본권 보장의 관계의 문제는 서로 다른 법영역들(Rechtskreise)이 인식될 경우에만 그 대답이 주어질 수 있다. 유럽의 법영역의 내부에서는 기본권 보장이 다양한 법영역들 속에서 보장되어진다. 이러한 다양한 법영역들은 독일의 연방헌법재판소와 같은 각 구성국가의 헌법재판소를 통한 기본권보호 그리고 유럽의 차원에서 유럽법원(EuGH) 그리고 유럽인권법원(EGMR)을 통한 기본권보호로 나누어 질 수 있다.[3] 예컨대 유럽연합의 한

---

1) 우선적 공동체법(primäres Gemeinschaftsrecht)이라는 불리는 우선적 법은 일차적으로 창설조약(의정서와 부속서도 포함)에 의하여 형성된다. 그러나 또한 그 외에도 공동체법의 일반적 법원칙과 같은 불문법적인 규칙도 포함된다. 이렇게 볼 때 우선적 공동체법은 ① 공동체 창설조약 그리고 공동체의 기본질서로서 창설조약에 부속된 구성부분들, ② 공동체법의 일반적 법원칙들, ③ 유럽연합의 기본권 헌장. M. Herdegen, Europarecht, 6. Aufl., 2004, Rdnr. 161 ff.

2) S. Broß, Grundrechte und Grundwerte in Europa, JZ 2003, S. 431.

3) 이에 대한 설명으로는 S.-R. Eiffler, Der Grundrechtsschutz durch BVerfG, EGMR und EUGH, JuS 1999, S. 1068 ff. 유럽공동체의 사법기관으로서 Luxemburg에 소재하고 있는 유럽법원(EuGH)은 Straßburg에 있는 유럽평의회(Europarat)의 기관인 유럽인권법원(EGMR)과는 구별된다.

구성국가인 독일연방공화국 내에서는 헌법인 기본법상의 기본권이 효력을 가진다. 기본법상의 기본권의 효력의 준수여부를 독일 연방헌법재판소는 감시한다. 그러나 유럽의 영역에서의 상황은 이와 다르게 설명되어 진다. 유럽법원(EuGH)은 Costa/Engel 결정[4] 이래로 각 구성국가법(당연히 또한 각 구성국가의 헌법)에 대한 공동체법(Gemeinschaftsrecht)의 우위를 설정하였고, 그와 동시에 공동체법을 위한 독점적인 심사권한(Prüfungskompentenz)의 인정을 요구하였다. 또한 독일 연방헌법재판소(BVerfG)는 이러한 유럽공동체법의 우위를 근본원칙 속에서 인정하였다. 그러나 연방헌법재판소는 각 국성국가법에 대한 공동체법의 우위의 근거를 한편으로는 창설조약(Gründungsvertrag)에서 찾는 것이 아니라, 공동체 조약에 대한 동의법률(Zustimmungsgesetz)에서 찾았다(독일 기본법 제59조 참조). 또 다른 한편으로는 독일 연방헌법재판소는 이에 대한 다른 근거를 독일 기본법 제24조 제1항 내지 1992년의 기본법 속에서는 제23조 제1항의 통합의 권한부여(Integrartionsermächtigung)규정에서 찾고 있다.[5] 그 외에도 1950년 11월 4일 로마에서 서명된 유럽 평의회(Europarat)의 유럽인권협약(europäische Menschenrechtskonvention)[6]을 근거로 한 유럽인권법원(der Europäische Gerichtshof fpr Menschenrechte(EGHMR 혹은 EGMR))의 기본권 보호가 있다.

이러한 성문의 기본권 목록의 부재에도 불구하고 유럽법원을 통

---

4) EuGH Slg. 1964, 1251; Slg. 1970, 1125 (국제적 상사회사(Intenationale Handelsgesellschaft)).

5) BVerfGE 89, 155 ff. (Maastricht) 결정의 내용이 BVerfGE 102, 147 ff. (바나나시장규정의 헌법적합성)에서 확인되고 있다.

6) 유럽인권협약은 유럽평의회(Europarat)에서 제정되어서 1950년 11월 4일 로마에서 서명되어 1953년 7월 3일부터 효력을 발생하였다. 유럽평의회의 구성국가들은 가능한 최대한 빨리 협약을 비준하여야 한다. Herdegen, Europarecht, Rdnr. 6, 18 ff.

한 유럽공동체의 기본권 보호는 계속적으로 이어져 왔다. 유럽법원은 1969년 이후의 자신의 결정 속에서 무엇보다도 일반적 법원칙들을 통해서 기본권보호를 발전시켜 왔다.[7] 그러나 성문의 기본권 목록없이 각 구성국가법에 대한 공동체법의 우위의 원칙의 인정을 바탕으로 전개된 유럽법원의 법관법에 의한 법형성(richterliche Rechtsfortbildung)의한 유럽연합의 기본권보장 보장시도는 체계적으로 한계를 가질 수밖에 없다. 국내법과 같은 강력한 헌법적 구조의 뒷받침없이, 즉 성문의 기본권목록 없이 단지 법원의 법형성에만 의존하여 행해지는 기본권 보장시도의 문제점을 극복하기 위한 새로운 헌법적 해결시도로서 고전적인 헌법제정과정과 유사한 성문의 기본권 목록을 제정할 필요가 있다는 주장이 정치권에서 뿐만 아니라 학계에서도 제기되었다. 독일 연방헌법재판소도 1974년의 조건-I(Solange-I) 결정 속에서 유럽공동체가 독일 기본법상의 기본권 목록에 비견될 수 있는 성문의 기본권 목록을 가지는 것이 바람직하다는 입장을 피력했다.[8] 유럽법원의 판결을 통한 유럽의 기본권 보호가 각 구성국가들의 헌법상의 기본권 보장 수준, 예컨대 독일 기본법상의 기본권 보장수준에 필적할 만한 수준으로 행해지게 되었기 때문에,[9] 이러한 인식과 주장은 유럽의 독자적인 성문의 기본권 목록제정논의로 쉽게 연결되는 않았다. 1999년 4월 27일의 독일 Köln에서 개최된 독일 연방법무부(Bundesministerium der Justiz) 그

7) EuGH, Urteil vom 12. 11. 1969 - Rs. 29/69 (Stauder/Ulm) -, Slg. 1969, 419 (425).

8) BVerfG, Beschluß vom 29. 5. 1974 - 2 BvL 52-71 -, BVerfGE 37, 271; T. Schmitz, Die EU-Grundrechtscharta aus grundrechtsdogmatischer und grundrechtstheoretischer Sicht, JZ 2001, S. 833.

9) H.-W. Arndt, Europarecht, 7. Aufl., 2004, S. 115. 이러한 사실을 독일 연방헌법재판소는 BVerfGE 73, 339 [378] 결정(Solange II-Entscheidung)에서 확인하고 있다.

리고 독일의 유럽위원회(Europäische Kommision)가 함께 개최한 '유럽의 기본권 헌장(eine europäische Charta der Grundrechte)'이라는 주제의 공동포럼에서 유럽연합법 영역에서 성문의 기본권 목록을 채택하려는 시도가 명시적으로 표현되고 가시화되었다. 많은 발표자와 토론자 그리고 정치계, 학계 그리고 실무계의 참가자들은 기본권 헌장제정의 근거, 제정절차, 가능한 내용들, 기본권의 구속력 그리고 기본권 주체성, 권리보호의 강화 그리고 미래의 유럽연합의 헌법화 등에 대하여 발표를 하고 열띤 토론을 펼쳤다.[10)]

Ⅱ. 유럽연합의 기본권 헌장

1992년 2월 7일의 Maastricht조약[11)] 체결 이후 계속적으로 이어지

---

10) S. Eickmeier, Eine europäische Charta der Grundrechte, DVBl 1999, S. 1026. 이 논문에는 Köln포럼의 발표와 토론들에 관한 내용이 잘 기술되어 있다.

11) 유럽헌법의 이상은 확대된 유럽의 본질적 부분 그리고 정당화된 개혁의 반영으로서 제기되어진 것이다. 이러한 유럽헌법의 이상에 대한 원래의 아이디어(original idea)는 유럽연합을 위한 스피넬리 기초조약(Spinelli's Draft Treaty)에서 찾을수 있다. 1980년대의 시작과 더불어 기존의 유럽공동체(EG) 내에서 「제2세대의 유럽(Europa der zweiten Generation)」이라는 표제어 아래 아주 강력한 개혁에 대한 논의가 제기되었다. 여러 가지 측면에서 제기된 유럽정책적인 주도권과 개혁제안들에 있어서 Altiero Spinelli에 의하여 제안되고, 1984년 2월 14일 유럽의회에서 의결된 「유럽연합의 창설에 관한 조약초안(Entwurf eines Vertrages zur Gründung der Europäischen Union)」이 무엇보다 특히 중요한 역할을 수행하였다. 이런 점에서 한편으로는 오늘날 불가능하지는 않지만, 유럽연합의 광범위한 법적 관련성을 배제하고 유럽공동체법을 법기술적 입장에서 접근할 수 없다는 입장을 F. Snyder는 견지하고 있다 (Snyder, The unfinished constitution of the European Union: principles, process and culture, in Weiler/M. Wind, European, Constitutionalism beyond the State, Cambridge University Press 55-56

는 유럽통합을 위한 새로운 조약개정과정에도 불구하고, 2000년 이후에야 비로소 유럽연합은 유럽연합-기본권 헌장(EU-Grundrechtschartag)이라는 형식을 통해서 비록 그것이 비구속적인 것이라 할 지라도 성문의 기본권 목록(Grundrechtekatalog)을 가지게 되었다. Maastricht 조약을 통한 유럽연합의 창설은 유럽의 통합에 있어서 새로운 장을 여는 계기가 된다. Maastricht조약 체결 이후 유럽연합은 매우 바쁘게 새롭게 개정된 다음의 조약을 체결하면서 유럽통합을 위한 노력을 가속화 하였다: 1997년 10월 2일의 Amsterdam 조약, 2000년 12월 11일의 Nizza조약, 그리고 2003년 7월 18일의 유럽 회의(Europäischer Konvent)의 유럽헌법조약의 초안(der Entwurf des Vertrags über eine Verfassung für Europa) 그리고 2004년 2004년 6월 17일~18일 브뤼셀(Brüssel)에서 개최된 유럽이사회(Europäischer Rat)의 공식적 채택.[12)]

1999년 Köln과 Tempere의 유럽위원회는 처음으로 유럽연합의 기본권 헌장을 마련하는 권한이 부여된 기본권 제정회의(Grundrechte-Konvent)를 구성하였다. 기본권 제정회의는 기본권 헌장을 제정함으로써 불문의 공동체법과 1950년의 유럽연합시민에 대한 유럽인권협약의 적용 사이에 위치하고 있는 유럽의 기본권의 복잡한 지위를

(2003)). 1992년 2월 7일에 체결된 Maastricht조약을 통한 유럽연합의 창설은 유럽의 통합에 있어서 새로운 장을 열었다. 유럽연합을 유럽통합의 전개과정은 미래에도 계속이어질 진행형이라는 것을 고려해 볼 때 유럽헌법에 관한 논의는 그 이전의 유럽공동체가 아니라 유럽연합을 바탕으로 해서 전개되어야만 한다.

12) 유럽연합의 기본권 헌장선언과 유럽헌법조약제정을 통한 기본권 헌장의 헌법에의 편입에 이르는 과정과 별도로 물론 유럽 평의회(Europarat)의 유럽인권협약(europäische Menschenrechtskonvention) 그리고 1961년 10월 18일의 유럽사회헌장(europäische Sozialcharta)과 같은 성문의 기본권 목록제정 시도가 행해졌다. Broß, JZ 2003, S. 429.

보다 확실하게 그리고 예측가능하게 만들려고 하였다. 기본권 제정회의는 구성국가들의 국가 그리고 정부수반에 의하여 임명된 대의원 그리고 유럽위원회의 구성원뿐만 아니라 다수가 유럽의회 그리고 구성국가의 의회의원인 62명으로 구성되어졌다. 위원회의 의장은 독일 연방대통령을 역임한 R. Herzog이 선임되어졌다. 이 위원회는 2000년 10월 2일 54개 조항으로 구성된 유럽연합의 기본권 헌장을 제정하였다.

2000년 12월초 프랑스 니스(Nizza)에서 개최된 유럽정상회담에서 미래의 유럽공동체조약개정(Vertragsreform)의 최종목적이 분명히 드러나게 되었다. 2000년 12월 7일 유럽 이사회(der Europäische Rat)의 승인하에 유럽의회(Europäischer Parlament), 이사회(각료이사회(Ministerrat))그리고 위원회(Kommision)는 유럽연합의 기본권 헌장을 공포하였다. 유럽헌법제정에 있어서 중요한 발전적 의미를 가지는 유럽연합의 기본권 헌장선언은 유럽헌법의 계속적인 성장부분에 대한 공식화로서의 의미를 가진다. 유럽연합의 기본권 헌장은 그 이전의 유럽에서의 기본권 보호를 법적으로 성문화시키는 성격과 계수적 성격을 가진다. 유럽기본권 헌장은 기본권보호와 관련된 여기저기 흩어진 공동체법의 법원들을 법전으로 성문화시킨 것이다. 또한 유럽기본권 헌장은 기존의 유럽인권협약(Europäischen Menschenrechtskonvention)과 유럽사회헌장(European Sozialcharta)의 권리보장을 그대로 수용하여 계수한 것이다.[13] 이러한 기본적 입장은 유럽헌법조약에도 그대로 이어진다. 2000년 12월 7일 유럽연합 기본권 헌장(Charta der Grundrechte der EU)의 공포로 인하여 유럽연합은 처음으로 독자적인 기본권 목록을 가지게 되었다.

---

13) R. Arnold, Begriff und Entwicklung des Europäischen Verfassungsrechts, in: Festschrift für H. Maurer zum 70. Geburtstag, 2001, S. 863.

유럽연합의 기본권 헌장은 통일적인 유럽의 기본권보호를 강화시키기 위한 그 동안의 노력의 결과이다.

니스 회의에서 유럽연합의 기본권 헌장의 선언은 유럽통합(europäische Integration)의 최종적 목적이 바로 기본권공동체(Grundrechtsgemeinschaft)이어야 한다는 것을 명확히 하는 계기가 되었다. 유럽연합은 기본권 헌장에 관한 조약의 목적에서 기본권보호가 유럽연합의 기초원리(Gründprinzip)이고 유럽연합의 정당성(Legitimität)을 위한 포기할 수 없는 전제조건이라는 것을 명시함으로써 유럽통합의 근거로서 기본권의 중요성을 강조하고 있다. 이런 점에서 유럽연합의 기본권 헌장은 유럽시민이 자신이 속한 구성국가의 헌법적 전통들을 넘어서서 하나의 공통적인 유럽적 정체성(europäische Identität)을 형성하는 중요한 요소가 된다.[14] 유럽통합의 핵심적 요소로서 기본권에 대한 강조는 유럽연합조약(Vertrag über die Europäische Union) 제6조에서도 그 근거를 찾을 수 있다. 유럽연합조약(EUV) 제6조는 제1항에서 "연합(die Union)은 법치국가성과 마찬가지로 자유, 민주주의, 인권과 기본적 자유의 존중에 근거를 두고 있다. 왜냐하면 이러한 원칙들은 모든 가입국가들이 공통된 것이기 때문이다"고 함으로써 유럽연합창설에 대한 근거원리의 공통적 분모로서 기본적 자유의 보장을 들고 있다. 동 조약 제6조 제2항에서는 "연합은 기본권이 1950년 11월 4일 로마에서 서명된 인권과 자유의 보호를 위한 협약(Konvention zum Schutze der Menschenrechte und Grundfreiheiten) (약칭 유럽인권협약) 속에서 보장되어지고 그리고 공동체법의 일반적 원칙들로서 가입국가들의 공통적인 헌법전통 속에서 기본권이 도출되어지는 바와 같이 기본

14) S. Leutheusser-Schnarrenberger, Der Entwicklung des Schutzes der Grundrechte der EU, ZRP 2002, S. 331.

권을 존중한다"고 함으로써 유럽연합의 목적이 기본권보장영역의 확대와 강화에 있다는 것을 분명히 하고 있다.

유럽연합의 기본권 헌장은 유럽의 헌법적 구조의 허약성을 극복하기 위한 새로운 헌법적 해결시도의 출발점이다. 기본권 헌장의 제정은 고전적 헌법제정과정을 채택하여 그 결과로서 고전적인 성문헌법을 제정할 필요가 있다는 주장을 실현하기 위한 중요한 전단계 조치라는 점에서 그 중요성이 인식될 수 있다. 유럽연합기본권헌장에 포함된 54개조의 기본권목록이 이미 유럽인권협약(EMRK)에서 유효하게 보장되어진 기본권보호수준을 반영한 것인 동시에 몇몇의 이러한 보장수준을 넘어서는 혁신적 내용을 포함하고 있다는 점[15)]은 인류의 지금까지의 기본권 보장수준의 진보를 확인할 수 있는 척도가 된다. 이러한 점에서 유럽공동체의 기본권 헌장이 가지는 의미는 유럽헌법조약의 맹아인 동시에 그 정당성의 근거로서의 역할의 수행 그 이상의 의미를 갖는다고 볼 수 있다. 유럽헌법조약의 핵심적 내용으로서 유럽의 공통적인 기본권의 규범화의 확대와 심화는 우선적으로 각 구성국가 혹은 그 이상의 초국가성의 형태를 띤 국가결합으로서 유럽연합, 더 나아가서 새로운 연방국가 형태로서의 공동체내의 모든 인간을 구속하는 근본적 가치의 지속적 토대로서의 국가이해와 인간상의 확인을 전제로 하고 있다.[16)]

그럼에도 불구하고 법적인 규범력의 실현에 있어서는 유럽연합의 기본권 헌장은 미흡한 요소를 가지고 있다. 기본권 헌장의 선언적 공포는 헌장에 대하여 직접적인 구속력이 아닌, 단지 간접적인 구

15) C. Grabenwarter, Die Charta der Grundrechte für die Europäische Union, DVBl 2001, S. 1 ff.

16) Vgl. S. Broß, Grundrechte und Grundwerte in Europa, JZ 2003, S. 429 ff.; J. Snapp, Die Menschenrechte als Grundlage der nationalen und europäischen Verfassungen, JZ 2003, S. 217 ff.

속력만을 부여하는 근거가 된다. 이러한 형식적 한계는 기본권 헌장의 의미를 그 당시의 현실적 상황에서 하나의 정치적 설명 혹은 제도적 해석으로 한정시킨다. 기본권 헌장이 유럽연합의 조약의 내용 속에 받아들여지지 않는 한에서는, 기본권 헌장은 법적인 법적인 구속력을 가질 수 없다. 2000년 10월 13~14일 양일간의 Biarritz의 유럽 이사회(Europäisccher Rat)에서 영국은 유럽연합의 기본권 헌장이 법적인 구속력을 가지지 않는다는 것을 확인하고 있다. 이러한 점을 고려하여 유럽법원 그리고 각 구성국가의 법원들도 기본권 헌장을 직접적으로 적용하는 것이 아니라 법해석에 있어서 최대한 고려할 수밖에 없다. 기본권 헌장 제51조는 유럽연합의 기본권 헌장의 적용범위를 규정하고 있다. 유럽위원회는 기본권 헌장을 이차적 공동체법(sekundäres Gemeinschaftsrecht)[17]의 법적인 근거로서 적용하는 것을 인정하지 않았다. 그럼에도 불구하고 유럽연합의 기관들은 기본권 헌장을 자신들의 이차적 권리적인 행위에 있어서 고려해야 할 정치적 의무를 지고 있다.[18] 유럽연합의 기본권 헌장이 이러한 한계를 넘어서서 법적인 구속력을 확보하기 위한 유일한 조건은 바로 유럽연합의 기본권 헌장의 유럽연합의 조약에 편입이다. 이와 관련하여 기본권 헌장이 유럽연합의 조약 속에 편입될 수 있는지 여부 그리고 어느 정도까지 편입될 수 있는가에 대한 논의가 진행된다. 이러한 논의에 대한 결론이 조약개정의 형태로 진행된 유럽헌법조약의 성립이다. 기본권 헌장은 자신이 유럽헌법조약 속으로 편입되는 경우에만 법적인 구속력을 가지게 된다. 이러한 유

17) 이차적 공동체법은 유럽공동체조약에 근거한 유럽공동체의 기관에 의하여 만들어진 법을 포함한다. K.-D. Borchardt, Die rechtlichen Grundlagen der Europäischen Union, 2. Aufl., 2002, Rdnr. 67.

18) Leutheusser-Schnarrenberger, ZRP 2002, S. 331.

럽연합의 기본권 헌장의 법적인 구속력에 대한 비판적 견해에도 불구하고 기본권 헌장은 유럽연합시민의 기본권 보호수준을 높이기 위한 초석으로 해석되어질 수 있다. 유럽연합의 기본권 헌장 선언의 의미는 선언 그 자체에서만 찾을 것이 아니라, 그 이후에 이어서는 유럽헌법제정논의 과정과 관련하여서 동태적·거시적 측면에서 파악되어져야만 한다. 이러한 관점에서 볼 때 유럽연합의 기본권 헌장이 가지는 의미는 유럽헌법제정논의의 출발점이었다는 데에서 찾을 수 있다. 니스(Nizza)회의에서 영국과 스칸디나비아반도 국가들이 은밀하게 잠행적으로 진행되는 유럽헌법제정과정에 대한 우려에서 기본권 헌장을 조약 속에 편입하는 것을 반대한 사실을 고려해 보면 그 의미를 간접적으로 추론할 수 있다.[19)]

Ⅲ. 기본권 헌장의 유럽헌법조약에의 편입

유럽연합의 미래에 대한 2001년의 니스회의에서의 선언 第23호는 유럽연합의 개혁과정 속에서의 유럽연합의 기본권 헌장의 지위문제는 1999년 Köln회의의 결론에 따라서 다루어야 한다고 규정하고 있다. R. Herzog의 주도아래 2000년 10월 2일 54개 조항으로 구성된 유럽연합의 기본권 헌장을 제정한 기본권 제정회의(Grundrechte-Konvent)의 활동 이후의 유럽연합의 기본권 헌장의 법적인 구속력 확보와 이의 장래의 유럽헌법조약의 편입의 문제는 니스회의 이후의 2004년의 국가 및 정부수반회의에서 결정되어지게 되었다. 기본권 제정회의의 성공은 2001/2002년의 유럽헌법제정회

---

19) Vgl. Leutheusser-Schnarrenberger, ZRP 2002, S. 332.

의 구성 및 소집으로 연결되어진다. 2001년 12월 15일 Laeken에서 행해진 유럽연합의 미래에 대한 유럽위원회의 선언은 '유럽의 미래를 위한 회의(Konvent zur Zukunft Europas)'로 일컫어 지는 헌법제정회의로서 유럽회의(Europäischer Konvent)[20]의 구성으로 나타나게 된다. 전체 105명으로 구성된 유럽회의의 과제는 대체로 2003년 중반까지 유럽헌법의 최종안을 마련하는 것이었다.

비교적 쉬운 기본권 목록제정의 문제를 다루던 이전의 기본권 제정회의와 비교해 볼 때 헌법제정회의의 과제는 유럽연합의 확대와 관련된 문제들, 유럽연합의 중심기관의 개혁 그리고 유럽연합과 구성국가 간의 권한의 배분문제 등과 같은 현재의 25개국 그리고 그 이상으로 확대되어질 유럽연합의 난문제들을 다루는 것이었다.[21] 유럽연합조약 체제의 유지와 관련된 기본권 헌장의 의미 그리고 그 기능에 대한 문제는 유럽회의의 준비과정에서 잘 다루어졌다. 이와 관련하여 유럽회의의 제2연구단 속에서는 유럽헌법조약 상의 기본권 보호와 관련하여 다음의 세가지 선택권(Optionen)이 언급되어졌다: ① 계속적인 발전을 위한 영역은 행정과 법원에 맡기는 것을 통한 현상(Status quo)의 유지, ② 유럽연합조약 제6조 제2항 속에서의 기본권 헌장의 고정, ③ 헌법조약 속에로의 기본권 헌장의 편입을 통한 헌법제정행위. 헌법제정회의는 제3의 선택안 -기본권 헌장의 유럽헌법조약에의 편입-을 좋은 근거들을 가지고 채택하였다.[22]

---

20) 유럽회의 구성과 활동에 대한 설명은 T. Oppermann, Vom Nizza-Vertrag 2001 zum Europäischen Verfassungskonvent 2002/2003, DVBl 2003, S. 4; ders,, Europäischer Verfassungskonvent und Regierungskonferenz 2002～2004, DVBl 2004, S. 1265.

21) Oppermann, DVBl 2003, S. 3.

22) 이에 대한 보다 상세한 설명은 다음을 참조 A. Weber, Einheit und Vielfalt der Europäischen Grundrechtsordnung(en) - Zur Inkorporation der Grundrechtscharta in einer europäischen Verfassungsvertrag -, DVBl 2003,

이미 2002년 10월 22일 헌법제정회의의 작업집단 II(Arbeitsgruppe II)는 최종보고서를 제출하였다. 그 최종보고서 속에는 모든 구성원들이 유럽연합의 기본권 헌장에 대하여 법적인 구속력이 부여된 법규범으로서의 특성인정과 헌법적 순위를 부여하는 형식으로의 고려를 지지한다는 내용이 담겨 있었다.[23] 헌법제정회의 의장단 회의(Präsidium des Konvent)[24]는 2003년 2월의 1조에서 16조까지의 헌법조약(안)에 대하여 두개의 변형(Variante)을 시도하였다. 2002년 2월 28일 Brüssel에 있는 유럽의회 건물에서 활동을 시작한 유럽 회의는 2003년 6월 13일 유럽헌법초안(Entwurf)을 승인하였다.

2004년 6월 18일 브뤼셀에서의 정상회의에서 유럽헌법안의 의결을 통하여 유럽헌법제정과정에 관한 논의가 사실상 완성되었다. 그 후 유럽헌법조약은 2004년 10월 29일 로마에서 유럽연합의 국가수반 그리고 정부수반들에 의하여 서명되었다. 이러한 2004년의 유럽헌법조약은 2002년부터 2003년까지 브뤼셀에서 개최된 유럽헌법제정회의(Europäischer Verfassungskonvent) 그리고 이어서 2003년부터 2004년까지의 유럽연합정부회의(EU-Regierungskonferenz)의 공동작업의 결과이다.[25] 이러한 유럽헌법조약에 대한 유럽연합의 국가수반 혹은 정부수반의 서명은 전통적으로 국가에 부속되어진

S. 220 f.; R. Steinz, in: Streinz (Hrsg.), Verrtrag über die Europäische Union und Vertrag zur Gründung der Europäischen Gemeinschaft, 1. Aufl., 2003), Vorbem. Grundrechte-Charta Rdnr. 12 ff.

23) 2002년 그룹 II의 최종보고서 CONV 354/02. Grabenwarter, EuGRZ 2004, S. 563.

24) 헌법제정회의의 의장단 회의는 의장 그리고 2명의 부의장 그리고 그 외의 9명의 헌법제정회의의원을 포함한 12명의 의원으로 구성된다. Oppermann, DVBl 2004, S. 1265; T. Oppermann, Eine Verfassung für die Europäische Union 1. Teil, DVBl 2003, S. 1166.

25) Vgl. Oppermann, DVBl 2004, S. 1264.

헌법개념이 유럽연합과 같은 초국가적인 공동체(supranationale Gemeinschaften) 속에도 그대로 적용될 수 있다는 것을 의미한다.[26) 유럽헌법조약에로의 편입으로 인하여 유럽의 기본권 헌장의 직접적 효력이 명백히 명령되어지게 되었다. 그러나 여전히 유럽헌법조약은 그 효력발생에 필요한 구성국가를 통한 비준이 완료되는 시점인 2007년 1월 1일 전까지는 그 효력을 발생할 수 없다. 유럽헌법조약의 핵심적 부분은 제2편의 기본권 목록(Katalog von Grundrechten) 임에도 불구하고, 주목할 만한 방식으로 진행된 유럽회의의 논의과정에서 기본권의 문제는 단지 비교적으로 제한된 역할만 수행하였다. 왜냐하면 유럽연합의 기본권보장에 대해서는 이미 2000년의 기본권 제정회의(Grundrechte-Konvent)에서 이에 대한 충분한 검토작업이 사전에 이루어졌고, 이미 그 성과가 유럽연합의 기본권 헌장이라는 형태로 채택되었기 때문에 유럽헌법조약제정과정에서 이에 대한 논의는 특별히 새로운 점을 찾을 수 있었기 때문이다.[27)] 이러한 까닭에 2002년 10월 28일의 유럽회의 의장단에 의하여 제시된 헌법조약의 임시안은 제6조에서 장래의 헌법안에의 유럽연합의 기본권 헌장의 수용에 대한 언급을 포함하고 있다.[28)] 그럼에도 불구하고 유럽헌법제정회의에서는 독자적인 연구단을 구성하여 기본권 헌장에 대하여 검토하였고, 그 결과 몇가지 개정이 이루어 졌다. 2003년 7월 18일의 유럽헌법초안은 다양한 의정서와 선언을 포함한 하나의 전문과 4편(Teile)으로 구성된 총 465개의 조문으로 구성된다. 전문, 제1편 조직헌법 59개의 조문, 제2편(기본권 헌장) 전문을 포함한 54개의 조문, 제3편(정치적 영역 그리고 작업방식), 342

---

26) Vgl. Arnold, in: Festschrift für H. Maurer zum 70. Geburtstag, S. 856.
27) Vgl. Schmitz, JZ 2001, S. 833 f.
28) Vgl. Weber, DVBl 2003, S. 220.

개의 조문, 제4편(최종규정) 10개의 조문, 5개의 의정서와 3개의 선언으로 구성되어 있다.[29)]

유럽공동체의 기본권 목록은 유럽연합헌법조약 제2편에 편입되었다. 제2편의 기본권 헌장은 전문(Präambel), 제1부 인간의 존엄(Würde des Menschen),[30)] 제2부 자유(Freiheiten),[31)] 제3부 평등(Gleichheit),[32)] 제4부 연대(Solidarität),[33)] 제5부 시민권(Bürgerrechte),[34)] 제6부 사법적 권리(justizielle Rechte),[35)] 제7부 헌장의 해석과 적용에 관한 일반규정[36)] 등 모두 54개조로 구성되어 있다. 이미 잘 알려진 바와 같이 유럽연합의 기본권 헌장은 그 내용에 있어서 매우 다양한 형태의 기본권들을 규정하고 있다. 자유권, 사법적 보장(Justizgarantien), 적극적 지위의 시민권(Bürgerrechte des status activus) 외에도 연대(Solidarität)의 장에서 개인보호적인 성격을 가지고 있지 않은 단순한 근본원칙들(원리들)을 규정하고 있는 조항들이 있다.[37)] 기본권 헌장의 내용은 대부분 유럽법원(EuGH)이 법관법의 적용을 통하여 발전시킨 것 내지 유럽의 문서들 속에서 가장 다양한 특성들을 가지고 있는 것을 성문화한 것이다. 유럽연합의 기본권 헌장의 유럽헌법조약에의 수용이 가지는 독자적 의미는 우선적 기본권 헌장의

29) Oppermann, DVBl 2003, S. 167.

30) Art. II-61 — Art. II-65.

31) Art. II-66 — Art. II-79.

32) Art. II-80 — Art. II-86.

33) Art. II-87 — Art. II-98.

34) Art. II-99 — Art. II-106.

35) Art. II-107 — Art. II-110.

36) Art. II-111 — Art. II-114.

37) Grabenwarter, DVBl 2001, S. 9 f. ders., Die Europäische Grundrechte-Charta, in: Ehlers (Hrsg.), Europäische Grundrechte und Grundfreiheiten (2003), § 19 Rn. 5 ff.

법적인 구속력(Rechtsverbindlichkeit) 확보라고 할 수 있다.[38]

Ⅳ. 유럽헌법조약상의 기본권 보장과 포괄적 기본권

공동체법의 일반적 법원칙으로서 유럽법원의 판결을 통해서 확인된 기본권들에 대한 2000년 12월 7일의 니스에서의 유럽연합의 기본권 헌장을 통한 공포는 기본권 헌장의 구속력인정으로 연결되지 못하였다. 유럽연합의 기본권 헌장은 이차적 권리적인 행위로서의 특성 혹은 기관 상호간의 협약 혹은 제도내부적인 합의로서의 성격을 가지지 아니한다. 유럽연합의 기본권 헌장의 공포는 상호간에 구속력이 확보된 선언이 아닌 일방적 정치적 선언의 성격을 가지고 있는 기관내부적인 선언의 형태로 행해졌다.[39] 2002년 10월 28일 유럽 헌법회의 의장단 회의는 헌법조약의 예비안의 제6조에 미래의 헌법안에 유럽기본권 헌장을 편입시킨다는 것을 규정함으로써, 기본권 헌장이 그 후 헌법조약에 편입되는 것을 법적인 구속력을 취득할 수 있는 계기를 마련하였다. 그 후 유럽연합의 기본권 헌장은 유럽헌법조약 제2편에 수용된다. 유럽헌법조약 속에서의 기본권 헌장의 이러한 배치는 기본권 헌장을 헌법조약의 외부에 부속된 법적인 구속력을 가지는 의정서(Protokol) 속에 편입하자는 영국측의 주장과 마치 독일 기본법에 규정된 방식과 같이 헌법의 신성한 부분으로서 헌법의 앞 부분에 규정하자는 독일의 주장 사이의 타협의 형태로 받아들여진 것이다.[40] 기본권 헌장의 유럽헌법조약에로의 편입과

---

38) Vgl. Weber, BVBl, 2003, S. 220.

39) A. Weber, DVBl 2003, S. 221.

40) Oppermann, Eine Verfassung für Europäische Union, 2. Teil, DVBl 2003,

관련된 다양한 헌법적 논의에도 불구하고,[41] 유럽헌법조약에서의 기본권 문제에 대한 단서는 연합의 정의와 목적인 기본권에 대하여 규정하고 있는 유럽헌법조약 제I-9조에서 발견된다. 동조 제1항은 유럽연합은 유럽헌법조약 제2편을 형성하고 있는 기본권 헌장 속에 포함된 자유와 원칙들을 인정한다고 규정하고 있다. 제I-9조 제2항에서 유럽연합이 유럽인권협약(Europäische Menschenrechtskonvention)[42]에 가입한다는 것을 규정하고 있다. 제I-9조 제3항은 유럽연합헌법조약 제 I-9조 제3항은 지금까지 유럽연합조약 제6조 제2항에서 포함되었던, 유럽인권협약에서 보장되어지고 구성국가의 공통적인 헌법적 전승(Verfassungsüberlieferung)으로 도출되어 지는 기본권은 일반적 원칙으로서 유럽연합법의 부분이 된다는 것을 규정하고 있다.[43] 이렇게 볼 때 유럽연합헌법조약에서 보장되는 기본권은 크게 유럽헌법조약 제2편의 기본권 헌장, 유럽인권협약상의 기본권 그리

S. 1242.

41) Grabenwarter는 세부적인 연구주제로서 유럽연합헌법 속의 기본권 보장의 개별적 내용에 대한 검토에 들어가기에 앞서 우선적으로 1) 유럽연합의 기본권 헌장의 유럽헌법조약에의 편입과의 관련된 일반적 문제점들에 대한 검토가 우선적으로 행해지게 될 것이다. 그리고 그 다음으로 2) 기본권의 적용범위의 문제, 3) 기본권 보장의 내용 중에서 권리와 원리의 병존의 문제, 3) 다양한 기본권 유형들(Grundrechrtsschichten) 사이의 관계들의 문제, 4) 새로운 기본권의 구성요건(Grundrchtstatbestand)의 평행성(Paralleität)의 문제, 5) 유럽연합조약 제6조 제2항에 대한 후속규정(Nachfolgeregelung)의 의미 그리고 유럽인권협약(EMRK)에 대한 유럽연합의 가입의 문제 등을 중요한 연구주제로서 들고 있다. Grabenwarter, Auf dem Weg in die Grundrechtsgemeinschaft, EuGRZ 2004, S. 563.

42) 약어로 EMRK란 약어로 사용되는 이 명칭은 정식표현은 아니다. 조문에서는 유럽인권협약의 정식명칭인 인권과 자유의 보호를 위한 협약(Konvention zum Schutze der Menschenrechte und Grundfreiheiten)이 사용되고 있다.

43) T. Kingreen, Theorie und Dogmatik der Grundrechte im europäischen Verfassungsrecht, EuGRZ 2004, S. 571: Grabenwarter, EuGRZ 2004, S. 563; Weber, DVBl 2003, S. 222.

고 각 구성국가의 공통적인 헌법적 전승으로부터 도출되는 기본권의 형태로 나누어질 수 있다. 이렇게 볼 때 유럽헌법조약 제I-9조는 유럽헌법조약에서 보장되는 기본권의 근원(Grundrechtsquelle)에 관한 규정으로 해석될 수 있다. 이 조항은 명백히 일반적인 우선적 법적인 법원칙(allgemeine primärrechtliche Grundsätze)의 발전을 위한 유럽공동체 조약 제220조에 해당되는 유럽헌법조약 제I-29조의 유럽법원(Gerichts of Europäischen Union)의 역할에 대한 주의를 환기시키고 있다. 이러한 유럽헌법조약 제I-9조에 규정된 기본권 근원의 이원화는 유럽헌법조약 제I-9조 제1항의 의미 속에서 기본권 헌장 속에 실정화된 기본권과 유럽헌법조약 제I-9조 제3항의 지금까지의 집정관적인 기본권보호(prätorische Grundrechtsschutz)와 관계의 문제를 제기한다. 이것은 마치 헌법에 규정된 개별적 기본권(spezielle Grundrechte)과 포괄적 기본권(Auffanggrundrechte)과의 관계를 연상시키는 기본권의 근원에 대한 구도이다. 유럽헌법조약 제I-9조 제3항은 마치 독일 연방헌법재판소가 기본법 제2조 제1항의 인격의 자유로운 발현권의 핵심적 내용을 구성하는 일반적 행동의 자유라는 포괄적 기본권을 통한 기본권보장을 강화시킨 것과 비교되어질 수 있다. 유럽법원은 자신의 지금까지의 결정 속에서 일반적 기본권 해석에 의하여 일반적 행동자유권이라는 기본권을 만들어 내었다. 그럼에도 불구하고 유럽헌법조약 제2편의 기본권 헌장 부분에는 일반적 행동자유권이 규정되어 있지 않다. 이와 관련하여 지금까지의 유럽법원의 판례에 있어서 제I-9조가 현재의 제2편의 기본권 헌장에 실정화된 기본권보다 더 중요한 의미를 가져야 하는지 여부는 불투명하다. 유럽헌법조약 제2편의 제II-111조 제2항의 권한확대금지의 원칙은 유럽법원이 마치 독일 연방헌법재판소의 경우처럼 유럽연합의 기본권 보호의 확장이라는 이름으로 유럽법원의 역할의 비대·강화되어지는 것에 대한 제한으로 작용한다고 볼 수 있다. 결과적으로 이러한 해석적 기본입장은 결과적으로 유럽헌법조약 제I-9조 제1항의 성문의 실정법적인 기본권 규정과 제I-9조 제3항의 집정관적인 권리와의 구별을 극복하기 위하여 제I-9조 제3항의 의미를 사실상 유럽법원의 판례 속에서 발견되어지는 유럽연합의 기본권의 근원에 대한 선언적 지지의 의미로 축소시킨다. 이러한 입장은 지금까지 기본권의 인식근원(Erkenntnisquelle)으로서 중요한 의미를 가지고 있던 유럽헌법조약 조약 제2편의 제II-112조 제3항 그리고 제4항과 밀접한 관련을 맺게 된다. 이러한 제I-9조에 대한 축소적인 해석이 지향하는 바는, 유럽법원의 기본권과 관련된 미래의 재판에 있어서 법원은 단지 성문법만이, 즉 제2편에 규정된 기본권 헌장의 규정들과 결합된 제I-9조가 해석기준이 된다는 것이다. 즉 이것은 제I-9조 제3항이 제1항에 규정된 헌법의 규범텍스트와 상이한 자신의 독자적인 법해석에 근거한 결정을 내리는 것에 대한 정당화 근거로 해석될 수 없다는 의미이다.

그리고 유럽헌법조약 제2편 유럽연합의 기본권 헌장 전문의 마지막 문장은 사회의 계속적 발전, 사회적 진보 그리고 학문적 그리고 기술적 발전을 고려한 기본권 보호를 강화시키기 위하여 기본권을 헌장에서 보호하는 것이 필요하다는 것을 이야기 하고 있다. 이렇게 볼 때 위의 유럽헌법조약 제I-9조 조항 그리고 제2편의 유럽연합의 기본권 헌장 마지막 문장 등은 기본권의 구속력의 근거로서 기능한다고 볼 수 있다.

Ⅴ. 제2편 기본권 헌장에 규정된 기본권들

특히 독일의 법학자들은 인간의 존엄이란 표제로 시작하는 유럽연합헌법조약의 기본권 목록 제1부가 특히 독일 기본법상의 기본권 목록과 유사하게 성립되어서 상대적으로 그 해석에 있어서 매우 편안함을 느끼게 될 것이다. 인간의 존엄은 불가침이다(제II-61조 제1문), 연이어서 유럽헌법조약의 기본권목록은 생명권(제II-62조 제1항) 그리고 신체적 불훼손권(제II-63조 제1항)을 규정하고 있다. 그 외에도 제3부 평등에서 규정된 평등권[44]과 마찬가지로 제2부 자유에서의 자유권[45] 보장 역시 독일 기본법규정에 포함된 기본권들과 평행선 상에서 규정되고 있다. 그러나 이러한 유럽헌법조약 상의 기본권 목록의 규정형태의 독일 기본법상의 기본권 목록과의 유사성에도 불구하고, 각 개별 기본권의 내용과 보호수준은 결코 유럽연합의 구성국가적인 입장에서 결정되어질 수는 없다.

독일 기본법과 비교해 볼 때 위에서 언급한 유사성에도 불구하고 유럽연합의 기본권 헌장은 독일 기본법 규정에 언급되지 않은 개별 기본권 규정을 포함하고 있다. 제II-63조 제2항의 의학과 생물학의 영역에서의 금지는 이에 해당되는 규정이다[46]. (a) 우생학적인 실습의 금지, (b) 인간의 육체와 그 일부분의 이익획득을 위한 이용금지, (c) 인간의 체세포 복제의 금지(Verbot des reproduktiven Klonens von Menschen)들이다. 물론 이러한 내용들은 독일 기본법의 경우

44) 제II-80조는 독일 기본법 제3조 제1항의 일반적 평등원칙과 같이 "모든 인간은 법률 앞에 평등하다"고 규정하고 있다.

45) 제II-70조는 독일 기본법 제4조 제1항과 유사하게 사상의 자유, 양심의 자유 그리고 종교의 자유의 보장을 규정하고 있다.

46) Vgl. Y. Dorf, Zur Interpretation der Grundrechtscharta, JZ 2005, S. 126.

에 이에 대한 개별적 기본권 규정없이도 기본법 제1조 제1항의 인간의 존엄의 보호내용으로 인정되고 있다.[47] 우리 헌법의 경우에도 똑 같은 해석론이 전개된다고 볼 수 있다. 제II-64조에서 독자적으로 규정하고 있는 고문과 비인간적인 혹은 야만적 형벌 혹은 대우의 금지도 이와 같은 경우에 해당된다. 우리 헌법의 경우에는 우리 헌법 제10조의 인간의 존엄과 헌법 제12조의 신체의 자유에 관련된 내용이라고 해석해 볼 수 있다. 제II-65조의 노예제도와 강제노역의 금지 규정에서 노예제도(제1항)와 인신매매(Menschenhandel)(제3항)는 독일과 우리 헌법의 경우에는 인간의 존엄조항의 보호범위에 들어가는 데 반하여, 강제노역의 경우(제2항)에는 독일 기본법 제12조 제3항, 우리 헌법의 경우에는 제12조 제1항 제2문의 신체의 자유의 내용 중 적법절차의 보호영역에 들어간다.

제II-66조는 자유와 안전에 관한 권리에 대하여 규정하고 있다. 이러한 기본권과 국가의 관련성을 서로 대립되는 명제로서 자유와 안전(Freiheit und Sicherheit als Antinomie)에 대한 J. Isensee가 '안전에 관한 권리(das Grundrecht auf Sicherheit)'란 자신의 논문에서 강조한 이래[48] 독일에서는 이에 계속적인 논의가 이어져 온 부분이 규범화된 것이다. 제II-67조는 사생활과 가족생활의 보호에 대하

---

47) H. Dreier, ders. (Hrsg.), Grundgesetz-Kommentar, 2. Aufl., 2004, Art. 1 Rdnr. 60.

48) J. Isensee, Das Grundrecht auf Sicherheit, Zu den Schutzpflichten des freiheitlichen Verfassungsstaates, 1983. S. 1. "시민이 국가로부터 자유와 동시에 안전을 보장받기를 요구한다면 그것은 통상적인 견해에 따르면 불가능한 것을 요구하는 것이라 할 수 있다. 왜냐하면 양자 중 하나는 다른 하나의 가치의 희생을 통해서 확보되어 지는 것이기 때문이다. 이런 점에서 자유주의적 헌법의 불가피한 희생적 대가는 바로 안전(Sicherheit)의 상실이라 할 수 있다. 이러한 양자의 가치의 대립을 받아들인다면 안전을 위한 입장은 보수적이라고 볼 수 있는 데 반하여, 자유를 위한 입장은 자유주의적이라 표현될 수 있다."

여 규정하고 있다. 제8조(Art. II-68)의 개인관련자료의 보호(Schutz personenbezogener Daten)를 명문으로 규정하고 있다. 이 규정은 기본권 보장규정의 발전이라고 평가할 수 있다. 1980년대 이후 컴퓨터 기술의 발달에 의하여 개인정보가 타인에 의하여 무제한적으로 축적남용 또는 오용되어지는 상황이 발생하게 됨에 따라, 개인이 자신에 정보의 주체로서 자신에 대한 대한 정보의 자기결정권을 보장하기 위해서 정보프라이버시(Informational privacy)라는 개념이 사용되기 시작하였다. 이러한 정보프라이버시라는 개념은 개인의 자기정보결정권과 프라이버시권의 밀접한 관계를 전제로 한다. 독일 연방헌법재판소는 1983년 인구조사판결(Volkszählungsurteil)에서 새로운 자기정보결정권(informationelle Selbstbestimmungsrecht)이라는 기본권의 존재를 확실히 인정하였다.[49] 인구조사판결에서 독일 연방헌법재판소는 전자정보처리의 도입으로 인하여 발생하게 될 잠재적 위험으로부터 시민의 일반적 인격권의 보장의 측면에서 개인의 자기정보결정권을 도출하였다. 독일의 통설과 판례는 자기정보결정권이 기본법 제1조 제1항의 인간의 존엄과 관련된 기본법 제2조 제1항의 일반적 인격권을 통해서 보장된다는 것을 명백히 하고 있다. 따라서 비록 독일연방헌법재판소가 개인의 자기정보결정권이라는 새로운 기본권을 도출하였다 할지라도, 완전히 새로운 권리 혹은 완전히 새로운 기본권을 발전시킨 것은 아니었다. 왜냐하면 이에 대한 통제척도(Prüfungsmaßstab)는 항상 일반적 인격권이었고, 항상 일반적 인격권을 벗어나지 않았기 때문이었다.[50] 독일 연방헌법재판소는 그 후에도 인격적인 삶의 상황의 공개로부터의 보호와

49) 이에 대한 그 당시의 논쟁에 대해서는. B. Schlink, Das Recht der informationellen Selbstbestimmung, Der Staat 25 (1986), S. 233 ff.

50) BVerfGE 65, 1 [41].

관련하여 항상 일반적 인격권을 원용하였다.[51] 우리 학계에서는 우리 헌법상 개인의 자기정보결정권을 우리 헌법 제10조의 일반적 인격권에서 그 근거를 찾는 견해 아니면 헌법 제17조의 사생활의 비밀과 자유의 한 내용으로 보는 견해 아니면 헌법 제17조와 다른 헌법규정에서 찾는 견해 그리고 우리 헌법 제10조의 국민주권의 원리와 민주원리에서 찾는 다양한 입장이 전개되고 있다. 자기정보통제권은 인격권의 핵심적 내용으로서 프라이버시권으로 도출된다는 해석을 취하더라도, 프라이버시의 핵심적 내용은 우리 헌법 제17조의 사생활의 비밀과 자유이기 때문에 사생활의 비밀과 자유 그리고 프라이버시 양자가 구분될 수 없다고 생각한다. 단지 사생활의 비밀과 자유 ≦ 프라이버시 < 인격권이라는 도식에 대한 분석과 검토가 다시 한번 필요할 뿐이다. 이렇게 볼 때 II-67조, II-68조는 이러한 프라이버시의 보호 및 개인의 자기정보통제권에 관한 부분을 독일의 경우와 같이 포괄적 기본권의 형태를 통한 법원의 헌법해석적 적용이라는 형식을 취하기보다는 보다 구체적인 개별적 기본권의 보장을 통해서 보장하려고 하고 있다. 이런 점에서 기본권 헌장은 일반적 행동의 자유라는 중요한 포괄적 기본권의 전제가 되는 독일 기본법 제2조 제1항의 인격의 자유로운 발현권과 유사한 규정을 두고 있지 않다. 개별 기본권 목록의 경우에는 독일 기본법과 같이 50년전의 헌법이 미리 예측하지 못해 헌법전에 들어올 수 없어서 해석적으로 밖에 도출할 수 없었던 기본권은 미리 세세하고 상세하게 규정할 수 있었다는 점에서 헌법의 진보라고 해석할 수 있다. 그러나 이러한 헌법의 진보로서 헌법규정의 구체화 혹은 명확화 요구의 확대에도 불구하고 헌법규정의 개방성의 요구는 포기할 수 없

51) BVerfGE 80, 367 [373].

다. 유럽연합헌법조약의 조문의 편제와 우리 헌법과의 비교 그리고 우리 헌법에 많은 영향을 준 독일 기본법과의 비교를 통해서 추론할 수 있는 것은 이러한 비교가 단순한 비교법적인 측면에서의 일반적인 검토의 의미를 넘어설 수가 없다는 것이다. 각 구성국가의 기본권 해석적 해석을 통해서 도출된 내용의 유럽헌법상의 기본권 조문에 대한 해석적 적용은 현재의 시점에서 불가능하다고 보는 관점에 출발해야 한다. 유럽헌법상의 기본권목록에 포함된 기본권 보장 내용들은 유럽헌법의 독자적인 기본권 해석척도에 의하여 해석되어여져만 한다. 이러한 기본권 해석들은 특히 기본권에 대한 법적용과정에서 보다 구체화되어질 것이다. 이런 점에서 유럽헌법의 보장자로서의 유럽법원(EuGH)의 역할이 강조될 것이다.

II-69조에서는 혼인하고 가족을 창설할 권리를 규정하고 있다. 이것은 우리 헌법 제36조 제1항의 혼인과 가족질서에 관한 규정과 유사하다. 제II-70조는 독일 기본법 제4조 제1항과 유사하게 사상의 자유, 양심의 자유 그리고 종교의 자유의 보장을 규정하고 있다. 우리 헌법은 제19조와 제20조의 별개조항을 통하여 양심의 자유와 종교의 자유를 각각 별개의 기본권으로 규정하고 있다. 우리 헌법의 규율양식을 본다면 헌법상의 양심의 자유 그리고 종교의 자유 양자는 서로 다른 보호영역(Schutzbereich)을 가지고 있다. 그러나 양심의 자유 그리고 종교의 자유 양자가 이른바 종교적 신앙 그리고 도덕적 양심의 이른바 내면적 영역(das sog. forum internum)인 사유(Denken)를 보호하고, 종교적 신앙 그리고 세계관의 표명의 자유를 통하여 외부적인 종교적 그리고 비종교적인 의미부여와 의미를 외부적 표현의 외부적 영역(forum externm)도을 보호한다는 점에서 양자는 공통성을 가진다. 이런 점에서 양심과 종교의 자유의 보호영역에 대한 통일적인 이해의 필요성이 제기된다. 왜냐하면 종교를 가진 자의 종교적 양심의 형성과 그에 따른 행위 뿐만 아니라 비종교인의 독자적 세계관에 따른 양심의 형성과 그에 따른 행위도 동일하게 보호되어야 할 필요성이 제기되기 때문이다. 헌법이 비종교인에 비하여 종교인의 양심과 그에 따른 행위를 우대하고 별도로 보호해야 될 필요성이 전혀 없다면, 그 보호의 성격 및 그 강도가 같은 기본권적 내용을 굳이 별도로 분리하여 해석할 필요성은 없는 것이다. 이런 점에서 독일 기본법은 제4조 제1항에서 「신앙과 양심의 자유 그리고 종교적·세계관적 고백의 자유는 불가침이다」라고 규정하면서 종교의 자유와 양심의 자유를 병렬적으로 규정하고 있다. 이와 관련하여 독일 연방헌법재판소는 인정된 보호의 강도에 있어서는 양심의 자유와 종교의 자유는 아무런 차이가 없다고 보고 있다. 왜냐하면 양 기본권 모두 내면적 사유로부터 시작하여 사유의 표명을 거쳐서 행위까지 그 보호영역으로 하고 있기 때문이다. 이러한 독일 기본법상의 양심의 자유와 종교에 자유에 대한 통일적 이해가 헌법에 반영된 것이다. 더 나아가서 사상의 자유까지 같이 규정하고 있다는 것은, 사상의 문제가 해결된 유럽의 의식수준을 반영하는 것이라는 점에서 우리 헌법교과서에 발견되는 사상과 양심의 구별논의는 유럽헌법상의 기본본 목록에서는 더 이상 특별한 의미가 없다.

제II-71조, 제II-72조에서는 민주적 의사형성의 중요한 표현의 자유의 핵심적 요소를 구성하는 의사표현의 자유와 정보의 자유 그리고 집회와 결사의 자유를 규정하고 있다. 제II-73조에서는 학문과 예술의 자유를 규정하고 있다. II-74조는 교육권을 규정하고 있는 특히 제2항에서 부모의 친권에 기한 종교교육의 문제와 자녀의 종교선택권의 문제는 각 구성국가의 관련법률에 맡긴다는 것을 규정한 것은 다문화사회로서의 유럽연합에서 야기되는 종교적 문제에 대한 해결기준이 된다.

제II-75조는 경제적 기본권으로서 직업의 자유와 일할 권리를 규정하고 있다. 직업의 자유를 규정하고 있지 않는 유럽인권협약과는 달리 기본권 헌장은 모든 구성국가 속에서 영업의 자유, 경제적 활동의 자유, 일할 권리를 보장하고 있다. 모든 사람의 권리로서 직업의 자유의 주체성과 관련하여 동조 제3항에서 유럽연합이 아닌 제3국의 국민의 경우에는 유럽연합의 시민에 상응하는 근로조건을 요구할 권리가 있다는 것을 규정하고 있다. 제II-76조는 경제적 기본권의 핵심적 요소로서 기업의 자유를 규정하고 있다. 이것은 유럽법원의 판례를 통하여 인정된 기본권을 규범화한 것이라는 점[52]에서 기본권 보장의 구체화 그리고 세분화의 결과로서 받아들여진다. 유럽법원은 이미 Nold결정[53]이래로 경제적 활동의 자유를 인정하고 있다. 물론 이것은 직업의 자유의 핵심적 요소라고 볼 수 있다. 제II-77조에서는 재산권을 보장하고 있다. 제II-78조는 망명권 그리고 제II-79조는 강제추방, 국외추방, 인도청구로부터의 보호를 규정하고 있다.

제3부에서는 평등을 보장하고 있다. 제II-80조에서는 법률 앞의 평등을, 제II-81조는 차별금지를, 제II-82조는 문화, 종교, 언어의 다양성을, 제II-83조는 남녀평등을 각각 규정하고 있다. 제II-80조는 일반적 평등원칙을 그리고 나머지 관련조문들은 개별적 평등원칙과 다양성의 인정을 규정하고 있다. 그 외에도 기본권 헌장은 사회적

---

52) N. Bernsdorf, in: J. Meyer (Hrsg.), Kommentar zur Charta der Grundrechte der Europäischen Union, 2003, Art. 16 Rdnr. 1; H.-W. Rengeling, Die wirtschaftsbezogen Grundrechte in der Europäischen Grundrechtscharta, DBVl 2004, S. 459.

53) EuGH, Urteil vom 14. 5. 1974 - Rs. 4/73 (Nold/Kommision) -, Slg. 1991, I-3617 (3637 f. Rdnr. 13).

소수이며 약자인 어린이의 권리(제II-84조), 노인의 권리(제II-85조) 그리고 장애자의 권리(제II-86조)를 헌법의 기본권 목록에서 인정하고 있다는 점에서 평등권의 내용을 보다 구체화한 것이라고 볼 수 있다.

사회적 기본권의 유럽연합의 기본권 헌장의 편입과 관련하여 기본권 제정회의 뿐만 아니라 학계에서 많은 논란이 제기되었다. 프랑스는 사회적 기본권의 중요한 내용들이 들어있지 않은 헌장을 받아들일 수 없다는 입장을 취한 반면, 다른 구성국가들은 완전히 절대적으로 반대한 것은 아니지만, 사회적 기본권의 그러한 제도화에 대해서는 비판적 입장을 견지하였다. 영국은 기본권 헌장에 규정된 새로운 사회적 기본권이 공동체법이라는 우회로를 통해서 국내법질서로 유입될 것을 염려하였다. 반대로 스웨덴은 기본권 헌장의 사회적 기본권 보장수준의 최소화로 인하여 국내의 높은 사회적 보장수준이 위협받을 것을 염려하였다. 이러한 논란 속에서 사회적 기본권이 유럽연합의 기본권 헌장에 제4부의 연대라는 표제로 수용된다. 이것은 유럽연합의 각 구성국가들이 사회국가 혹은 사회적 기본권이라는 개념적 설정을 통하여 사회적 기본권을 인정하는 방식과는 다소 다른 방식이다. 이것은 프랑스 혁명의 3대이념 중에서 사회적 기본권의 핵심적 이념인 평등의 의미가 다른 이념의 하나를 구성하는 연대성으로서의 형제애에 기인한 박애정신으로 옮아간 듯한 형식을 취하고 있다. 그러나 제4부에 규정된 기본권은 국가에 대한 급부권으로서의 진정한 사회적 기본권이 아니라 사회적 기본권과 연관성을 가지는 사경제적 급부를 요구할 수 있는 기본권(Grundrechte auf wirtschaftliche Leistungen)[54]과 그와 유사한 사회

54) E. Stein/G. Frank, Staatsrecht, 18. Aufl., 2002, S. 427.

권적 성질을 가지는 보호규정이 규정되어 있다. 여기에 규정된 권리는 사회적 기본권과 밀접한 관련을 가지는 자유권적 기본권이 규정되어 있다. 왜냐하면 유럽연합이라는 국가가 존재하지 않는 한에 있어서는 유럽연합의 시민이 국가에 대한 급부기본권(Grundrechte auf staatliche Leistung)[55]으로서의 사회적 기본권은 규정될 수 없다고 생각해 본다. 노동기본권을 사회권적 성격을 가진 자유권적 기본권으로 이해하는 우리 헌법재판소의 입장이나 학계의 해석적 입장을 고려해 본다면, 여기에 규정된 기본권은 특별한 자유권적 기본권이라고 볼 수 있다. 제4부에 규정된 경제적 급부에 관한 기본권은 기업에 있어서의 노동자의 교육과 청문에 관한 권리(제II-87조), 단체교섭과 단체행동권(제II-88조), 자유로운 직업소개 서비스에 대한 접근권(제II-89조), 부당한 해고로부터의 보호(제II-90조), 정당하고 적합한 노동조건에 관한 권리(제II-91조), 어린이 노동의 금지와 노동시장에서의 청소년의 보호(제II-92조) 이다. 그에 반하여 국가에 대한 급부권으로서 사회적 기본권과 유사한 성격을 가지는 보호규정은 가족적 생활과 직업적 생활의 보장(제II-93조), 사회적 안전성과 사회적 지원(제II-94조), 건강보호(II-95조), 일반적 경제적 이익과 관련된 서비스에 접근권(제II-95조), 환경보호(제II-97조), 소비자 보호(제II-98조)이다.

기본권 헌장은 제5부에서는 시민권이라는 표제로 참정권으로서 유럽의회의 피선거권 및 선거권(제II-99조) 그리고 지역자치선거에서의 피선거권 및 선거권(II-100조), 청구적적 기본권으로 좋은 행정에 대한 청구권(제II-101조), 유럽의회, 유럽이사회 그리고 유럽위원회의 문서에 대한 접근권(제II-102조), 유럽시민 대의원의 위임권

55) E. Stein/G. Frank, ebd., 2002, S. 426 f.

(제II-103조), 청구권(제II-104조)을 규정하고 있다. 그 외에도 제5부는 거주이전의 자유(제II-105조)와 외교적 그리고 영사적 보호(제II-106조)를 규정하고 있다.

기본권 헌장은 제6부에서 사법적 권리에 대하여 규정하고 있다. 이 규정의 대부분은 유럽인권협약의 보장을 근거로 하여 규정된 것이다.[56] 유럽연합에 의하여 보장되는 권리 또는 자유가 침해되는 경우에 사법적 구제와 공정한 재판을 청구할 수 있는 것을 규정한 제II-107조 규정은 유럽인권협약에 의하여 보장된 권리의 침해를 전제로 한 유럽인권협약 제13조를 근거로 한 것이다. 그 외에도 신체의 자유와 관련된 형사사법적 권리로서 무죄추정과 방어권(제II-108조), 범죄행위와 형벌의 관련성에 있어서 법률적합성과 비례성의 원칙(제II-109조), 거듭처벌금지의 원칙(제II-110조)등이 규정되어 있다.

Ⅵ. 유럽헌법조약 상의 기본권 해석규칙

2004년 6월 18일의 모임에서 유럽연합의 국가 그리고 정부수반은 유럽헌법조약 제2편의 유럽연합의 기본권 헌장 전문의 다섯 번째 절(Absatz) 속의 문장구절에 대하여 다음의 입장을 확정하였다. "이러한 관련성 속에서 유럽연합의 법원 그리고 각 구성국가의 법원을 통한 기본권 헌장의 해석은 기본권 헌장의 제정을 위한 헌법제정회의의 의장단 회의에서 공식화되고, 유럽헌법제정회의의 의장단회의의 책임하여 기술된 설명들의 보장적 고려 속에서만 행해진

56) Grabenwarter, DVBl 2001, S. 8.

다. 유럽헌법이 제시한 독자적 기준에 의한 기본권 해석을 가능하게 만드는 척도는 물론 유럽헌법상의 기본권 해석에 관한 원칙규정들로부터 도출되어져야 한다. 이러한 규정들 중에 가장 우선적으로 고려될 수 있는 것은 유럽헌법조약 제2편 유럽연법의 기본권 헌장(die Charta der Grundrechte der Union)의 제7부에 속한 제II-111조 이하의 헌장의 해석과 적용에 관한 일반규정들이다. 그 외에도 유럽헌법전문과 유럽헌법의 발족에 유럽헌법제정의회의의 의장단 회의(Präsidium)[57]의 설명내용들을 생성사적인 입장에서 반영하고 있는 유럽연합의 기본권 헌장 전문(Präambel) 등이 해석적 기준으로 고려될 수 있다.

유럽헌법조약 제2편 제II-111조 이하의 기본권 헌장의 해석과 적용에 관한 일반적 규정들, 즉 이러한 수평적인 전체 기본권 헌장과 관련된 규정들은 헌장의 다른 기본권의 보호영역의 고려 속에서 그 해석적 내용이 확정될 수 있다. 기본권 헌장의 해석과 적용에 관한 일반적 규정들은 독자적인 유럽의 기본권 도그마틱의 토대를 형성한다. 유럽인권협약에 보장되어지고, 구성국가의 헌법적 전통 속에서 도출된 기본권들은 공동체의 일반적인 근본원칙에 속한다고 규정하고 있는 유럽헌법조약 제I-9조 제3항의 해석적 의미도 대해서도 계속적으로 보다 상세한 연구가 행해질 필요가 있다.

57) 각 구성국가들의 법원 그리고 유럽법원들을 통한 기본권 헌장의 해석 대한 헤어족 제정회의(Herzog-Konvent)에서의 헌법제정회의 의장단회에서 논의된 내용들에 대한 보장적 고려의 요청에 대한 언급은 마지막 순간에 영국측의 요청에 의하여 기록되어졌다. Oppermann, DVBl 2003, S. 1242; Epping, JZ 2003, S. 826; 826; 2003년 7월 18일의 헌법제정회의(CONV 828/1/03 REV 1)에서 구체화된 논의들에 대한 상세한 설명서.

1. 권한확대의 금지

유럽헌법조약 제II-111조는 제1항 제1문는 기본권 헌장의 내용들은 보충성의 원칙(Subsidiaritätsprinzip)의 유보 하에 유럽연합의 권리의 실행에 관련된 경우에만 따른 유럽연합의 기관(Organe), 제도들(Einrichtungen) 그리고 그 외의 부서(sonstige Stelle)에 대한 효력을 가진다고 규정하고 있다. 동조 제2문은 이러한 권리의 실행과정에 상응하게 유럽연합의 기관들은 권리를 존중하고, 원칙들을 지키고, 그 기관의 권한에 상응하게 그리고 헌법의 다른 편 속에서 연합에 부여된 권한들의 한계의 유지범위 속에서 원칙들의 적용을 증진한다고 규정하고 있다. 이러한 동조 제1항의 기본권 헌장의 효력범위의 한계설정은 독일의 경우 기본권 효력보장범위의 확대와 강화의 강조가 필연적으로 헌법재판의 확대와 강화로 이어진 상황과 마찬가지로, 기본권 헌장의 기본권의 효력강화는 유럽연합의 권한확대와 강화의 근거로 작용할 수 있다는 염려에서 나온 것이라고 생각해 본다. 이와 관련하여 유럽헌법제정회의 의장단회의에서 제시된 설명적 해석들에 의하여 기본권 헌장의 적용범위를 확정하는 제II-111조의 제2항에서 첫번째의 해석기준이 발견될 수 있다. "이러한 헌장은 연합법의 효력범위를 연합의 권한(Zuständigkeit)의 범위 밖으로 확대하지 않고, 새로운 권한 혹은 유럽연합에 대한 새로운 과제를 근거지우지 않는다. 헌장은 헌법의 다른 편(Teil)에서 확정된 권한과 과제를 변경하지 않는다."

이 규정은 기본권 헌장이 미래의 유럽연합의 권한확장적 효과 혹은 최소한도의 권한흡입적 효과를 초래할 수 있다는 우려를 고려한 것이라고 해석할 수 있다.[58] 기본권 헌장 제II-111조 제1항이 기본권 헌장의 원칙적인 적용범위를 규정한 것이라면, 제2항은 기본권 헌장의 적용범위의 한계를 설정한 것이라고 해석할 수 있다. 양 조항의 핵심적 내용은 바로 기본권 헌장은 유럽헌법조약의 다른 편을 통해서 유럽연합에 부여된 권한들과 과제들의 범위들의 확대와 변경을 초래할 수 없다는 것이다.[59] 또한 기본권 헌장은 기본권 헌장 제II-111조 제2항에서 규정된 바와 같이 유럽연합헌법의 다른 편에서 확정된 권한의 범위를 넘어서는 유럽연합법의 효력범위를 확대를 야기할 수 없다.[60] 제II-111조는 이중적 방식으로 유럽연합의 권한의 제한과 한정적 설정을 명백히 하였다: 한편으로는 유럽연합의 권한에 대한 확대적 해석가능성은 제II-111조 제2항에 의하여 허용되어질 수 없다. 암시된 권한(implied powers)의 의미 속에서의 권한의 증대 더 나아가서 권한법적인 입장에서의 현재상태(status quo)—그리고 그와 동시에 이를 통하여 연합과 구성국가 간에 권한구조의—를 유지하지 않는 모든 헌장의 해석이 금지된다.[61]

2. 권리와 원칙들의 적용범위와 해석

기본권 헌장 제II-112조는 권리와 원칙들의 적용범위(Tragweite)와 해석에 대해서 규정하고 있다. 기본권 헌장 제II-112조 제1항 제1문은 이 기본권 헌장에서 인정된 권리와 원칙들에 대한 모든 제한은 법률에 의해서 행해져야만 한다는 법률유보(Gesetzesvorbehalt)의

58) M. Borowski, in: J. Meyer, Kommentar zur Charta der Grundrechte der Europäischen Union, 2003, Art. 51 Rdnr. 14, 37 ff.

59) Borowski, ebd., Art. 51 Rdnr. 37.

60) 기본권 헌장 제51조 제2항에 대한 헌법제정회의의 의장단 회의에서 현실화된 해석적 설명들, CONV 828/03 REV vom 18. 7. 2003, S. 47; Borowski, ebd., Art. 51 Rdnr. 45.

61) Y. Dorf, Zur Interpretation der Grundrechtscharta, JZ 2005, S. 127 f.

원칙과 이러한 권리와 자유의 본질적 내용은 존중되어야만 하는다는 본질적 내용의 보장(Wesensgehaltsgarantie)의 원칙에 대하여 규정하고 있다. 동조항 제2문은 법률에 의하여 권리와 원칙들의 제한은 비례성의 원칙을 벗어나지 않는 범위 내에서 정당화될 수 있다는 것을 규정하고 있다. 이러한 제52조 제1항의 규정내용들은 일반적으로 기본권 보장과 관련하여 독일 기본법의 해석상 제한의 제한(Schranken-Schranken)으로 일컬어지는 지는 법률에 의한 기본권제한의 한계의 원칙을 규정한 것이라는 점에서 중요한 의미가 있다. 특히 독일 연방헌법재판소가 법률의 위헌성 심사기준으로서 확립된 비례의 원칙(Grundsatz der Verhältnismäßigkeit)을 헌법규정에 명문화하였다는 것은 비례성의 원칙이 독일 연방헌법재판소의 판례의 범위를 넘어서 이미 유럽법 영역에서 적용되고 있던 것을 확인한 것이라는 점에서 독일 기본권 해석학의 중요한 성과라고 볼 수 있다. 이러한 기본권 해석원칙의 헌법규정에로의 편입은 헌법내용의 진보에 의한 헌법적 규율적 범위의 확대로 해석할 수 있다. 기본권 헌장 제II-112조 제1항의 내용에 비하여 동조 제2항에서 제7항까지의 다른 규정들은 기본권 헌장의 권리와 원칙들의 적용범위 그리고 그에 대한 해석규칙들을 확정하고 있다.

3. 유럽인권협약과의 연관성

유럽헌법조약 제2편의 제II-112조 제2항의 규정은 헌법의 다른 편(Teil)에서 규정되어 있고 제2편의 기본권 헌장을 통하여 인정된 권리의 행사는 거기에서 (이러한 권리를 규정하고 있는 헌법의 다른 편) 확정된 조건들과 한계들의 범위 속에서 행해진다고 규정하고 있다. 동 규정의 실질적 내용에 따르면 적응규칙(Anpassungsregel)

이 문제되어 진다.[62] 지금까지의 유럽공동체 영역에서 우선적 법(primäres Recht)에 대한 법적인 보장의 수준이 문구가 동일한 유럽헌법상의 헌장 기본권에 의하여 갑자기 그 범위가 확대될 수 없다. 오히려 지금까지 그러한 권리를 근거지우는 조건과 한계들은 미래에도 계속 그대로 유지될 것이다.[63]

유럽연합헌법조약 제II-112조 제3항 제1문은 기본권 헌장이 유럽인권협약을 통해서 보장된 권리에 상응하는 권리들을 포함하고 있는 한에 있어서는, 이러한 권리들은 유럽인권협약 속에서 부여된 것과 같은 의미와 적용범위를 가진다라고 규정하고 있다. 제2문에서는 이러한 규정들이 유럽연합의 권리들의 계속적인 보호에 반하는 것은 아니다라고 규정하고 있다. 유럽연합헌법조약 제II-112조 제3항 제1문에 의하여 유럽법원은 유럽인권법원(EuGHMR)이 유럽인권협약상의 권리들에 대하여 자신이 판례를 제시한 기준들을 벗어나지 못한다.

유럽헌법조약의 권위있는 해석자로서 유럽법원은 개별사안에서 각 권리들에 대하여 어느 정도의 의미와 적용범위가 부여될 수 있는 지에 대하여 구체적으로 결정한다. 이 과정에서 유럽법원은 유럽인권법원이 유럽인권협약상의 권리들에 대하여 날카롭게 제시한 기준들을 검토하게 된다. 유럽법원은 유럽인권협약에 대한 유럽인권법원의 우위성을 인정하여야만 하고, 유럽헌법조약 제52조 제3항 제1문의 적용과정 속에서 이러한 유럽인권법원의 기준을 벗어나는 해석을 도모해서는 안된다. 유럽헌법조약의 유럽연합의 유럽인권협약에의 가입을 통해서 이러한 유럽인권협약상의 기본권 보장과 유럽헌법조약상의 기본권 질서의 차이점이 가볍게 극복되어지게 되었

---

62) Dorf, ebd., S. 128.

63) Dorf, JZ 2005, S. 128.

다. 이러한 유럽인권협약에의 가입은 유럽법원에게 유럽인권법원과의 관계에서 쉽게 극복할 수 없는 해석적 한계를 부과하는 계기가 된다. 그리하여 단지 유럽법원은 각 구성국가들의 권리보장수준을 넘어서는 유럽인권협약상의 권리들의 해석적 역동성을 유럽인권법원과 함께 실행할 책임을 지게 된다.

유럽연합의 유럽인권협약에 대한 가입을 통하여 기본권 침해자와 국제법적인 책임 사이의 일치가 도출되어질 뿐만 아니라, 유럽인권협약 상의 권리들에 대한 해석에 있어서 유럽법원(EuGH)에 대한 유럽인권법원(EGMR)의 최종적 해석권이 인정되어지게 된다. 그럼에도 불구하고 유럽연합의 유럽인권협약에로의 가입은 유럽법원의 유럽인권법원에로의 심급적인 종속을 초래하지는 않을 것이다. 그것은 아마도 스트라스 부르크적인 통제체계(Straßbrugger Kontrollystem)의 보충성의 원칙의 고려하에서 국가적 심급(헌법재판소)과 유럽인권법원 사이의 관계와 마찬가지로 2단계의 기본권 보호체계를 창설하는 것이 된다. 이와 관련된 구체적 문제점들이 앞으로도 계속적으로 중요한 연구주제가 될 것이다.

4. 전통적 해석기준

유럽헌법조약 제52조 제4항은 구성국가들의 전체적인 헌법적 전승(Verfassungsüberlieferungen)으로부터 도출된 기본권이 기본권 헌장에 인정되어지는 한에 있어서는, 이 기본권들은 이러한 전승들과 합치되게 해석되어야 한다고 규정함으로써 기본권 해석에 있어서 각 구성국가의 헌법해석적 전통을 고려할 것을 요구하고 있다. 이러한 해석규칙은 유럽법원이 불문적 공동체기본권과의 관련성 속에서 실무화된 가치평가적 비교법적 관점과 관련이 있다.[64] 이러한 유럽법원에 의하여 이전에 적용되었던 가치평가적 비교법적 관점은 현재는 더 이상 유럽연합의 기본권 도출에 기여하는 것이 아니라, 유럽연합의 영역에서의 기본권 해석을 위한 목적에서 행해지는 각 구성국가의 기본권 존속의 추론을 위한 것이다. 유럽헌법조약 제II-52조 제4항의 해석규칙과 관련된 현실적 문제점은 구성국가의 공통적인 헌법적 전승 속에서 기본권의 형식으로 구전된 기본권이 기본권 헌장에 규정되어있는 경우에 발생하게 된다.[65] 이 해석규칙의 의미와 목적은 유럽연합영역에서의 기본권 보장영역과 구성국가들의 기본권 보장영역과의 해석적 동일수준을 이끌어 내는 것이다. 유럽헌법조약 제II-112조 제6항은 이 기본권 헌장에서 규정된 개별 구성국가들의 법규(Rechtsvorschriften)와 관습(Gepflogenheiten)은 전체 범위 속에서 고려될 수 있다고 규정하고 있다. 각 개별 구성국가들의 법질서에 대한 고려는 그 내용과 범위가 이러한 방식으로 가볍게 상대화될 수 없는 급부권(Leistungsgrundrechte)과의 관련성 속에서 행해질 수 있다.

유럽헌법조약 제II-112조 제7항은 기본권 헌장의 해석을 위한 지침으로서 작성된 해석적 설명들(Erläuterungen)은 유럽연합과 구성국가들의 법원에 의하여 적당하게 고려되어질 수 있다고 규정하고 있다. 해석적 설명들은 단순한 해석적 보조(bloße Intepretationshilfe)로서 이해된다. 그런 점에서 해석적 설명들은 구속력있는 법규범으로서의 성격을 가지지 못한다. 단지 적당하게 법원의 법해석과정에서 고려되어질 있기 때문에, 법원은 해석적 설명을 독자적인 사법

---

64) 이것은 유럽헌법제정회의 의장단 회의에서 구체화된 유럽헌법조약 제2편 제52조 제4항에 대한 해석적 설명의 내용이다. CONV 828/1/03 REV 1 vom 18. 7. 2003, S. 51; Dorf, JZ 2005, S. 129.

65) Dorf, ebenda.

적 해석으로 취할 수 있는 가능성이 완전히 봉쇄된 것은 아니다.

5. 권리남용금지

유럽헌법조약 제2편 제II-114조는 마지막 해석규칙으로서 기본권 헌장의 어떠한 규정도 권리를 근거지우는 것 이외에 기본권 헌장 속에서 인정된 권리나 자유를 폐지하거나 혹은 기본권 헌장 속에 규정된 것보다 훨씬 더 강하게 제한하도록 해석되어서는 안된다고 규정하고 있다. 이것은 기본권 헌장의 어떠한 권리도 다른 권리의 희생 위에서 실현되어서는 않된다는 것을 강조하는 해석원칙이라는 점에서 독일 기본권 도그마틱에서 K. Hesse가 발전시킨 실제적 조화(praktische Konkordanz)원리의 명문화라고 볼 수 있다. 이러한 권리남용금지 해석원칙은 개인의 기본권보장을 남용하기 위한 해석을 금지한다. 연합의 기관이나 구성국가에 대하여 유럽연합의 기본권 헌장은 국제법, 유럽법 그리고 각 구성국가들의 헌법이라는 서로 상이한 기본권 보장영역(Grundrechtsschichten)에서 그 보호가 절실히 요청되는 권리들을 그 내용으로 하고 있다는 것은 이미 잘 알려진 사실이다. 이것은 기본권 헌장의 조문에 대한 유럽헌법제정회의의 의장단회의의 해석적 설명과 같은 유럽헌법조약의 생성사적인 측면에서 확인될 수 있는 내용이다. 그럼에도 불구하고 유럽헌법조약 제II-112조 그리고 제II-113조는 기본권 헌장의 내용 그리고 그 한계를 고려하여 이러한 법영역을 제시하고 측면을 고려한 것이다. 이 두 규정은 기본권 헌장을 통한 기본권 보장은 각 구성국가의 헌법 혹은 다른 유럽연합 혹은 유럽연합의 구성국가가 체결한 국제조약에 의하여 보장되는 다른 헌법적 가치의 침해, 그 중에서도 특히 독일이나 프랑스의 법원들이 그 구속력을 인정하지 않던 유럽인권협약에 대한 유럽인권법원의 결정에 나타난 기본권 보호의 내용과 그 수준을 침해할 수 없다는 원칙을 규정한 것이다. 이 두 규정은 이러한 법영역을 제시하고(제II-112조), 이러한 법영역 간의 충돌을 피할려고 시도하고 있다(제II-113조).[66]

6. 보호수준

다양한 기본권 보호영역의 공동작업은 보호영역 각 영역에서 전개되는 기본권 보호 상호간의 충돌사례를 유럽인권협약의 보호영역의 우위를 인정하는 방법에서 그 해결책을 찾고 있다. 이러한 해석적 입장의 근거는 유럽헌법조약 제II-113조에서 찾을 수 있다. 유럽헌법조약 제II-113조는 기본권 헌장의 어떠한 규정도 유럽연합 혹은 모든 유럽연합의 구성국가가 체결당사자인 국제법상의 협정들(Übereinkünfte), 구성국가의 헌법, 그 중에서도 특히 유럽인권협약과 같은 유럽연합의 법 그리고 국제법을 통하여 각각의 적용범위 속에서 인정되어지는 인권 그리고 기본자유의 제한 혹은 침해로 해석될 수 없다고 규정하고 있다. 이 조항은 유럽기본권 헌장의 보호수준(Schtuzniveau)에 관한 규정이다. 이 보호수준 규정은 유럽헌법 제II-111조 제1항에서 제시된 기본권 헌장의 적용범위를 확인하고 윤곽을 설정한다. 기본권 헌장의 적용범위 밖에서 각 구성국가가 순수한 구성국가의 내부적인 기본권의 현실적 상황에 대한 고려 속에서 상이한 보다 높은 수준을 유지할 것인가에 대하여 결정하는 것은 그 구성국가에 맡겨진 재량사항이다. 유럽공동체법의 전통적 기본자유(Grundfreiheiten)[67]에 대하여도 이와 유사한 논리가 적용된

---

66) Grabenwarter, EuGRZ 2004, S. 566.

67) 유럽공동체의 공동시장은 공동체의 자유로운 상품, 사람, 서비스, 자본의

다. 따라서 기본권 헌장의 해석규칙으로서 보호수준-규칙은 유럽공동체의 기본적 자유에 의하여 창조된 법적인 상태를 변함없이 유지하여야만 한다는 의미로 이해된다. 그 외에 이 해석규칙은 유럽헌법조약 제II-112조 제3항의 해석규칙이 다른 해석규칙보다 우선한다는 이미 내려진 해석적 결론을 유럽인권협약에 대한 특별한 강조를 통하여 확인하고 있다.68) 이것은 유럽인권협약의 기본권 해석규칙의 수준이 다른 기본권보호영역의 기본권 보호수준보다 우선한다는 입장이다.

Ⅶ. 결 론

유럽헌법조약상의 기본권 보장의 문제는 유럽연합의 기본권 보장과 유럽연합의 각 구성국가의 헌법상의 기본권 보장의 문제 더 나아가서 기존의 유럽인권협약체제에 의한 기본권 보장이라는 서로 다른 기본권 영역의 병존과 조화를 통해서 실현 될 수 있다. 유럽공동체 기본권 헌장의 유럽헌법조약에로의 편입뿐만 아니라 유럽헌법조약 제I-9조 제1항에서의 유럽연합의 유럽인권협약(EMRK)에의 가입의 권한부여(Ermächtigung)는 유럽연합의 기본권 보호의 발전에 있어서 중요한 이정표를 형성한다. 유럽연합의 기본권 헌장의

자유로운 왕래로 특징지워 진다(유럽공동체 조약 제14조 제2항). 이러한 상품, 사람, 서비스, 자본의 자유로운 왕래의 보장을 유럽공동체의 네 개의 기본적 자유(Grundfreiheit)이다. 그 외에도 자유로운 화폐지불의 보장을 제5의 기본자유로 이해하기도 한다. Herdegen, Europrarecht, Rdnr. 281; vgl. D. Ehlers, Die Grundfreiheiten des europäischen Gemeinschaftsrechts (Teil I), JURA 2001, S. 266 ff.

68) Dorf, JZ 2005, S. 130.

선언을 통하여 지난 수십년간 문제점으로 제기되고 확인된 유럽연합의 기본권 보장에서의 성문화의 결여는 극복될 수 있었다. 기본권 헌장에 대하여 제기된 법적인 구속력 확보의 문제에 대한 논의는 기본권 헌장의 유럽헌법조약 제2편으로의 편입을 통해서 최종적으로 극복되었다. 그럼에도 불구하고 기존의 유럽연합의 기본권 헌장의 유럽헌법조약에로의 편입은 여전히 비판점을 제공하고 있다. 기본권 헌장의 유럽헌법조약체제에로의 편입시도, 즉 실정화된 기본권과 종래 법관법을 통하여 발전된 기본권들을 용해하여 제2편에 최종적으로 연결하려는 요구는 제2편의 범위 밖에서의 기본권의 개별적 보장의 이중적 규범화(Normierung)로 인하여 잘 충족될 수 없다.[69] 또한 헌법 전문의 이중화, 제1편과 별도로 제2편의 기본권 헌장의 경우에도 전문을 도입한 것은 주목할 만한 것이지만, 법적으로는 특별한 의미가 없다. 유럽연합조약 제6조 제2항의 유럽헌법조약 제I-9조 제3항에서의 계속적 실행은 해석적인 측면에서 그 의미가 감소되어 진다. 기본권의 법적인 보호에 있어서의 결함은 충분한 검토가 행해져야 한다. 유럽법원을 통한 기본권 보호를 위한 소송법적인 수단의 도입에 있어서의 소극적 태도는 중요한 결함으로 확정되어져야만 한다.[70]

유럽헌법제정을 통해서 실현될 유럽연합의 목표는 확정되어졌다. 기본권 공동체(Grundrechtsgemeinschaft), 그 목표는 확정되었음에도 불구하고 그 목표에 도달하기 위한 여정은 여전히 현재진행형이다. 특히 최근 프랑스와 네델란드에서 유럽헌법조약에 대한 비준이 부결된 이후에 전개되는 부정적 상황은 유럽헌법조약의 장래와 관련된 매우 심각한 불확정성을 초래하고 있다. 이러한 상황에서 유럽

69) Grabenwarter, EuGRZ 2004, S. 570.

70) Grabenwarter, ebenda.

연합헌법 속에서의 기본권 보장에 검토를 통하여 기본권 보장에 대한 헌법사적인 진보의 성취과정에 분석 그리고 이러한 진행과정에 수반된 문제점과 그 보완과정 등에 대한 연구와 분석은 새로운 헌법적 실험과 발전에 대한 역사적 기록에 대한 검토라는 점에서 의미가 있다. 더 나아서 이러한 연구는 중국과 일본이 충돌하고 있는 동북아시아에서 우리 한국의 존재가치를 도모하는 미래의 공동체 성립의 근거를 마련하는 초석이 될 수 있다는 점에서 매우 중요하다.

주제어 : 유럽헌법조약, 유럽연합의 기본권 헌장, 유럽인권협약, 유럽법원, 유럽인권법원, 유럽헌법조약 상의 기본권 이론과 도그마틱

참고문헌

H.-W. Arndt, Europarecht, 7. Aufl., 2004.

K.-D. Borchardt, Die rechtlichen Grundlagen der Europäischen Union, 2. Aufl., 2002.

M. Brenner/ P. M. Huber, Europarecht und Europäisierung in den Jahren 2001-2003, DVBl 2004, S. 863 ff.

S. Broß, Grundrechte und Grundwerte in Europa, JZ 2003, S. 429 ff.

J. Callewaert, Die EMRK und die EU-Grundrechtscharta, EuGRZ 2003, S. 198 ff.

T. von Danwitz, Grundfragen einer Verfassungsbindung der Europäischen Union, JZ 2003, S. 1125 ff.

Y. Dorf, Zur Intepretation der Grundrechtscharta, JZ 2005, S. 126 ff.

V. Epping, Die Verfassung Europas?, JZ 2003, S. 831 ff.

S.-R. Eiffler, Der Grundrechtsschutz durch BVerfG, EGMR und EuGH, JuS 1999, S. 1068 ff.

S. Eickmeier, Eine europäische Charta der Grundrechte, DVBl 1999, S. 1026 ff.

C. Grabenwarter, Die Charta der Grundrechte für die Europäischen Union, DVBl 2001, S. 1 ff.

______________, Auf dem Weg in die Grundrechtsgemeinschaft?, EuGRZ 2004, S. 563 ff.

M. Herdegen, Europarecht, 6. Aufl., 2004.

T. Kingreen, Theorie und Dogmatik der Grundrechte im europäischen Verfassungsrecht, EuGRZ 2004, S. 570 ff.

S. Leutheusser-Schnarrenberger, Der Entwicklung des Schutzes der Grundrechte der EU, ZRP 2002, S. 329 ff.

T. Oppermann, Vom Nizza-Vertrag 2001 zum Europäischen Verfassungskonvent

2002/2003, DVBl, S. 1 ff.

___________, Eine Verfassung für die Europäische Union 1. Teil, DVBl 2003, S. 1165 ff.

___________, Eine Verfassung für die Europäische Union 2. Teil, DVBl 2003, S. 1234 ff.

___________, Europäischer Verfassungskonvent und Regierungskonferenz 2002-2004, DVBl 2004, S. 1264 ff.

H.-W. Rengeling, Die wirtschaftsbezogen Grundrechte in der Europäischen Grundrechtscharta, DBVl 2004, S. 453 ff.

M. Ruffert, Die künftige Rolle des EUGH im europäischen Grundrechtssystem, EuGRZ 2004, S. 466 ff.

T. Schmitz, Die EU-Grundrecthscharta aus grundrechtsdogmatischer und grundrechtstheoretischer Sicht, JZ 2001, S. 833 ff.

M. Schröder, Wirkungen der Grundrechtscharta in der europäischen Verfassung, JZ 2002, S. 849 ff.

E. Stein/G. Frank, Staatsrecht, 18. Aufl., 2002.

A. Weber, Einheit und Vielfalt der europäischen Grundrechtsordnung(en), DVBl 2003, S. 220 ff.

<Zusammenfassung>

Die Grundrechtsgewährleistung im Vertrag über eine Verfassung für Europa

Park, Zin-Wan*

Die Gründungsverträge der Europäischen Gemeinschaften verfügen über keinen Grundrechtskatalog. Dennoch hat der Grundrechtsschutz in der Europäischen Gemeinschaft eine lange Geschichte. Seit 1969 entwickelte der Europäische Gerichtshof (EuGH) den Gurndrechtsschutz in seiner Rechtsprechung vor allem aus allgemeinen Rechtsgrundsätzen. Der Grundrechtsschutz auf Grundlage ständiger Rechtsprechungen des EuGH ohne den geschriebenen Grundrechtskatalg in der EU läßt sich als lückenhaft und unbefriedigend charaktersieren. Bis zur Europäischen Rat von Nizza von 2000 mag die EG nicht einen geschriebenen Grundrechtskatalog enthalten, der dem der nationalen Verfassung wie Grundgesetz in Deutschland adäquat sei.

Der europäische Rat von Nizza hat bekanntlich die Charta der Grundrechte der Europäischen Union (GRC) feierlich proklamiert, die vom Konvent (Grundrechtskonvent) am 2. 10. 2000 verabschiedet worden war. Die Grundrechtscharta hat keine Rechtsverbindlichkeit, solange sie ausdrücklich nicht in die europäischen Verträge

* Kyungpook National University

aufgenommen wird. Die Proklamation überträgt der Grundrechtscharta allenfalls indirekte Wirkung. Die Charta genügt somit einer politischen Willenserklärung oder einer institutionellen Erklärung. Weder der EuGH, noch die nationalen Gerichte können die Grundrechtscharta somit direkt anwenden, sondern höchstens bei ihren Auslegungen in Betracht ziehen. Nach dem Auftrag von Nizza sollte der Verfassungskonvent sich den Status der Grundrechtscharta entscheiden. Der Verfassungskonvent hat entgültig mit guten Gründen die Inkorportaion der Charta in die europäische Verfassung bestimmt. Der Vertrag über eine Verfassung für Europa hat die Charta als Teil II der Verfassung übernommen.

Das Anfangsstadium der Grundrechtfrage regelt sich im Art. I-9 Abs. 1 im Vertrag über eine Verfassung für Europa (VVE), daß die Union die Rechte, Freiheiten und Grundsätzen anerkent, die in der Charta der Grundrechte, die den Teil II bildet, enthalten sind. Im europäischen Rechtssystem wird der Grundrechtsschutz in verschiedenen Rechtskreisen gewährleistet, von denen der eine auf nationaler und zwei weiterere auf europäischen Ebene angesiedelt wird. Für Deutschland ist diese Dreiteilung der Rechtskreise durch die jeweiligen Jurisdiktionsbereiche des Bundesverfassungsgerichts auf staatlicher Ebene sowie den Gerichtshof der Europäischen Gemeinschaft (EuGH) und den Europäischen Gerichtshof für Menschenrechte (EGMR) auf europäischem Niveau dargestellt. Im Bereich des europäischen Grundrechtsschutzes geht es darum, wie diese Parallelitäten und Verdoppelungen in Grundrechtsbestand sehr gut von einem rechtlich harmonisierten Verhältnis zwischen der Europäischen Menschenrechtskonvention (EMRK) und der EU-Grundrechtscharta bestimmt wird. Wie wird der Hamonisierungsprozeß vollendet? In der rechtspolitischen Hinsicht ist die Inkorporation der Europäishen Grundrechtscharta in den europäischen Verfassungsvertrag wünschenswert. In der rechtsdogmaitschen Seitspunkt erfinden die Auslegungsprobleme sich unlösbar. Eine Kooperation zwischen EuGH, EGMR und nationalen Verfassungsgerichte kann zur Rechtsprechungsdivergenzen führen. Art, I-9 Abs. 2 VVE regelt eine ausdrückliche Ermächtigung zum Beitritt der Union zur EMRK. Art. I-9 Abs. 3 erklärt analog zu Art. 6. Abs. 2. EUV die Grundrechte, wie sie in der EMRK gewährleistet sind und wie sich aus den gemeinsamen Verfassungsüberlieferungen der Mitgliedstaaten ergeben, zu den allgemeinen Grundstzen des Unionsrechts.

Der Grundrechtscharta in Teil II des VVE besteht aus 54 Artikel: Präambel, Titel I Würde des Menschen (Art. II-61 — Art. II-65), Titel II Freiheiten (Art. II-66 — Art. II-79), Titel III Gleichheit (Art. II-80 — Art. II-86), Titel IV Solidarität (Art. II-87 — Art. II-98), Titel V Bürgerrechte (Art. II-99 — Art. II-106), Titel VI justizielle Rechte (Art. II-107 — Art. II-110), Titel VII allgemeine Bestimmung über die Auslegung und Anwendung der Charta (Art. II-111 — Art. II-114). In bezug auf Interpretation der Grundrechtscharta wird die Frage gestellt, nach welchen Maßstäben die einzelnen Grundrechte auszulegen sind. Hierbei funktioniert Titel VII allgemeine Bestimmung über die Auslegung und Anwendung der Charta in der Grundrechtscharta als Grundlage der Eckpunkte der neuen Auslgeungsdogmatik der europäischen Grundrechte.

Die Grundrechtscharta in der europäischen Verfassugnsvertrag bietet eine erste Legitimationsgrundlage im Entwicklungsprozeß europolitischer Integration. Die Grundrechtcharta als wesentliches Integrationselement gibt den Unionsbürger die Möglichkeit, über die unterschiedlichen Verfassungsstrukturen und Inhalte der Mitgliederstaaten hinaus auf eine gemeinsame Grundlage der europäischen Verfassung zürückzugreifen zu können. In diesem Sinne bildet der Grundrechtsteil der europäischen Verfassungsvertrag die Bausteine, die auf die Bildung einer europäischen Identität seiner Bürger abzielen.

Schlüsselwörter : Europäischer Verfassungskonvent, die EU-Grundrechtscharta, die Verfassung für die Europäische Union, Theorie und Dogmatik der Grundrechte im europäischen Verfassungsrecht, Intepretation der Grundrechtscharta, Der Grundrechtsschutz durch BVerfG, EGMR und EuGH

유럽헌법안에서 집행부간 권한행사의 범위*

정종길**

Ⅰ. 서론

유럽연합의 운영이나 입법과정 및 정책결정과정 등을 이해하기 위해서는 유럽통합의 수준 및 유럽연합이 '다국가 체제의 국가연합'에서 '유럽적 단일연방국가'로의 발전 가능성 등을 파악하는 것이 중요하다. 그러나 유럽연합의 운영방식을 구체적 수준에서 분석하기 위해서는 유럽연합 집행부의 권한과 그 역할 등에 대한 이해가 필요하다. 그래서 본고에서는 유럽연합 주요 집행기구간의 권한행사의 범위를 명확히 제시하여 유럽연합 운영형태의 특성과 문제점들을 파악하고자 한다.

유럽헌법 제Ⅰ편 제4부 연합의 기구와 조직에서는 제1장 '제도적 범주'에서 유럽연합의 주요기구들인 '유럽의회'(the European Parliament,

---

* 이 논문은 2004년도 학술진흥재단의 지원에 의하여 연구되었음 (KRF-2004-072-BS3068).

** 경기대학교 법과대학 교수

le Parlement européenne), '유럽이사회'(Council of the European, le Conseil européen), '각료이사회'(the Council of Ministers, le Conseil de ministres), '유럽(집행)위원회'(Commission of the European, la Commission européenne), '유럽연합사법재판소'(The Court of Justice of the European Union, la Cour de justice de l'Union européenne)를 제2장 연합의 다른 제도와 자문기구에서는 유럽중앙은행(The european Central Bank, La Banque centrale européenne), 회계법원(Court of Auditors, La Cour des comptes) 및 지역위원회(Committee of the Regions, Le Comité des régions)와 경제사회위원회(Economic and Social Committee- ECOSOC, Le Comité économique et social) 등을 규정하고 있다.[1)]

그러나 본고에서는 주제의 특성상 제1장의 제도에서 규정하고 있는 유럽연합 주요 집행기구들인 '유럽의회', '유럽이사회', '각료이사회', '유럽(집행)위원회', '유럽연합사법재판소'의 권한에 대하여 입법적 권한(Ⅱ) 행정 · 재정적 권한(Ⅲ) 사법적 권한(Ⅳ)으로 분류하여 논하고자 한다.

Ⅱ. 입법적 권한

1. 유럽의회

유럽연합의 기본적인 입법과정은 집행위원회의 제안을 각료이사

1) 그러나 유럽헌법 제3편 제6부 연합의 기능 제1장 제도적 규정에서는 제1절 제도에서 유럽의회, 유럽이사회, 각료이사회, 유럽집행위원회, 유럽연합사법재판소, 유럽중앙은행, 회계법원을 제2절 연합의 자문기구에서는 지역위원회와 경제·사회위원회를 제3절에서는 유럽투자은행 등을 규정하고 있다.

회가 의회와 협의하여 결정하도록 되어 있다. 이 점에서 각료이사회가 유럽연합의 입법부로서 보다 많은 권한을 가지고 있다. 그러나 입법에 대한 의회의 권한은 그간 점차 증대해 이제는 유럽공동체 입법의 기안과 채택 영역으로도 확대되고 있다.[2] 그리고 의회는 집행위원회에게 의안을 제출하도록 요청할 수 있고, 집행위원회의 연간사업을 심사할 권한을 가지고 있다.[3] 한편 의회가 입법과정에 참여하는 방식에는 '협의', '협력', '공동결정', '동의'의 4가지가 있다.

(1) 협의(consulting)

집행위원회의 입법건의안이 각료이사회에 의해 채택되기 전에 의회의 의견을 수렴하기 위해 협의하는 과정을 말한다.

(2) 협력(cooperation)

의회의 의견이 각료이사회에 충분히 수렴되지 않는 경우 의회는 제2해독과정에서 건의안을 거부할 수 있다. 그런데 각료이사회는 만장일치에 의해서만 의회의 거부를 뒤집을 수 있지만, 만장일치란 실제로는 어렵기 때문에 각료이사회는 건의안의 거부를 막기 위해 사전에 의회와의 합의를 도출하기 위해 노력하는데, 이를 '협력'과정이라고 부른다.

이 과정은 '유럽지역발전기금'(ERDF; European Regional Development Fund), 연구, 환경 등의 분야에 적용된다.

---

2) Documentation française, L'Union européenne et le projet de Constitution, 2004, p.53.

3) Jacques Ziller, La nouvelle constitution européenne, op.cit., p.62 : Documentation française, L'Union européenne et le projet de Constitution, 2004, p.53.

(3) 공동결정(co-decision)

각료이사회가 의회의 견해를 충분히 수렴하지 않으면, 의회는 건의안의 채택을 무산시킬 수 있다. 이 경우에는 의회, 각료이사회, 집행위원회의 멤버로 구성되는 중재위원회가 구성되는데, 이 중재위원회에서의 결정이 '공동결정'이다. 그러나 여기서도 합의가 도출되지 않을 경우 의회는 건의안을 안전히 거부할 수 있다. '공동결정권'은 아래의 '동의권'과 더불어 의회의 가장 중요한 권한에 속하는데, 노동자의 거주이전의 자유, 내수시장의 설립, 기술적인 연구와 발전, 소비자 보호, 교육, 문화, 건강 등이 공동결정권의 영역에 속한다.

(4) 동의(assent)

새로운 회원국을 받아들일 때, 제3국에 대한 협정 및 국제적 협정을 맺을 때, 공동체 회원국의 거주권, 기구기금이나 합작기금의 목표설정 및 유럽중앙은행의 권한에 관한 사항에 대해서는 의회의 동의가 요구된다.

2. 각료이사회

각료이사회는 특정부분에서 집행권을 직접 행사할 뿐만 아니라, 집행위원회의 제안을 심의, 의결하는 최고 결정기구[4]로서, '규칙'(regulation)과 '지침'(directive)을 제정하고, '결정'(decision)[5]을 내리

---

4) Documentation française, L'Union européenne et le projet de Constitution, 2004, p.45.

5) '규칙'은 보편성을 지니면서 기본조약 바로 다음에 위치하는 공동체적 법

는 등 입법 활동에서 최종적인 권한을 지니며, '권고'(recommendation)를 하거나 '의견'(opnion)[6)]을 제시하기도 한다.[7)]

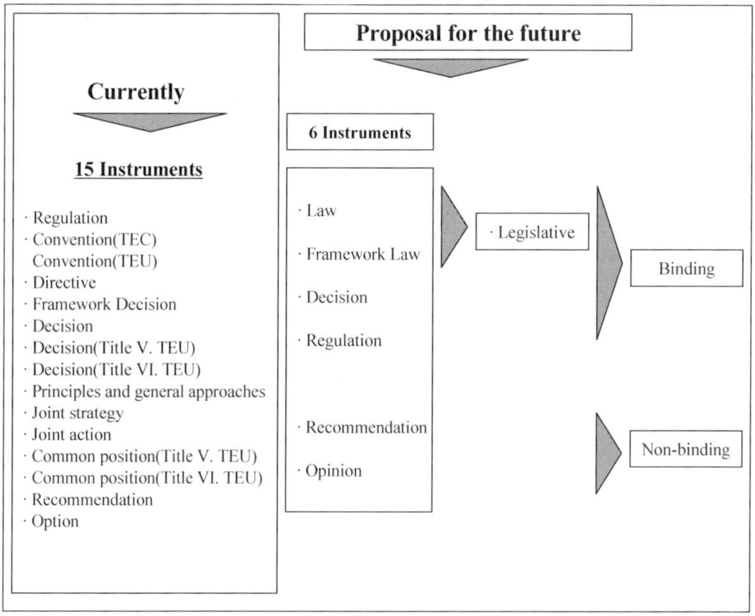

8)

령에 속하는 만큼 원칙적으로 각료이사회에서 제정하지만, 각료이사회의 위임이 있을 경우 집행위원회가 제한적으로 정할 수 있다. 이와는 달리 '지침'과 '결정'은 규칙에 따라 위임받는 형태를 취하면서 주로 집행위원회의 이름으로 제정되고 시행되는 것이 일반적이다. 이점에서 지침과 결정은 입법행위 그 자체라기 보다는 각료이사회의 입법권에 따른 집행위원회의 집행행위적 성격이 강하다.

6) 어느 것이나 법적 구속력이 없다. 일반적으로 권고는 어디까지나 그 대상자로부터 일정한 행위를 얻고자 할 때 행해지며, 의견은 주로 제3자의 요청이 있을 때에 행해진다. Documentation française, L'Union européenne et le projet de Constitution, 2004, pp.94-95.

7) Jacques Ziller, La nouvelle constitution européenne, op.cit., pp.11-12.

8) 표에 대한 이해를 위해서 조문 참고. 유럽헌법 제I-32조 연합의 법적 행위 -(1) 연합에게 헌법 안에서 부여된 권한의 실행 안에서, 연합은 제III부의

(1) 규칙

보편적이고 직접적인 효력을 발생하는 조치이며 적용대상은 회원국 정부, 법인체, 개인 등을 모두 포함하는 불특정 다수이다. 또한 규칙은 강제적 구속력을 가진다. 법적 구속력을 갖추기 위해 회원국 의회의 비준이나 입법이라는 별도의 국내법적 절차를 필요치 않으며, 만일 규칙이 회원국의 국내법과 상충할 경우 유럽연합의 규칙이 국내법에 우선한다.[9)]

규정, 유럽법, 유럽범주법, 유럽규범, 유럽결정, 권고와 의견에 입각하여 법적 기구와 같이 활용한다. 유럽법은 일반적용의 입법행위이다. 그것은 모든 기본적 원리 안에서 의무이고 모든 회원국 안에서 직접적으로 적용될 수 있다. 유럽범주법은 수락의 결과로 수신된 모든 회원국에 놓여있고 형태와 수단의 선택으로서 권한을 국가소송에 놓은 모든 입법행위이다. 유럽규범은 입법행위와 헌법의 어떤 특별조항을 발효하기 위하여 일반적용의 비입법행위이다. 유럽결정은 그 모든 기초적 원리 안에서 의무적 비입법행위이다. 그것이 발송인을 표시할 때 그것은 그것을 위하여만 의무가 있다. 기구에 의한 권고와 의견은 강제적 효력이 없다.-(2) 그것이 입법행위안을 제기할 때 유럽의회와 각료이사회는 관련 범위 내에서 현행 조항에 의하여 규정되지 않는 행위의 채택을 자제한다.

제I-33조 입법행위-(1) 위원회의 제안에 대한 법과 유럽범주법은 제III-302조(=제III-396조)에 규정된 보통입법절차의 형식에 입각하여 유럽의회와 각료이사회에 의하여 합동으로 채택된다. 만약 두 기구가 일치를 이루지 못한 경우에는 법령은 채택되지 않는다. (2) 헌법에 의하여 규정된 특별한 경우 안에서 유럽법과 유럽범주법은 특별입법절차에 입각하여 각료이사회 또는 유럽의회의 참여와 함께 유럽의회에 의해 채택된다. (3) 헌법에 의하여 규정된 특별한 경우 안에서 유럽법과 유럽범주법은 유럽중앙은행의 권고와 사법재판소 또는 유럽투자은행의 요구에 의해 회원국 또는 유럽의회단체의 발의로 채택된다.

9) Documentation française, L'Union européenne et le projet de Constitution, 2004, pp.91-92.

(2) 지침

앞으로 달성해야 할 목표와 최종시한만을 정해줄 뿐이지만, 회원국들은 지침에서 정해진 목표를 달성하기 위해 일련의 정책을 수립하고 시행해야 할 의무를 지닌다. 즉 공동체 차원에서는 지침에 정해진 결정이 회원국을 구속하지만, 그 구체적인 시행방법과 절차는 회원국이 자국의 상황에 따라 선택, 결정하는 것이다.[10]

(3) 결정

개별사안에 대해 특별히 지정하게 되는 회원국, 법인 또는 개인을 대상으로 특정한 지시를 내리게 될 때 사용하는 수단이다. 특정 '규칙'은 보편성을 지니면서 기본조약 바로 다음에 위치하는 공동체적 법령에 속하는 만큼 원칙적으로 이사회에서 제정하지만, 이사회의 위임이 있을 경우 위원회가 제한적으로 정할 수 있다. 이와는 달리 '지침'과 '결정'은 규칙에 따라 위임받는 형태를 취하면서 주로 위원회의 이름으로 제정되고 시행되는 것이 일반적이다. 이 점에서 지침과 결정은 입법행위 그 자체라기보다는 각료이사회의 입법권에 다른 집행위원회의 집행행위의 성격이 강하다. 결정은 불특정다수인을 대상으로 한다는 점에서 '규칙'과 다르며 그 구체적인 시행방안을 회원국에게 위임하지 않고 직접 적용한다는 점에서 '지침'과 다르다. 이러한 결정은 주로 부정한 협정을 체결하거나 기업활동 등을 규제하기 위해 취하게 되는 조치가 대부분이다.[11][12]

---

10) Documentation française, L'Union européenne et le projet de Constitution, 2004, pp.92-93.

11) Documentation française, L'Union européenne et le projet de Constitution, 2004, pp.93-94.

12) Jacques Ziller, La nouvelle constitution européenne, op.cit., pp.11-12.

3. 유럽이사회[13)]

유럽헌법 제I-20조 1항에서는 "유럽이사회는 그 발전에 필요한 추진력을 연합에 제공하고 그 일반정책방향과 일반정책우선권을 확정하지만 입법권한은 없다"라고 규정하고 있다. 그러나 법적 구속력을 지닌 결정은 아닐지라도 유럽이사회에서 내린 결정은 대체로 이후 각료이사회 차원에서의 공식적인 결정의 형태를 갖추게 되는 것이 현실이다.

Ⅲ. 행정 · 재정적 권한

1. 유럽의회

(1) 예산심의권

봄에 위원회는 예산초안을 작성하는데, 이 초안은 각료이사회가 채택하는 예산안의 근간이 되며 각료이사회는 이를 의회에 보낸다.[14)] 의회는 의회예산위원회 및 특별위원회가 이 초안을 먼저 검토하며, 본회의는 수정을 권고할 수 있다. 그런데 룩셈부르크 조약

---

13) 1974년 프랑스 대통령 지스까르 데스땡과 독일 수상 헬무트 슈미트에 의해 제안되고 1986년 2월 유럽단일협정에 의하여 창설된 유럽이사회(le Conseil européen)는 1949년 5월 5일 런던 조약에 의해 벨기에, 덴마크, 프랑스, 아일랜드, 이탈리아, 룩셈부르크, 노르웨이, 네델란드, 영국, 스웨덴 등의 10개국의 조인을 거쳐 창설되고 현재 45개의 회원국을 가지고 있는 유럽(인권)위원회(le Conseil de l'Europe)와는 완전 별개의 기구이다.(Documentation française, L'Union européenne et le projet de Constitution, 2004, p.8)

14) http://europa.eu.int/institutions/parliament/index_fr.htm (2005년 9월 30일 검색)

이래 예산은 '강제적인 부분'(필수경비)과 '비강제적인 부분'(비필수경비)으로 구분되고 있는데, 예산의 약 4/5를 구성하면서 조약의 규정에 따라 주로 농업분야에 대한 지출로 구성되는 강제적 부분[15]에 대해서는 각료이사회가 최종결정권을 지니고 있기 때문에 유럽의회는 거의 권한이 없는 반면, 각료이사회를 거쳐 집행위원회가 제출하는 비강제적인 부분에 대한 예산안에 대해서는 수정할 권한을 가지고 있다. 그러나 이렇게 수정된 예산 역시 각료이사회에 의해 거부될 수 있다.

이러한 예산은 (1) 공동체국가 외의 비회원국에 대한 국가에서 걷는 관세, (2) 제3국에서 수입된 농산품에 대한 세금(총 수입의 1/3 정도), (3) 공동체 내의 물품과 서비스에 대한 세금의 1.4%(총 수입의 1/2) 및 (4) 회원국 각각의 경제력에 따라 정해지는 부과금(그 국가 GNP의 1.2%까지 거둘 수 있음)으로 구성된다.[16]

(2) 행정부에 대한 관리감독권

유럽의회의 최초의 주된 기능은 감사와 자문이었다. 그래서 정책자문과 감사기능을 현재도 유지하고 있지만 유럽회계법원이 중앙기구로 승격한 이후 감사부분에서 역할 분담이 이루어지고 있다. 유럽의회는 유럽연합에 의해 수행되는 모든 절차를 감독할 권한이 있으며, 집행위원회와 각료이사회의 장 및 고위간부들은 유럽의회에 출석하여 의원들의 질문에 답변할 의무를 지니고 있다.[17]

---

15) 그 외 제3국과의 협약에 따른 경비도 필수경비에 속한다.

16) Documentation française, L'Union européenne et le projet de Constitution, 2004, p.53.

17) Documentation française, L'Union européenne et le projet de Constitution, 2004, p.54.

2. 각료이사회

각료이사회는 각 회원국들의 개별적 이해를 대변하면서도 그러한 이해들을 조정하는 역할을 수행한다. 그런데 각료이사회는 법적으로는 단일의 기구이지만, 안건에 직접 관련을 지닌 회원국 각료들의 회의인 만큼 그 형태가 매우 복잡하다. 나아가 각료이사회는 입법권과 더불어 특정 사항들에 대한 집행권도 보유하고 있다.

각료이사회는 예산과 대외협정 및 기타 주요정책에 관한 결정권을 가진다.[18)]

(1) 예산안심의권

공동체 예산안은 집행위원회가 편성해서 매년 9월 1일 이전까지 각료이사회에 제출하게 되며 이를 심의, 확정하는 권한은 각료이사회와 유럽의회가 지닌다.

이때 각료이사회는 자신이 심의해 '가중다수결'로 채택한 예산안을 유럽의회에 이송하여 심의를 받도록 한다.

(2) 대외협정체결권

각료이사회는 대외협정 과정에서 집행위원회와 더불어 일련의 권한을 행사한다. 이때 대외협정의 입안과 협상은 집행위원회가, 협정체결권은 각료이사회가 가진다.

결국 EU 차원에서 새로운 정책을 입안하거나 기존 정책을 수정해야 할 경우 각료이사회의 승인을 받아야 이를 행할 수 있다. 이는 곧 EU의 모든 법령과 기타 주요 정책에 대한 최종적인 결정권

---

18) http://europa.eu.int/institutions/council/index_fr.htm (2005년 9월 30일 검색)

을 각료이사회가 가지고 있음을 뜻하며, 그 범위 역시 방대하다. 이 점에서 각료이사회는 EU의 기구 중 가장 강력한 권한을 지닌 기구라고 말할 수 있는데, 이는 EU가 유럽수준의 연방국가적 성격을 일정하게 지니면서도 주요하게는 유럽 국민국가들 간의 국가연합체에서 벗어나지 못하도록 만드는 핵심적인 측면에 속한다.

3. 유럽이사회

각국의 수상 또는 대통령, 유럽이사회 의장, 집행위원회 위원장 및 외무장관 등으로 구성되는 '유럽이사회'는 '각료이사회'의 특별 모임이라고 할 수 있다. 유럽헌법 제I-21조에 의하면 유럽이사회는 의장의 소집으로 분기별 1회(3개월에 1회) 회의가 소집되며, 유럽이사회의 결정은 헌법에서 달리 규정하고 있지 않은 한 '합의(consensus)'로 이루어진다고 규정[19]하고 있다.[20] 그래서 유럽이사회는 경우에 따라 회원국의 각료들이 합의에 이르지 못한 사안들을 중재하거나 협상을 촉진시키는 역할을 수행한다.

또한 제I-22조에서는 "유럽이사회가 유럽집행위원장의 동의하에 가중다수결에 의해 유럽외무장관을 임명하고 유럽연합외무장관은 공동외교안보를 담당하고 외교정책을 담당한다"라고 규정하고 있고 제I-39조 2항에서는 "유럽이사회는 연합의 전략적 이익을 확인하고

19) 마스트리히트조약 제148조 1항에 따르면 별도의 규정이 없는 한 이사회는 구성원의 과반수이상의 찬성으로 의결할 수 있었다. 그러나 조약의 대부분에 대해 이사회는 '가중다수결제'(Qualified Majority Voting)를 의결방식으로 채택하고 있었으며, 정치적으로 주요하고 민감한 부분에 대해서는 여전히 '만장일치제'를 채택하고 있었다.

20) Jacques Ziller, La nouvelle constitution européenne, op.cit., pp.12-13 : Documentation française, L'Union européenne et le projet de Constitution, 2004, p.45.

그 외교정책과 공동안보의 대상을 정한다"라고 하여 실질적으로 유럽이사회가 공동외교안보정책의 핵심적 역할을 하고 있다.[21)]

4. 유럽(집행)위원회

유럽집행위원회의 기능과 권한은 유럽이사회의 그것과 밀접하게 결부되어 있으며 서로 깊은 연관성을 지니고 있다. 유럽집행위원회는 조약을 수호하기 위한 '제소권'과 행정부의 권한에 속하는 '발의권', 집행권, 대외협상권 등을 지니는데,[22)] 그 역할을 '조약수호자'로서의 역할, '행정부'로서의 역할로 나누어 고찰할 수 있다.[23)]

(1) '조약수호자'로서의 역할

유럽집행위원회는 조약과 조약에 근거하고 있는 공동체법 및 규정들의 성실한 이행을 독려하고 감독하는 '조약수호자'(Guardians of the Treaties)로서의 역할을 수행하고 있다. 만약 회원국이 조약에 따라 부여된 의무를 정당한 이유 없이 수행하지 않을 경우, 이를 유럽사법재판소에 재소할 권한을 가지고 있다.[24)]

그러한 면에서 '유럽집행위원회'는 국민국가의 이익을 직접적으로 대변하는 '각료이사회'에 비해 훨씬 전유럽적, 연방주의적 지향

---

21) http://www.info-europe.fr/document.dir/fich.dir/QR000947.htm (2005년 9월 30일 검색)

22) http://europa.eu.int/institutions/council/index_fr.htm (2005년 9월 30일 검색)

23) Jacques Ziller, La nouvelle constitution européenne, op.cit., pp.19-22 : Documentation française, L'Union européenne et le projet de Constitution, 2004, p.49.

24) Documentation française, L'Union européenne et le projet de Constitution, 2004, p.49.

을 지니고 있으며, 유럽 차원의 사회적, 지역적 통합에도 보다 적극적인 태도를 취하고 있다

(2) '행정부'로서의 역할

(1) 각료이사회가 심의, 의결하는 모든 안건은 원칙적으로 집행위원회만이 입안하고 제출할 권한을 가지고 있다. 이때 안건 입안 시에 지켜야할 원칙으로서는 (i) 유럽 전체에 이익이 될 것, (ii) 각국 정부와 정당, 산업체 및 이익집단들로부터 가능한 한 광범위한 자문을 구할 것, (iii) 보충성의 원칙을 지킬 것 등이다.

(2) 집행위원회는 공동체의 정책을 실행하는 과정에서 긴급 사안이 발생할 경우 유럽이사회의 승인을 거치지 않고서도 필요한 긴급조치를 취할 수 있다. 이러한 권한은 주로 통상정책부분에서 행사되고 있는데, 그 예로서는 긴급 수입제한조치, 덤핑규제조치 등이다.[25]

(3) 집행위원회는 대외관계에서 EU를 대표하며 유럽이사회의 승인과 유럽이사회가 내린 지침 내에서 제3국 정부나 국제기구 및 민간기구 등과 협정 체결을 목적으로 하는 각종 대외협상을 진행할 권한을 가진다. 그러나 대외협상의 결과를 인준하는 권한은 유럽이사회에 있다.[26]

(4) 집행위원회는 공동체기금과 일정한 공동체예산을 관리-집행할 권한을 가진다. (유럽연합의 예산에는 공동체예산 이외에 (1) ACP 국가들-African, Caribbean and Pacific States)로 로마협정의 상대국들) 및 동유럽국가들에게 기부금 형태나 유리한 조건으로 대부

25) Documentation française, L'Union européenne et le projet de Constitution, 2004, p.49.

26) Documentation française, L'Union européenne et le projet de Constitution, 2004, p.49.

해 주는 '유럽개발기금'(EDF; European Development Fund)과 저개발 EU회원국을 지원하기 위한 '결속기금'(CF; Cohesion fund) 등이 있다.)

그간의 유럽통합의 확대-심화과정은 위원회의 권한 및 위상의 강화과정과 결부되어 있다. 이 점에서 위원회의 권한 및 위상 강화과정은 유럽연합의 초국가적 유럽국가로의 발전 전망 등과 관련하여 중대한 의미를 지니고 있다.

Ⅳ. 사법적 권한

유럽연합사법재판소는 회원국 3분의 1이상에 효력을 발하는 유럽법, 유럽범주법, 각료이사회의 법령, 집행위원회의 법령, 유럽중앙은행의 법령, 권고와 의견, 유럽의회의 법령, 유럽이사회의 법령과 연합의 기구와 기관들의 활동에 대한 적법성을 통제한다.

위의 사항을 위하여 유럽연합사법재판소는 회원국, 유럽의회, 각료이사회와 유럽집행위원회에 의하여 제소된 무권한, 중대한 형식의 침해, 헌법 또는 그 적용에 관한 모든 법규의 침해 또는 권한유기에 대한 소송에 대하여 판결권이 있으며 마찬가지로 회계법원, 유럽중앙은행과 지역위원회에 의하여 제소된 소송도 판결할 권한이 있다.[27]

한편 이러한 권한을 가지고 있는 유럽연합사법재판소는 유럽사법재판소, 유럽법원(=제1심재판소)과 특별재판소를 포함한다.[28] 그러므로 이들 재판소의 권한을 분설하여 논하겠다.

---

27) 한편 자연인과 법인도 유럽사법재판소에 제소할 수 있으나 직접성을 가져야 한다.

28) 제1편 제1장 제29조 1항.

1. 유럽사법재판소

(1) 소송의 권한

유럽사법재판소에의 소송에는 '직접소송'(direct action)과 '선결적 판결'(prelinary action)의 두 가지가 있다.[29] '직접소송'은 개인, 법인, 회원국 또는 공동체기관이 직접 소송을 제기하는 것을 가리키는데, 이 소송은 처음부터 유럽사법재판소에서 개시되고 또 거기에서 종결된다. 이와는 달리, '선결적 소송'은 회원국의 국내법원의 요청에 의해 유럽사법재판소가 유권적으로 공동체법을 해석하거나 그 유효성 여부를 판단하는 절차이다. 다시 말해, 회원국법원의 '부탁명령'(order for reference)이 있을 경우 선결적 판결절차가 개시되는데, 이때 행하는 유럽사법재판소의 기능은 국내재판소의 판결을 돕는 데에 있다. 이와 관련되어 유럽사법재판소(European Court of Justice: ECJ)는 공동체 권한의 불가침성을 보장[30]하는 한편, 이를 발전시키기 위해서도 많은 노력을 했는데,[31] 특히 1963년 2월 5일자 Van Gend en Loos 판결에서 "EC는 국제법의 새로운 질서를 구성한다. 따라서 회원국들은 그들의 주권적 권리를 제한해야 한다.…"는 점을 강조했다.[32]

---

29) 유럽사법재판소는 마스트리히트조약 및 제반 공동체법에 대한 해석과 그 적용을 최종적으로 판결함으로써 공동체법의 이행을 보장하는 역할을 수행한다. 그러나 마스트리히트조약에 의거, EC 이외의 유럽연합의 다른 두 기둥인 '공동외교안보정책'(CFSP)과 '내무사법분야에서의 협조'에 대해서는 관여할 권한이 없다.

30) Arrêt de la Cour du 14 décembre 1971, Commission c. République française, aff. 7/71, Rec. p.1003.

31) Arrêt de la Cour du 31 mars 1971, Commission c. Conseil, "AETR", aff. 22/70, Rec. p.263.

32) Arrêt de la Cour du 5 février 1963, Van Gend en Loos, aff. 26/62, Rec. p.3.

(2) 소송의 종류

유럽사법재판소의 판결과 심리를 요하는 소송에는 크게 보아 3가지가 있다.[33)]

1) 무효소송(le recours en annulation)

회원국 정부나 이사회 또는 위원회가 유럽법원에 제소하여 특정 규정이나 조치의 무효를 청구하는 소송을 가리킨다. 공동체 역내의 법인이나 개인이 제소하려면, 그들이 공동체적 규정이나 조치의 직접적인 이해당사자여야 한다.[34)]

2) 이행청구소송(le recours en manquement)

각료이사회나 집행위원회, 또는 회원국이 기본조약이나 이에 근거해서 제정된 법령과 규정이 정하는 바의 의무를 제대로 이행하지 않거나 그 이행을 태만히 하고 있다고 판단할 경우 이행청구소송을 제기할 수 있다. 유럽법원이 이를 인정하는 판결을 내리게 되면, 해당 기구나 회원국은 판결의 이행에 필요한 조치를 취해야 한다. 그런데도 회원국이 필요한 조치를 취하지 않을 경우 위원회는 재차 의무이행을 촉구하는 '정당한 이유가 있는 의견'을 전달한다. 그래도 정해진 기간 내에 필요한 조치가 행해지지 않을 경우에는 해당 회원국에게 부과할 벌금을 명시한 소송을 제기할 수 있다.[35)]

---

33) http://europa.eu.int/institutions/court/index_fr.htm (2005년 9월 30일 검색)

34) Documentation française, L'Union européenne et le projet de Constitution, 2004, p.65.

35) Documentation française, L'Union européenne et le projet de Constitution, 2004, p.65.

3) 선결적 판결로서 유권해석(le renvoi préjudiciel)

유럽법원은 근거 조약과 법의 해석에 대하여 국가적 판결을 요구할 수 있다. 이 절차는 공동체법의 일치 적용을 확보할 수 있다.[36]

(3) 소송절차

1) 직접소송과 항소(direct actions and appeals)의 경우

제소(written application) → 피고측에 제소되었음을 송달(service of application on the defendent) → 관보에 제소내용 공시(publication of the application in the official journal) → 피고측 변론(defendence) → 원고측 답변(reply) → 피고측 재답변 (rejoinder)

(이상 서면절차) → 공청회(pubic hearing)와 공개법정(open court)에서 법무심의관의 의견제출 → 심리(delebration) → 판결

2) 선결적 판결(preliminary rulings)의 경우

회원국의 법원의 요구 → 선결적 판결을 위한 요구를 공동체 회원국의 언어로 번역하여 당사자와 회원국 및 공동체기구에 송달 → 관보에 공시 → 해당법원과 회원국 및 공동체 기구들의 소견 제출 (이상 서면 절차) → 공청회와 공개법정에서 법무심리관의 의견 제출 → 심리 → 판결

2. 유럽법원(=제1심 재판소-TPI)과 특별재판소

1989년 창설되어 2004년 5월 1일 각 회원국에 의하여 임명된 6년 연임의 25명재판관으로 확대된 유럽법원[37]은 유럽헌법 제3편

36) Documentation française, L'Union européenne et le projet de Constitution, 2004, p.66.

제III-365, III-367, III-370, III-372, III-374조에 규정된 소송의 일차적 재판권한이 있다. 그러나 III-359조의 적용에 의하여 창설된 특별재판소에 부여된 소송[38]과 유럽연합사법재판소법에 의하여 유럽사법재판소[39]에 보유된 소송은 제외된다.[40]

한편 유럽법은 특별한 문제에 대한 소송에 대하여 일차적 심사를 할 수 있는 특별재판소를 유럽법원의 부속 하에 창설할 수 있다.[41]

Ⅳ. 결론

유럽헌법조약안은 대표민주주의원칙에 그 근거를 두고 있다. 유럽시민은 유럽의회에, 회원국은 유럽이사회 및 각료이사회 등에 그 대표권을 부여하고 있다. 이러한 대표성 부여의 문제는 유럽연합 집행부의 권한분배와 밀접한 관계가 있다.

그러나 유럽집행위원회나 각료이사회에 비하여 유럽시민으로부터 직접적 대표성을 부여받은 유럽의회의 권한이 적다는 것은 유럽연합 체제의 민주적 정당성에 대하여 재고해 볼 필요가 있게 한다.[42]

---

37) 유럽법원은 유럽사법재판소가 유럽통합에 적극적인 자세로 사건을 처리함에 따라 사건이 폭주하게 되자 과중한 업무부담을 경감시키기 위해 1986년 단일유럽협정(Single European Act)을 통하여 탄생하였다.

38) 하지만 유럽법원은 특별재판소의 결정에 대하여 항소한 소송에 대하여 재판할 권한이 있다.

39) 유럽사법재판소는 연합의 단결과 결속에 중대한 위험이 있는 경우에 유럽연합재판소법에 의하여 규정된 조건과 한계 안에서 유럽법원의 결정을 예외적으로 재심사할 수 있다.

40) 제3편 III-358조.

41) 그것은 유럽집행위원회의 제안과 유럽사법재판소의 자문 후 또는 유럽사법재판소의 요구와 유럽집행위원회의 자문 후에 채택된다(제3편 III-359조).

42) 1979년 유럽의회가 유럽인들의 직접선거에 의해 구성됨으로써 유럽의회는

다시 말해서 유럽시민의 기본적 권리의 보장을 위하여 존재하는 유럽연합의 집행기구들이 회원국 간의 상호 이익에 집착한 나머지 유럽시민의 의지에 반하는 행위를 할 경우를 완전히 도외시 할 수 없다는 것이다.[43)]

그러므로 유럽시민으로부터 직접적인 대표성을 부여 받지 못한 기구에게 과도한 권한을 부여하고 있는 현재 유럽헌법안은 상당한 문제점을 가지고 있고 이러한 문제점들을 해결하기 위해서는 일부 사항에만 적용되고 있는 가중다수결제도와 집행기구 상호간의 통제를 더욱 확대할 필요가 있으며, 이들에 대한 통제를 유럽사법재판소나 회계원 등의 일부 통제기관으로 한정할 것이 아니라 유럽시민의 주권 또는 시민권으로부터 도출되는 통합적 통제기구를 두는 것이 필요하다.

다시 말해서, 유럽연합국가의 기능이 순기능을 하기 위해서는 집행기구의 권한과 그에 대한 통제가 [유럽시민으로부터의 정당성]에서부터 출발하여야 한다는 것이다.

주제어 : '유럽의회'(the European Parliament, le Parlement européenne), '유럽이사회'(Council of the European, le Conseil européen), '각료이사회'(the Council of Ministers, le Conseil de ministres), '유럽(집행)위원회'(Commission of the European, la Commission européenne), '유럽연합사법재판소'(The Court of Justice of the European Union, la Cour de justice de l'Union européenne)

초국가적 민주주의의 유일한 최초의 실험으로 인식되고 있기 때문이다.

43) 이러한 부분은 유럽연합의 중요한 두 축을 이루고 있는 프랑스와 네덜란드의 국민투표에 의한 비준 과정에서도 어느 정도 확인 되었다.

참고문헌

채형복, "유럽헌법의 제정을 둘러싼 법적 쟁점의 검토 – 유럽헌법초안을 중심으로", 영남법학, 제10권 제1호(영남대학교 법학연구소, 2004. 2), pp.195-227.

Christiane Gouaud, "Le projet de Constitution européenne", RFDC, n° 22, 1995, pp.287-319.

Documentation francaise, L'Union européenne et le projet de Constitution, 2004.

Jacques Ziller, La nouvelle constitution européenne La découverte, 2004.

Laurent Coutron, L'Union européenne et le projet de Constitution, Broché, 2005.

Olivier De Schutter et Paul Nihoul(dir.), Une Constitution pour l'Europe, Larcier, 2004.

Olivier Gohin, La nouvelle Union européenne : Approches critiques de la Constitution, Broché, 2005.

Paul Allié, Une Constitution contre la démocratie ?, broché, 2005.

http://europa.eu.int/documents/index_fr.htm

<Résumé>

Le domaine de l'exercice des compétences entre les institutions principales dans la Constitution européenne

Chung, Jong-Gil*

La classification traditionnelle entre pouvoir exécutif, législatif et judiciaire est difficile à établir, surtout entre le Législatif et Exécutif car : - les compétences dans le ≪triangle institutionnel≫ (commission, Conseil de l'Union et Parlement) se chevauchent ; - les mêmes institutions fonctionnent dans les trois piliers composant l'Union européenne(UE), mais avec des pouvoirs différents selon le pilier concerné.

Néanmoins, on peut dégager les traits suivants :

Pour le pouvoir législatif :

La Commission européenne dispose du monopole de l'initiative pour les affaires communautaires (1er pilier). Elle propose les textes et définit leur base juridique qui détermine la procédure à suivre. Par contre, pour la politique étrangère et de sécurité

*

commune et pour la coopération policière et judiciaire en matière pénale(eme), ce droit d'initiative est partagé avec les Etats membres de l'UE ;

Le Conseil des ministres et le Parlement sont co-législateurs dans le cadre du 1 er pilier : le pouvoir législatif du Parlement s'exerce la plupart du temps selon la procédure de codécision mais, pour certaines politiques, il garde un rôle consultatif. Les décisions des 2e et 3e piliers, qui sont intergouvernementales, relèvent du seul Conseil.

Pour le pouvoir exécutif :

Le pouvoir exécutif est du ressort de la Commission européenne et du Conseil de l'Union. La Commission est notamment chargée de l'exécution du budget. Par ailleyrs, le Conseil de l'Union délègue dans la plupart des cas ses compétences à la Commission pour l'exécution des règles communautaires.

Pour le pouvoir judiciaire :

La Cour de justice Communautés européenne en tant que gardienne des traités veille avec elle à l'application du droit communautaire par tous les Etats membres.

Le Conseil européen, enfin, instance intergouvernementale, donne l'impulsion au développement de l'Union et aux politiques à mettre en ce oeuvre pour ce faire.

유럽헌법상의 보충성원칙*

전 훈**

Ⅰ. 시작하는 말

10여 년 전부터 보충성원칙은 유럽공동체의 운영과 그 미래에 관한 법적·제도적 논쟁의 핵심에 있다는 점에 대해 다툼의 여지가 없다고 할 수 있다[1]. 또한 보충성의 어원상 많은 법 영역에서 보충적(subsidaire)이라는 수식어를 차용하고 있다. 그러나 이른바 원칙이라는 피수식어 앞의 보충성은 어원에서 비롯되는 부차적(副次的), 2차적, 차선(次善)적인 의미의 기저에 일정한 인간 공동체의 조직 내지는 관계를 전제로 하고 있음을 인정해야 한다.

보충성원칙은 유럽법의 기본원칙 이전에 인간과 교회, 연방주의에서의 연방(聯邦)과 지방(支邦)[2], 그리고 최근에는 단일국가에서의

---

* 본고는 공법학연구 제6권 제3호(한국비교공법학회, 2005.2.)에 게재되었습니다.

** 경북대학교 법과대학 강사, 법학박사

1) J.-L. Clergerie, Le principe de subsidiarité, Ellipes, Paris, 1997, p.5.

지방분권의 내용인 국가와 분권화된 지방자치단체간의 권한배분의 조정원칙[3])으로 등장한다. 그렇지만 유럽연합 건설과정의 제 조약과 유럽헌법 I-11조[4])상의 보충성원칙은 그 개념정의에 대한 합의가 없다는 점에 합의가 이루어 질 정도로 개념정의의 모호성과 보충성원칙의 역동성[5])을 함께 포함하고 있다.

현재 일반적으로 설명되는 유럽헌법상 보충성원칙은 유럽연합의

---

2) 연방주의에서 보충성원칙은 연방과 지방간의 수직적 권한분리를 보장하는 원칙으로서 조정원칙(principe de régulation)을 통해 구체화 된다. 보충성원칙이 연방주의 하에서 권한배분원칙의 회전자(rotor)인 반면에 연방과 지방의 권한배분의 원칙의 고정자(stator)로는 참여의 원칙과 자치의 원칙이 있다. 참여의 원칙은 연방에 참여하는 지방(支邦 · Etats fédérés) 전체는 연방권력에 참여해야 한다는 것을 의미한다. 지방은 연방기관에 종속되지 않으며 참여원칙은 종속이 아니라 협동(력)의 권리라는 점에서 참여원칙이 연방주의 핵심적 흔적이라고 평가받는다. G. Scelle, "Précis du droit des Gens", 1932, rééd. CNRS, 1984, p.196.

3) 졸고, 보충성원칙(le principe de subsidiarité)에 관한 고찰, 성균관법학 제16권 제2호, pp.351-352.

4) http://europa.eu.int/constitution/fr/ptoc4_fr.htm (검색일: 2005년 7월 29일)

1. 연합의 권한의 한계는 권한 분배의 원칙에의 의해 규율된다. 연합의 권한의 사용은 보충성 및 비례의 원칙에 의해 규율된다.
2. 권한 분배의 원칙상 연합은 헌법상 규정된 목표를 달성하기 위하여 헌법에서 회원국에 의해 부여된 권한의 한계 내에서 행동한다. 헌법에서 연합에게 부여하지 않은 권한은 회원국에게 있다.
3. 보충성의 원칙상 그 배타적 권한에 포함되지 않은 영역에서 연합은 오직 만약 의도된 행동의 목표가 중앙 혹은 지역 및 지방적 차원에서 회원국에 의해 충분히 달성될 수 없고, 반면 제안된 행동의 규모 혹은 효과를 이유로 유럽 차원에서 보다 더 달성될 수 있는 경우에 한하여 행동하여야 한다. 연합의 기관은 헌법에 부속된 '보충성 및 비례의 원칙의 적용에 관한 의정서'에 규정된 보충성의 원칙을 적용하여야 한다. 국내의회는 의정서에 규정된 절차에 부합하여 그 원칙의 준수를 보장하여야 한다.
4. 비례성 원칙상 연합의 행동의 내용과 형식은 헌법의 목표를 달성하는 데 필요한 정도를 넘어서는 아니 된다. 기관은 동조 3항에 언급된 의정서에 규정된 비례의 원칙을 적용하여야 한다.

5) C. du Granrut, La citoyenneté européenne- Une application du principe de subsidiarité, LGDJ, Paris, 1997, p.71.

권한행사는 회원국(중앙정부차원과 지방차원)에 의해 충분하게 달성되지 못하고, 연합수준에서 최적으로 실현되는 경우에만 정당화 된다는 것을 의미한다.

본고는 유럽헌법상의 보충성원칙에 대한 개념해석과 보충성원칙의 통제에 관한 메카니즘에 대한 검토를 목적으로 하고 있다[6]. 이를 위하여 보충성원칙의 상이한 개념에 관한 선행 작업으로서 보충성의 의미와 접근 방법을 유럽법의 수용에 관한 상반된 시각과 절충적 관점에서 보충성원칙의 의의를 검토하고(II), 유럽연합조약 3B조를 통해 EU에서 공식화된 보충성원칙의 내용을 분석한다(III). 그리고 2004년 10월 29일 로마에서 회원국 정상들에 의해 서명된 유럽헌법조약[7] I-11조가 정하고 있는 연합의 권한행사의 기본원칙으로서의 보충성원칙의 위반을 이유로 한 회원국의 통제 메카니즘을 프랑스 하원내의 유럽연합위원회의 보고서를 중심으로 살펴보기로 한다(IV). 마지막으로 유럽헌법상 규정된 보충성원칙을 유럽헌법의 가치(I-2조)에서 나타난 민주주의와 다양성을 위한 전제로서의 인간의 존엄과 가치를 위한 인간 공동체의 조직원리라는 소박한 의미의 보충성의 가치에 대한 확인에 의미를 두면서 유럽헌법상의 연합과 회원국의 권한행사의 기본원칙인 보충성원칙에 관한 연구의 단초를 제공하고자 한다(V).

6) 후술하는 인용 자료에서 보듯이 유럽헌법상의 보충성원칙은 주로 정치학 내지는 지역학 연구의 관점에서 논의되었다. 법학자들의 선행 연구 자료가 전무한 점은 유럽헌법 연구의 필요성이 그만큼 절실하고 긴박하다는 것을 보여준다고 생각한다.

7) 유럽연합의 공식 웹사이트 http://europa.eu.int 의 유럽헌법(Une Constitution pour l'Europe) 배너(banner)에서 원문(21개 언어)을 구할 수 있다.

Ⅱ. 보충성원칙의 의의

1. 보충성원칙의 등장

(1) 어원상・연혁상 나타난 보충성

보충성은 라틴어 Subsidium에서 비롯한다. Subsidium은 어원상 로마의 예비・보충병력, 필요시의 증원군의 파병(subsidio miterre), 지지・원조 내지는 보조를 의미한다[8]. 그리고 보충성이 주는 의미는 2등 혹은 차선(secondarité)이라는 관점과 보충 내지는 보완(suppletivité)의 관점으로 나누어 설명된다.

보충성원칙의 연혁을 보면 토마스 아퀴나스가 처음 언급한 것으로 알려져 있는데(Subsidiari officii principium), 실제로는 Aristoles가 언급했던 개념을 재구성한 것으로서, 국가의 모든 권력에 대해 개인을 우선적으로 보호하기 위해서였다[9]. 아리스토텔레스에 의하면(Politique, I.2.) 정치권력은 사회의 결핍에 대한 대처를 위해서만 등장한다. 가족이나 마을과 같은 사회집단의 영역에 있어서 자유로운 인간을 위한 정치권력의 보충적 의의는 긍정된다고 한다. 이러한 국가의 보충성 관념은 다음과 같이 요약 된다[10] : "인간이 국가보다도 더 오래되었고", "사회에 필요한 국가권력만이 통치하며", "국가는 그 자체로서 완성이 아니다".[11]

---

8) 행정조직상의 보충성 원칙은 이중 세 번째의 의미와 관련성을 가진다. 즉 사회공동체 속에서의 관계를 용이하게 하기위한 사회적 그룹의 조직을 돕기 위한 의미에서 파악된다.

9) F. Amerigo, La répartition des compétences dans le fédéralisme, in memoire DEA, 2000, p.31.

10) C. du Granrut, op.cit., p.15.

종교적 기원상 보충성원칙은 15세기에 와서 가톨릭교회이론으로 채택되어 교황청(Saint-Siège)과 가톨릭국가간의 관계를 정의하는데 사용되었다. 그리고 가톨릭교회에서 보충성원칙이 지역교구나 개인을 위한 것으로 발전하게 된 것은 19세기에 오면서부터라 할 수 있다.

보충성원칙에 논하면서 카논법상 보충성원칙을 언급하지 않을 수 없다. 가장 많이 언급되는 1931년의 교황 비오 11세(Pie XI)의 회칙상의 보충성원칙은 가톨릭교회의 조직구성 원칙뿐만 아니라 시민사회와 국가 간의 관계에서도 적용되는 인간 공동체의 조직 원리로서 확장되어 파악되어 지고 있다. 1931년 5월 15일의 40년 회칙(Quadragesimo Anno)을 통해 보충성원칙은 처음으로 명시화 되었고 이후 가톨릭교회의 지도자들을 통해 재차 확인되어졌다[12]. 1961년 5월 15일 교황 요한23세 회칙인 Mater et Magistra(어머니요 하늘)[13]에 뒤이어 1963년 4월 11일 교황 요한 23세회칙인 Pacem in Terris(지상의 평화)[14]에서는 "공권력과 시민, 가족 그리고 매개체는 보충성원칙에 의해 정해지고 균형을 유지해야 한다[15]고 명시하고

11) 아리스토텔레스의 정치학(Politicus) 제1편, 제1장과 2장은 국가의 정의와 구조에 대해 언급하고 있다. 다만 국내번역(이병길 · 최옥수 공역, 정치학, 중판, 박영사, 2004, pp.13-17)을 보면 각주 10)의 표현과는 차이가 있다. 국내번역의 경우 1975년 Benjamin Jowett의 대본을 토대로 출간되었다(역자 서문, 전게서, p.3).

12) J.-M. Pontier, "La subsidiarité en droit administratif", RDP, 1986, p.1520.

13) A.A.A., LIII, 1961, p.401 et s.

14) A.A.S., LV, 1963.

15) 앞의 Pacem in Terris, §140 : 각 정치공동체의 공권력은 개인, 가정, 중간단체의 관계에서처럼 보충성의 원칙에 의해 통제되어야 한다. 곧 이 원리에 따라 각 정치공동체들과 국제 공동체의 공권력의 관계들이 통제되어야 한다.
http://www.cbck.or.kr/pds/vatican/pope/JOHN23/pacem/pacem_index.htm(검색

있다. 1962~1965년에 걸쳐 바티칸에서 열린 공의회(2차 공의회)의 현대세계의 교회에 관한 사목헌장/ 제2부. 몇가지 긴급한 과제/ 제4장. 정치공동체 생활/ 73. 현대의 공공생활 ; 74. 정치공동체의 본질과 목적; 75.모든 사람의 공공생활 협력 부분[16]에서는 가장 넓은 의미에서 보충성원칙을 다루고 있다고 본다.

한편 보충성원칙이 종교적 기원을 가진다고 하지만 17세기에 들어오면서부터 점차적으로 종교적 색채를 벗기 시작하게 된다. 이러한 첫 시도는 Althusius(1557~1638)에 의해 많은 영향을 주게 되고, 뒤이어 Hobbes, Bentham과 John Stuart Mill과 프랑스의 A. de Tocqueville, B. Constant과 P.-J. Proudhon[17]도 같은 입장을 취하였다[18].

(2) 보충성원칙을 보는 시각

EU법상의 보충성에 대한 개념정립의 어려움은 EU와 주권국가인

일: 2005년 8월 3일)

16) http://www.cbck.or.kr/pds/council/05gaudium.htm#073 (검색일: 2005년 8월 3일)

17) 삐에르-요셉 프루동(Pierre-Joseph Pruhdon)의 경우 보충성에 대한 직접적 언급보다는 연방주의에 대한 생각을 통해 보충성의 의의를 해석해 볼 수 있다. 프루동은 사회의 형성과 그 속에서의 개인과 사회의 관계는 근대의 개인주의적인 계약사상에서처럼 개인이 사회의 하위개념으로 인식되는 것이 아니라 개인은 개별적으로 표출되는 사회의 하나의 표현양식으로 인식된다. 개인과 사회는 사회만이 개인에 대한 책임을 지는 것이 아니라, 개인 또한 사회와 또 다른, 사회의 표현양식들이 타인에 대해 책임지는 상호교차적인 내재성의 관계에 놓인다. 프루동에 의하면 인간은 타인의 자유와 존엄성을 인정하는 이성적 존재로 상호인식을 통해 연결되고 사회를 이루어 간다고 한다(김영일, 프루동(P.-J. Prhudon)의 연방주의와 민주주의의 이해, 국제정치논총 제41집 1호, 한국국제정치학회, 2001, pp.9-11에서 부분 인용).

18) F. Amerigo, *op.cit.*, p.34.

개별 회원국이 행사하는 권한행사에 있어 EU법의 수용이론과 관련을 가지지만[19] 기본적으로는 보충성의 개념이 가지는 정치(책)적 관점(au point de vue politique)에서 출발한다. 전통적인 집권적/ 분권적인 관점과 절충적 관점을 예상해 볼 수 있다.

첫째, 집권적 관점에서의 보충성원칙 개념은 1990년 유럽이사회에 재출된 Giscard d'Estaing 보고서에서 잘 나타난다. 동 보고서에 의하면 회원국은 연합수준에서 더 잘 달성될 수 있는 일에 관한 권한을 양도해야 하고, 국경을 넘어 확대되는 일은 유럽연합이 가져야 한다는 집권적 접근을 확인하고 있다[20]. 보충성은 연합의 권한을 강화하고 회원국의 잔여주권을 잠식해나간다는 견해이다. 주권양도의 의사와 연방국가와 같은 완전한 유럽통합을 지지하는 독일,

---

19) 이에 대한 분석은 제외하기로 한다. 다만 정창화(국가공동체로서 유럽연합(EU)형성에 관한 연구-유럽연합(EU)법의 수용에 대한 이론과 실제, 행정논총, 서울대학교 행정대학원, 2004, pp.60-64)의 분석을 인용하면 유럽연합 회원국 국내법 질서속의 수용에 관한 전통적인 국제법 이론은 일원론과 이원론 그리고 완화된 이원론으로 나누어진다. 국내법과 국제법은 별개의 독립된 질서가 아닌 통일된 상·하의 법질서로 보는 일원론은 EU법은 국내법으로서 성질을 그대로 가지고 그 자체로서 국내법적으로 수용된다. 국내법과 국제법이 서로 다른 별개의 법질서이므로 국내적으로 타당하려면 국내법으로의 변형(transformation)절차가 필요하고, 그 규범성격의 변형은 본질적 의미에서의 규범성격의 전환을 의미한다. 그리고 독일에서 지지를 얻고 있다는 완화된 이원론에 의한 집행이론은 EU법이 직접효력을 가지는 것은 국내적인 당연한 효력을 가지는 것이 아니라 (회원국내법으로)변형된 EU법이 아니라 그 자체로서 적용하라는 국내기관(독일 연방의회)의 집행명령이 필요하다고 한다.

20) 정창화, 전게논문, p.72; 동인, 유럽행정상 보충성원칙의 조작성과 사법심사성-유럽연합(EU)과 회원국간 사무권한의 규제 (국문요약부분), 한·독 사회과학논총, 한·독 사회과학회, 2002, p.300. 다만 아쉬운 점은 보충성원칙의 조작성과 사법심사에 관한 부분이 독일어로 작성되었다는 점을 부기하고자 한다.

프랑스, 베네룩스 3국은 EU법 수용에 있어 일원론 내지는 완화된 이원론적 입장으로 적극적이었고, 보충성원칙에 대해서도 연합의 지위강화를 지지하고 있다[21].

둘째, 분권적 관점은 더 큰 단위는 그것을 구성하는 더 작은 단위가 수행할 수 없거나 수행하기 적합하지 않은 기능만을 담당해야 함을 의미한다고 주장한다. 더 큰 행위주체는 단지 보충적 내지 부차적인 역할을 담당하는 것으로 만족해야 한다는 것이다. 중앙(연합)의 권한은 지방(회원국)적 수준에서 효과적으로 수행될 수 없는 일에만 적용되는 보충적 기능을 가져야 한다는 것이다.

유럽연합조약(TUE: Traité sur l'Union Européenne) 제1조가 밝히고 있는 연합의 제반결정이 가능한 시민들의 입장에서 채택되어야 한다는 점은 정치적 결정이나 정책이 가능한 낮은 단위의, 시민의 생활에 근접한 단위에서 내려져야 한다는 민주주의 원칙과도 상통한다고 한다[22].

세 번째로 절충적인 관점이 있다. J.-B. d'Honorio[23]는 보충성원칙을 공권력과 시민, 가족 그리고 매개체간의 균형유지의 원칙으로 설명하면서 사회공동체의 조직구성에 직접 관련된다고 설명한다. 그리고 보충성의 의미를 2중적으로 파악해야 한다고 한다[24].

---

21) 정창화, 전게논문, p.73.

22) 강원택, 유럽통합과 다층통치체제 : 지역의 유럽 혹은 국가의 유럽?, 국제정치논총 제40집 1호, 한국국제정치학회, 2000, p.126에서 재인용.

23) J.-M. Pontier, "La subsidiarité en droit administratif", RDP, 1986, p.1519.

24) J.-M. Pontier, "Le principe de subsidiarité au profit des collectivités territoriales", Revue juridique de l'Ocean indien, n°J 3, 2003~2004, Saint-Denis de la Reunion, p.12.

절충적 관점에 따른다면 보충성 원칙은 "개개인의 자율성을 속박하는 위험을 가진 사회조직체에 대하여 자치의 보호를 위해 주어진 모든 것"[25] 이라는 관점과 상위공동체나 조직의 개입의 제한이라는 2중적 관점을 의미할 수 있다. 다만 주의할 점은 보충성 원칙의 두 번째 관점을 하위공동체에 대한 국가의 개입을 저지하거나 억제하기 위한 논증으로 보기는 어렵다는 점이다[26].

절충적 관점의 경우 프랑스 공법분야에서 아직 일반적 견해로 정착된 것은 아니다. 그렇지만 공동체의 구성원들의 자유의 존중이 기본적인 명제로 받아들여지는 오늘날 일정한 공동체에서의 상위공동체의 기능이나 목표가 미리 정해진 것이 아니라는 점은 경청해 볼만하다. 보충성원칙을 인정하는 것은 일정하게 결정되어진 분야에서 보충성원리의 적용이 결코 그 분야가 부차적(secondaire)인 것으로 간주되거나 대체되는 것을 뜻하는 것이 아니라는 점으로 관점에서 파악되어야 한다는 점이다.

2. 보충성원칙의 모호성

유럽연합 헌법에 명시적으로 나타난 보충성원칙은 비례성원칙과 더불어 연합과 회원국 사이의 권한분배에 따라 연합의 권한의 행사에 관한 기본원칙으로 승인되었다. 그러나 아직도 보충성원칙에 대한 개념정의는 진행형이며 연합의 권한의 강화에 대해 소극적이라 할 수 있다.

---

25) J.-B. d'Honorio, "Le système institutionnel du Saint-Siège", Thèse droit, Aix-Marseille III, 1981, p.265.

26) J.-M. Pontier, "La subsidiarité en droit administratif", RDP, 1986, pp. 1520-1521.

(1) 진행 중인 보충성원칙의 정의

언급한 바와 같이 보충성원칙은 유럽헌법 I-11조를 통해 회원국과 유럽연합간의 권한배분에 관한 기본원칙의 하나로서 일정한 합의를 보았다고 하지만 그 개념정의에 대한 일의적 합의가 있다고 보기는 어렵다. 보충성은 용어상의 고전적 의미에서 본다면 법원칙이라고 단언하기에는 어려운 점이 있다. 왜냐하면 보충성은 상위의 기관의 행동을 하위 수준에서 문제의 해결책과 업무의 처리를 할 수 없는 경우에 제한하도록 기속하는 효력을 가지는 권력조정의 정치적 개념이기 때문이다. 그리고 보충성원칙은 권한의 정당화원칙(un pricipe de légitimation)이라 할 수 있으며 효율성, 관용(la tolérance)와 개인과 집단의 책임과 능력의 존중을 통해 기초를 이루고 있다[27].

보충성원칙은 인격주의(le personnalisme)를 기반으로 한다. 보충성원칙의 정의와 관련해서 동 원칙은 종국적인 사회공동체의 목표가 될 그 구성원의 인간의 존엄성과 책임의 존중의 요청의 진행과 관련된다.

(2) 유럽연합의 권한확장에 대한 제동의 기초

연방전체는 “전부(공동체)”와 “부분(회원국)”으로 구성된다고 설명하는 G. Heraud 교수는 보충성원칙은 부분(회원국)을 전부(공동체)의 차원으로 이끌어 낸다고 한다[28]. 보충성이 유럽연합과 회원

---

27) C. Granrut, La citoyenneté européenne -Une application du principe de subsidiarité, LGDJ, Paris, 1997, p.13.

28) Le Fédéralisme européenne et les principes du fédéralisme, Presee d’Europe, Paris, 1968, p.57.

국 간의 권한배분에 관한 여러 의문에 대해 내놓을 수 있는 최적의 답인가에 대해 비판적인 Monique Chemillier-Gendreau 교수는 Le Monde diplomatique의 기고를[29] 통해 "보충성원칙은 공동체의 권한의 행동영역이 (회원)국내 차원의 해결책을 발견할 수 없는 경우에만 제한된다고 이해되지만, 공동체의 권한이 통제받지 않는 정반대의 상황으로 표현될 수 있다"고 지적한다.

독일 연방헌법재판소는 보충성원칙이 유럽연합의 권한의 확대에 대한 제동수단이 될 수 있는 가에 대해 판단하고 있다[30]. 동 법원은 마스트리히트조약 판결[31]에서, 독일연방의회가 국민의 모든 권력을 대표하며 따라서 결코 포기될 수 없다고 한 독일기본법 제38조에 반한다고 판시하였다. 독일 연방헌법재판소는 국가권력이 보통선거에 의한 정당성을 전제로 해야 한다는 민주주의 원칙의 입장

29) Monique Chemillier-Gendreau, Le principe de subsidiarité : enjeu majeur, débats confus, Le Monde diplomatique, n°460, juillet 1992, p.13 (J.-L. Clergerie, op.cit., p.111에서 재인용).

30) Maastricht 판결에서 독일연방헌법재판소는 독일의 국가기관은 동의법률에 다른 권한이양을 통해서도 포섭되지 않는 EU기관의 법적 행위에 대해서 그 준수를 거부하여야 하고 또한 조약에 대한 확장적인 해석의 행위도 독일에는 아무런 구속력이 없다고 판시하고 다만 파생된 유럽공동체의 적용가능성에 대하여 그것이 유럽재판소의 판례라면 독일에서도 시행되어야 한다고 하여 유럽재판소의 협력관계를 강조하였다. 각주상의 독일판례의 국문번역은 장태주 집필부분, 유럽연합정부론, 엠-애드, 2002, pp.61-62에서 재인용.

31) 프랑스의 경우 마스트리히조약의 비준과 관련하여 3차에 걸친 조약의 위헌심사가 있었다. 프랑스 헌법위원회는 1992년 4월 9일(Décision 92-308DC, Rec. 55), 9월 2일(Décision 92-312DC, Rec. 76)과 9월 23일(Décision 92-313DC, Rec. 94) 결정 주문에서 법률에 의한 유럽연합조약의 비준의 허가는 헌법개정이 있어야만 가능하고(I), 1992년 2월 7일 체결된 마스트리히트조약은 프랑스헌법과 합치하며(II), 헌법 제 61조 2항에 따라 국민투표를 통해 가결된 유럽연합조약을 승인하는 법률조항이 헌법에 합치하는 가에 대한 판단권한이 없음을 선언하였다. 1992년 9월 20일 국민투표를 통해 유럽연합조약은 비준되었다.

을 취하지만 연방공화국(독일)을 초국가적 형태로 조직된 국가공동체의 한 구성원이 되는 것을 막지 못하는 유럽연합의 연방주의적 분석을 거부했다고 평가 된다32).

IV에서 후술하는 바와 같이 보충성원칙의 존중은 민주주의 원칙과 더불어 예상되는 유럽연합의 권한의 확장의 사법적 통제의 기초가 될 수 있다. 독일 연방헌법재판소의 입장은 연합의 우선적 지위의 강화는 당연히 헌법재판소의 통제를 받아야 한다는 점과 차이가 없다고 볼 수 있다.

Ⅲ. 유럽연합조약 제 3B조(유럽공동체조약 제5조)의 분석

보충성원칙은 1992년 12월 9~10일 양일간 네덜란드의 마스트리히트 시(市)에서 개최된 EC(유럽공동체)정상회담에서 경제통화동맹, 정치동맹에 관한 조약을 마련하여 유럽공동체를 대체할 유럽연합(Union Européenne/ European Union)를 구상한 유럽연합조약(Maastricht조약)에 등장함으로써 유럽연합의 창설원칙으로 인정받게 되었다33).

---

32) J.-L. Clergerie, *op.cit.*, pp.111-112.

33) 마스트리히트조약은 1993년 11월 1일자로 발효하였고, 1995년 1월 1일 자로 유럽연합이 성립하였다. 그러나 유럽헌법이 제정되기 전 까지 유럽연합은 법인성이 인정되지 않았고, 유럽공동체(Comunauté Européenne/ European Community)가 유럽공동체조약(EC조약) 제281조를 통해 명시적인 법인격을 부여받은 데 비해, 유럽연합은 유럽헌법 I-7조를 통해 비로소 유럽연합만이 단일한 법인격을 가지게 된다고 할 수 있다.

1. 유럽연합조약상의 보충성원칙의 기재

보충성원칙은 1985년 유럽위원회(Comission Européenne)의 위원장으로 취임한 Jacque Delors에 의해 향후 전개될 유럽연합의 제도적 틀을 위한 정치적 과제로 등장하였다. J. Delors는 정치와 경제의 분리는 불가능하며 경제적 통합에서 정치적인 통합으로 연합이 확대될 것을 강조하였고, 따라서 연합과 회원국간 그리고 지역과 지방간의 권한의 배분에 관한 전체적인 제도의 틀이 마련되어야 한다고 주장하였다[34]. 유럽의회는 보충성원칙에 관한 4개의 결의안[35]을 통과시키며, 보충성 원칙의 의미를 강조하였다.

보충성원칙은 1992년 2월 7일 유럽연합협약 제 3B조[36]에서 공식적으로 그 개념이 인정되었다[37]. 그러나 보충성원칙이 유럽공동

---

34) 김영일, 유럽통합에 나타난 연방주의 이념, 한국정치학보 제 39집 2호, 한국정치학회, 2005, p.95

35) 보충성원칙에 관한 결의안(1990.9.7), 보충성원칙의 적용에 관한 결의안(1992. 11.18), 보충성의 기본의의에 관한 결의안(1990.12.21), 유럽의회의 전략적 기준에서의 유럽연합을 위한 정부간 회의에 관한 결의안(1990.12.22).

36) 1997년 10월 2일 서명된 Amstrdam조약(발효: 1999년 5월 1일)의 규정에 의해 조문재배열을 거쳐 유럽공동체(Communaté Eropéenne)조약 제 5조가 되었다. J.-L. Sauron, L'application du droit de l'Union européenne en France, 2e édition, La docunentation française, Paris, 2000, p.24.

37) 유럽공동체조약 제5조 (유럽연합협약 3B조)의 번역(영문)은 정창화, 전게논문 p.74에서 재인용.

제 1문) 공동체는 이 조약에서 부여받은 권한과 할당받은 목표(objet)의 범위 내에서 행동한다.

제 2문) 공동체는 자신의 배타적 권한에 속하지 않는 분야에 있어서, 보충성원칙에 따라, 제한된 행위의 목표(the objectives of the proposed action/ objectifs de l'action envisagée)를 회원국들에 의해 충분히 달성할 수 없고, 따라서 제안된 행위의 규모(the scale of the propsed action/dimensions de l'action envisagée)나 효과에 의해 공동체가 더 잘 달성할 수 있는 경우에만, 그리고 그 범위 내에서만 행동한다.

제 3문) 공동체의 행위는 이 조약의 목표를 달성하는 데 필요한 수준을 넘

체 분야에서 전적으로 새로운 것만은 아니고 이미 1951년 4월 18일 파리조약(유럽석탄・철강조약, 1952년 7월23일 발효) 제5조[38)]에 묵시적으로 반영되고 있었다.

1992년 12월 영국 에딘버러(Edinburgh)에서 개최된 유럽이사회(Conseil Européen)는 보충성원칙이 공동체 차원에서의 권한 적용의 기준이 되는 기본원칙임을 재차 확인하였다.

한편 2004년 10월 29일 확정된 유럽헌법창설조약 I-11조 에서는 유럽연합은 목표로 하는 행동이 중앙 혹은 지역 및 지방적 차원에서 회원국에 의해 충분히 달성될 수 없고, 반면 제안된 행동의 규모 혹은 효과를 이유로 유럽 차원에서 보다 더 달성될 수 있는 경우에 한하여 행동하여야 한다고 규정하고 있다.

2. 보충성원칙의 3가지 지표(indications)

유럽공동체조약 제 5조 2항은 보충성원칙에 대한 다음 3가지 지표를 제공하고 있다.

첫째로, 보충성원칙은 공동체의 권한배분원칙이 아니라 공유권한[39)]의 실행방식에 관한 것이라는 점이다. 조약이 규정하는『공동체는 자신의 배타적 권한에 속하지 않는 분야에 있어서』의 의미는

을 수 없다.

38) 공동체는 유럽공동체조약 제308조(종전 235조)가 정하거나 상황이 요구되는 경우에만 생산에 관한 행동을 집행한다.

39) 유럽헌법이 분류하는 6가지의 권한 가운데, 공유권한(compétence paratagée/competence shared)은 연합과 회원국이 함께 그 권한을 공유한다. 따라서 회원국은 법적으로 구속력 있는 행위를 제정하고 채택할 권한을 가지고, 또한 회원국은 연합이 그 권한을 행사하지 않거나 혹은 행사를 중지한 범위까지 그들의 권한을 행사하게 된다(유럽헌법 I-12조 제2항).

회원국들과 공동체의 권한 사이의 엄격한 경계를 긋는 것이 아니라 각각의 경합적 권한의 분야에서 그 목표가 추구하는 상황과 필요성이 수반하는 분담(공유)을 구성할 수 있게 한다는 점이라 할 수 있다[40]. 그리고 공동체와 회원국에 잔존하는 권한의 경계선은 매우 엄격하고 후에 제308조가 된 제 235조의 규정상의 예외가 아닌 한 조약의 개정을 통해서만 변경할 수 있다.

둘째로는 공동체는 회원국을 대신하여 개입하는 것이 정당하다고 하는 증거를 제시해야 한다는 점이다. 조약문은 『공동체는 … 제한된 행위의 목표를 회원국들에 의해 충분히 달성할 수 없고 … 에만 행동 한다』고 규정하고 있다.

셋째는 공동체는 자신의 개입의 필요성을 양적 기준과 질적 평가 기준을 통해 입증해야 한다는 점이다. 조약문의 『제안된 행위의 규모』는 양적기준을 뜻하고 『제안된 행위의 목표』는 질적 기준을 의미한다.

Ⅳ. 보충성원칙 통제를 위한 새로운 메카니즘

유럽의회 의원 Inigo Mendez de Vigo를 대표로 하는 특별 실무단은 보충성원칙의 존중의 통제에 관해 회원국의 국내의회에 보충성원칙의 통제를 위임해야 한다는 데 조속한 합의를 도출하였다. 두 가지 시점에서의 통제 메카니즘이 예상되어지는 데, 하나는 사

40) M.-J. Martens de Wilmars, Du bon usage de la subsidiarité, Revue du marché unique européenne, n°4, 1992; J.-L. Sauron, *op.cit.*, p.25에서 재인용.

전적인 정치적 통제이고, 그 다음에는 필요한 경우에 이루어지는 사법적(juridictionnel)통제의 방법을 들 수 있다.

이러한 노란 색/빨간 색 카드(carton jaune/carton rouge) 메카니즘은 유럽이사회의 승인과 정부간 회담(Conférence intergovernmentale)을 통해 확인받았다[41].

1. Carton Jaune/ Yellow Card

(1) 회원국 국내의회에 대한 직접이송

회원국 국내의회에 대한 직접이송은 유럽헌법안의 중요한 변혁이라 할 수 있다. 왜냐하면 처음으로 유럽연합의 기관과 회원국 국내의회간의 직접적 관계가 규정되었기 때문이다.

더 구체적으로 보충성원칙의 적용에 관한 프로토콜은 모든 유럽입법행위안의 국내의회에 대한 직접송부절차를 규정하고 있다. 유럽연합의 입법행위를 채택하기 위한 위원회, 일부 회원국과 유럽의회의 발의(les initiatives)와 유럽재판소, 유럽중앙은행과 유럽투자은행의 요청(les demandes)의 경우에도 적용된다(프로토콜 제 3조).

보충성원칙의 적용에 관한 프로토콜상의 회원국 국내의회에 대한 직접 송부는 유럽연합에 관한 프랑스 헌법 제14장(2005.5.1. 개정전[42]에는 유럽공동체)의 제 88-4조 제 1항의 규정과 일치하지 않는

---

41) 프랑스 하원(Assemblée Nationale) 유럽연합위원회, 보충성원칙의 적용에 관한 보고서(Rapport d'Information sur l'application du principe de subsidiarité), p.8. 보고서 원문은 다음 URL을 통해 입수가능하다. http://www.assemblee-nationale.fr/12/europe/rap-info/i1919.asp (검색일: 2005년 8월 2일)

42) 정부는 유럽공동체와 법률적 성질을 가지는 유럽연합의 행위 안(projets)이나 제안(propostions)이 유럽이사회에 송부된 때에는 하원과 상원에 이를

점이 있다. 2005년 개정 전의 동 규정은 『정부(Gouvernment)』는 유럽공동체와 법률적 성질을 가지는 유럽연합의 행위 안(les projets)이나 제안(les propostions)이 유럽이사회(Conseil de l'Union Européenne)에 송부된 때에는 하원과 상원에 이를 송부한다(제1문). 또한 정부는 유럽연합의 기관에서 나오는 모든 행위 안이나 제안과 문서에 대해서도 하원과 상원에 송부할 수 있다(제2문)[43]고 규정하고 있다.

문제는 유럽연합의 입법행위안중 불과 일부만이 프랑스법상 법률사항(헌법 제 34조)에 속하고 프랑스 헌법상의 법률(la loi)과 행정입법인 명령(le règlement)의 법적 구별이 유럽연합에서 인정된다고 보기 어렵다는 점에 있다[44]. 그 결과 보충성원칙의 적용에 관한 프로토콜의 적용은 보충성원칙의 적용과 관련한 회원국 국내의회의 역할과 특히 백서(Livres blancs)나 녹서(Livre verts)와 같은 다른 문서의 국내의회에 대한 송부로 나타날 것으로 보인다.

이를 분설한다면 헌법 제 88-4조 규정에 의한 정부의 이송과 유럽연합의 기관의 보충성원칙의 적용에 관한 프로토콜에 의한 유럽입법행위안의 직접송부 및 유럽위원회(la Comission)의 국내의회의 역할에 관한 프로토콜상의 문서와 자문전반에 관한 직접송부로 나타난다고 할 수 있다[45].

살펴본 프랑스에서의 보충성원칙의 적용에 관한 의회(하원)의 보

송부한다. 또한 정부는 유럽연합의 기관에서 나오는 모든 행위안이나 제안과 문서에 대해서도 하원과 상원에 송부할 수 있다.

43) 2005년 5월 1일 개정된 헌법규정은 다음과 같다 : 정부는 유럽입법행위안과 법률사항을 포함하는 유럽연합의 다른 행위 안이나 제안이 유럽이사회에 송부된 후부터는 프랑스의 의회(Assemblée Nationale · 하원/ Sénat · 상원)에 이를 송부한다고 규정한다. 그리고 제 2문은 유럽연합의 기관에서 발행된 모든 문서와 행위 안이나 제안에 대해서도 동일하다고 규정한다.

44) 각주 41의 보고서, p.9.

45) 앞의 보고서, pp.9-10.

고서는 유럽헌법의 비준과 유럽연합에 관한 자국의 헌법개정을 전제로 작성되었다. 그러나 유감스럽게도 2005년 5월 29일 프랑스 국민투표의 결과는 부결로 나타났다. 그리고 보고서 제출 후 2005년 5월 1일 개정된 제 88-4조 규정이 보충성원칙의 적용에 관한 프로토콜과 전적으로 조율되었다고 평가하기는 어려운 것 같다.

(2) 사전경고(Alert précoce)절차 : 회원국 국내의회나 일원(양원제 국가)의 권리

보충성원칙의 적용에 관한 프로토콜은 사전경고 메카니즘으로서 회원국의 국내의회 혹은 국내의회의 양원 중 일원은 유럽입법행위안이 이송된 날로부터 6주 이내에 당해 입법안이 보충성원칙에 위반한다고 판단되는 이유를 기재한 의견서(avis)를 유럽의회의장, 유럽이사회와 유럽위원회 의장에게 송부해야 한다고 규정한다(제6조).

프로토콜 제 7조상의 재의결을 통해, 입법행위안을 제안한 유럽이사회나 유럽연합의 기관은 다음 3가지 가능성을 보유 한다 ; 입법행위안 원안의 유지 · 개정 · 철회(제 7조4항).

모든 경우에 있어 그 결정의 이유가 부기되어야 한다. 그러나 프로토콜에서는 규정의 재검토를 위한 기간을 정하고 있지 않고 있다. 다만 제안의 개정의 경우에는 그 유지나 철회에 비해 기간이 필요하다는 점은 예상해 볼 수 있다.

회원국 국내의회의 사전경고에 관한 권리의 실행은 이유를 기재한 의견서(avis)를 갖추어야 하고 기간의 엄격한 제약을 받는다. 사전경고는 입법행위안의 송부로부터 6주 이내에만 가능한데, 회원국의 국내의회가 사전경고 메카니즘을 통해 입법과정상 이미 의결된, 보충성원칙에 위반된다고 판단되는 개정안의 적합성을 주장하는 것은 인정되지 않는다. 그리고 비록 프로토콜은 보충성원칙과 비례원칙 양자를 명기하고 있으나 사전경고제도는 보충성원칙에 관한 것이지 비례원칙과는 무관하다.

재의결에 관한 1/3의 최소 의결정족수가 달성되면, 관련 연합기관은 재의결만 가능하며 개정이나 철회는 할 수 없다. 사전경고 메카니즘은 사전에 회원국의 국내의회에게 유럽입법행위절차에 있어 유럽위원회의 발의권에 대항하는 회원국에 인정된 권리라고 묘사되기도 한다[46].

2. Carton Rouge/ Red Card

보충성원칙의 정치적 성격은 사법적 통제의 존재와 관련해서 그 법적 성격에 대한 어려움을 함께 제공한다. 보충성원칙의 적용에 관한 프로토콜의 규정에 의하면 회원국은 유럽입법행위의 공표시로부터 2개월의 기간 안에 보충성원칙 위반을 이유로 제소할 수 있다.

(1) 보충성원칙의 위반과 사법통제

보충성원칙(위반)의 사법통제에 관한 보수적 입장은 동 원칙이 사회 철학적 문제로 출발했고 직접적으로 법적·헌법적 원칙이라 단언하기는 어렵다고 한다. 따라서 보충성원칙은 EU법질서 내에서 연합의 정치적 기관들에 대한 지침적인 원칙에 불과하고 법원에 의한 사법심사를 받아들이는 법의 일반원칙은 아니라고 파악된다.

전직 유럽재판소장인 Mackenzie Stuart경(卿)은 보충성원칙의 통

46) 프랑스 하원(Assemblée Nationale) 유럽연합위원회, 보충성원칙의 적용에 관한 보고서(Rapport d'Information sur l'application du principe de subsidiarité), p.10.

제의 적정성(l'opportunité)과 관련해 심각한 우려의 견해를 표명한다. 보충성원칙의 통제는 그 개념의 모호함만큼이나 혼란과 불확실성의 원천이 될 수 있을 뿐이고 그야말로 "재판관의 정부(gouvernement des juges)"로 귀결될 수도 있는 것이라고 유보적 입장을 밝히고 있다[47]. 보충성원칙은 공동체입법의 필요성이나 적정성을 결정해야 하는 것이 아니라 어떤 조치를 통해 회원국의 다양한 법질서와 조화를 이루거나 해결해야 하는지를 결정하게 된다. 보충성원칙이 취소 또는 개정의 대상이 되는 입법행위의 준거기준으로 유럽재판소에 맡겨지게 된다는 점에서 보충성원칙의 유럽재판소에 의한 사법심사는 공동체법의 혼란과 불확실성의 우려로부터 벗어날 수 없게 될 수도 있다.

한편 유럽입법행위에 관한 회원국의 제소와는 다른 문제이긴 하지만, 회원국의 법정에서 보충성원칙에 반하는 유럽연합의 조치가 사법심사의 대상이 된다면, 담당 회원국내법원은 CJUE[48]에 이송하여야 하고, CJUE는 보충성문제와 관련하여 씨름해야 할 것인가 예상해 볼 수 있다. EU법의 국내법에 대한 우위와 직접효력의 원칙[49]은 CJCE(앞으로는 CJUE)의 판례로서 정착되었기 때문에 적극적 해석을 전망하는 국내의 입장도 있다[50].

---

47) Jacque Delors, "Subsidiarité : défi au changement", Actes du colloque, Maastricht, IEAP, 1991. p.46; J.-L. Clergerie, *op.cit.*, p.117에서 재인용.

48) 많은 국내문헌은 유럽사법재판소를 ECJ(European Court of Justice)로 번역하고 있으나, 유럽연합헌법상의 정확한 기구명칭은 CJUE: Cour de Justice de l'Union Européenne / CJEU: Court of Justice of the European Union 이다.

49) 실체법상의 EU법상의 선결적 판결(preliminary ruling)과 절차법상의 강제이행절차를 통해 제도적으로 담보된다. 전자는 소송당사자의 의사와는 관계없이 회원국내법원이 우선적으로 ECJ의 유권해석을 구하는 것을 말한다. 후자는 회원국의 EU법상 의무불이행에 대해 위원회 또는 타회원국들이 ECJ에 소를 제기할 수 있도록 하는 절차이다.

Jacque Delors[51]는 보충성원칙은 권한부여에 관한 원칙으로서 정치적 결정이며 따라서 유럽재판소의 법관의 적정성 판단사항이 되는 것이 아니라 공동행위의 구체적인 조치가 보충성원칙을 위반했는가를 판단해야 한다고 한다. 다시 말하자면, 보충성원칙은 집행차원에서 추구하는 제한된 행위의 목표에 비해 취해진 연합의 과잉규제를 방지하는 데 의의를 가진다고 할 수 있다.

(2) 유럽(연합)사법재판소(CJUE/CJEU)의 통제

1) 제소방식 : "국내의회의 이름으로(au nom des parlements nationaux)"

유럽헌법상의 연합의 권한행사의 기본원칙으로서의 보충성원칙의 혁신적인 점은 앞으로 회원국의 국내의회나 양원중 일원이 자신의 이름으로 어떠한 소송도 제기할 수 있는 가능성에 있다고 해야 한다. 왜냐하면 회원국 국내의회로서는 사전적인 정치적 통제단계(caton jaune)에서 유럽입법행위에 대한 승소가능성이 매우 어렵다. 하지만 보충성원칙의 프로토콜상의 사법적 통제단계에서는 법적인 논거에 기초하여 회원국 국내의회는 유럽연합재판소에 제소할 수 있는 이익을 갖추어 연합의 입법행위의 취소소송을 통해 유럽연합의 입법자에 대한 레드카드(carton rouge)를 줄 수 있게 된다[52].

연방국가의 요청에 따라 지역위원회(Comité des régions)도 헌법상 자문을 받도록 규정된 법률안을 채택하는 유럽입법행위에 관한 소송을 제기할 수 있다(제 8조 제2항). 그러나 이러한 소송 방법은 독일, 벨기에와 오스트리아처럼 이를 원하는 입법제정권이 부여된

50) 정창화, 전게논문, p.76.

51) Jacque Delors, *op.cit.*, p.166.

52) 프랑스 하원(Assemblée Nationale) 유럽연합위원회, 전게 보고서, p.11.

지역에 인정되고 있지 않다. 실제로 유럽연합재판소에 제소할 수 있는 것은 정부의 제소에 의한 경우라고 해야 한다.

프랑스의 경우 외무부 소속의 법사국(la Direction des affaires juridiques)이 업무를 수행한다.

2) 소송의 확대가능성

프랑스 하원 보고서 제출당시(2004.11. 16) 까지 유럽재판소는 보충성원칙을 위반을 이유로 한 입법행위를 취소한 적이 없었다. 보충성원칙의 정치적 측면은 법원으로 하여금 "재판관의 정부(gouvernement des juges)"를 행사한다는 비난을 피하기 위해 매우 신중한 입장을 취하도록 만들었다. 관련 당사자 회원국들은 많은 제소한 사건에서 보충성원칙의 위반을 추론할 수 있었지만, 유럽사법재판소는 모두 보충성원칙위반이 없다는 결론을 내렸다.

전체회원국의 유럽헌법조약의 비준을 거쳐 유럽헌법이 효력을 발생한다면 이러한 유럽연합입법행위의 보충성원칙 위반에 관한 취소소송이 대폭 증가할 것인가 하는 의문이 생길 수 있다.

그러나 유럽연합재판소는 그렇게 생각하지는 않을 것 같고, 보충성원칙 위반의 사법적 통제를 위한 특별부(une Chambre ad hoc)를 설치하지는 않을 것이라고 보고서는 전망한다. 왜냐하면 소위 붉은색 카드 장치는 우선 입법행위안의 발의단계에서 위원회에 대한 억제적 요소로 기능하고, 다음으로 입법절차 과정에서 유럽의회와 유럽이사회에 대한 제약적 요소로 기능하기 때문이다.

Ⅴ. 마치는 말

유럽법상의 보충성원칙은 지속적이고 긴밀한 유럽인들의 연합(Union)을 추구하면서도, 동시에 회원국 국민들의 정체성과 고유한 역사, 문화, 전통을 존중하고 조화시키려는 의지의 표현인 동시에 시민으로부터 더 가까이에서 정책이 결정될 수 있는 민주적인 공동체 건설의 의지의 표현이라 할 수 있다[53]. 결국 사회의 다원성과 소수자의 의견의 최대한 반영이라는 유럽헌법의 기본이념은 보충성원칙을 서로 다른 이익과 이해가 대립할 수 있는 다원화된 사회의 통합을 그 이념적 지향점으로 하는 민주주의[54]와의 밀접한 관련성을 찾을 수 있게 하고, 유럽헌법 제 I-2조[55]가 규정하는 유럽연합의 가치(Les valeurs de l'Union)에서 다시 확인되고 있다.

유럽연합 헌법[56]의 사활은 표피적인 국내언론의 보도와 같이 회

---

53) 이종광, 유럽통합의 이상과 현실, 일신사, 서울, 1995, pp.185-186.

54) J.-M. Pontier 교수는 프랑스와 같은 단일국가에서 국가와 분권화된 지방자치단체의 권한배분의 일반원칙으로 보충성원칙을 민주주의와 함께 들고 있다. J.-M. Pontier, Les principes de la répartition des compétences, in Les nouvelles compétences locales, Economica, Paris, 1985, p.7

55) I-2조 : 연합은 인간의 존엄성, 자유, 민주주의, 평등, 법치 및 인권의 존중의 가치 위에 설립되고 소수자의 권리를 포함한다. 이 가치들은 다원주의적 사회, 관용, 정의, 남녀 사이의 연대 및 평등에 있어서는 모든 회원국에 대해서도 공통한다.

56) 유럽헌법조약은 전체 회원국의 비준(국민투표 내지 의회승인)이 있어야 효력을 발생한다. 2005년 7월 1일 현재 전체 25개 회원국 중 프랑스와 네덜란드에서는 비준이 국민투표를 통해 부결되었고, 독일·오스트리아·벨기에·키프러스·스페인·그리스·헝가리·이탈리아·레토아니아·리투아니아·룩셈부르그·몰타·슬로베니아·슬로바키아에서는 국민투표 또는 의회에서 비준되었다. 나머지 11개국은 아직 비준절차가 완료되지 않았다.
http://europa.eu.int/constitution/futurum/ratification_en.htm(검색일: 2005년 8월 2일)

원국의 헌법비준에 관한 국민투표의 승패에 달려있는 것이 아니라 유럽연합과 회원국과의 상생과 갈등의 요소를 함께 내포하는 보충성원칙에 대한 회원국의 태도에 달려있다. 따라서 보충성원칙을 EU 법의 사활인 동시에 발전방향[57)]이라고 평가하는 것도 가능하다고 생각한다.

보충성원칙의 운명에 대한 향후 평가는 결국 1997년 프로토콜이 강조하는 회원국 국내의회의 역할의 증가와 유럽헌법 그 자체의 정착가능성에 있다고 할 수 있다. 유럽법의 국내법에 대한 우위에 대해 이의를 제기하는 것 자체가 진부한 현 상황에서 유럽시민의 의사에 더 가까운 결정이 회원국 의회의 의사존중이라는 보충성원칙의 실행이 제도적으로 담보되어 진다는 점에서 프로토콜의 의미는 유럽헌법 제 I-11조에서 더 분명해 진다고 할 수 있다.

보충성원칙(과 비례원칙의 실행)에 관한 프로토콜은 유럽연합재판소에 대한 보충성원칙의 위반에 관한 회원국 국내의회의 제소가능성을 규정한다(le carton rouge/ Red card). 그러나 이러한 소송의 반대 측면은 회원국 국내의회에 인정된 사전경고의 권리(le carton jaune/ Yellow card)가 제대로 작동하고 있지 않음을 강조하는 것이라 할 수 있다. 그렇지만 프랑스 하원 보고서에서는 유럽헌법이 효력을 발생하고, 점차적으로 유럽재판소의 보충성원칙에 관한 판례의 축적가능성에 대한 전망을 예상하고 있다[58)].

유럽의 문명만큼이나 오래된 보충성원칙은 유럽헌법상의 기본원칙으로 승인됨으로써 이제 유럽인에게 새롭고 혁신적인 힘을 부여할 수 있을 것이다. 왜냐하면 보충성원칙은 전통적인 국가와 개인간의 일방적 관계를 타파하고, 국가권력에 대한 정당성에 의문을

57) 정창화, 전게논문, p.73.

58) 프랑스 하원(Assemblée Nationale) 유럽연합위원회, 전게 보고서, p.12.

제기하며, 유럽연합이 우선적으로 가로채고자 하는 것을 제한하도록 기속하기 때문이다.

결론적으로 유럽헌법상의 보충성원칙은 자유로운, 정치적 선택을 포함한 자신의 선택에 책임지는 인간의 기본적인 사명(vocation)을 보장하는가에 대한 문제의 핵심을 유럽인에게 던져주고, 유럽인들은 그 답을 찾아나가게 될 것이라 생각한다.

주제어 : 보충성원칙, 1997년 보충성원칙의 적용에 관한 프로토콜, 유럽연합헌법 I-11조, 유럽연합, 회원국 국내의회, 사전경고절차, 유럽(연합)사법재판소의 통제.

참고문헌

아리스토텔레스 저/ 이병길・최옥수 공역, 정치학, 중판, 박영사, 2004.

이종광, 유럽통합의 이상과 현실, 일신사, 1995.

박응격외/장태주(집필부분), 유럽연합정부론, 엠-애드, 2002.

채형복, 유럽연합법, 한국학술정보, 2005.

강원택, 유럽통합과 다층통치체제 : 지역의 유럽 혹은 국가의 유럽?, 국제정치논총 제 40집 1호, 한국국제정치학회, 2000.

김영일, 프루동(P.-J. Prhudon)의 연방주의와 민주주의의 이해, 국제정치논총 제41집 1호, 한국국제정치학회, 2001.

_____, 유럽통합에 나타난 연방주의 이념, 한국정치학보 제 39집 2호, 한국정치학회, 2005.

전 훈, 보충성원칙(le principe de subsidiarité)에 관한 고찰, 성균관법학 제 16권 제2호, 성균관대학교 비교법연구소, 2004.

정창화, 국가공동체로서 유럽연합(EU)형성에 관한 연구-유럽연합(EU)법의 수용에 대한 이론과 실제, 행정논총, 서울대학교 행정대학원, 2004.

_____, 유럽행정상 보충성원칙의 조작성과 사법심사성-유럽연합(EU)과 회원국간 사무권한의 규제 (국문요약부분), 한・독 사회과학논총, 한・독 사회과학회, 2002.

F. Amerigo, La répartition des compétences dans le fédéralisme, in memoire DEA, Aix-en-Provence, 2000.

J.-L. Clergerie, Le principe de subsidiarité, Ellipes, Paris, 1997.

C. du Granrut, La citoyenneté européenne- Une application du principe de subsidiarité, LGDJ, Paris, 1997.

M.. Chemillier-Gendreau, Le principe de subsidiarité : Enjeu majeur, débats confus, Le Monde diplomatique, n°460, juillet 1992.

J.-M. Pontier, "La subsidiarité en droit administratif", RDP, LJDJ, Paris,

1986.

__________, "Le principe de subsidiarité au profit des collectivités territoriales", Revue juridique de l'Ocean indien, n° 3, Saint-Denis de la Reunion, 2004.

J.-L. Sauron, L'application du droit de l'Union européenne en France, 2e édition, La docunentation française, Paris, 2000.

Assemblée Nationale, Rapport d'Information sur l'application du principe de subsidiarité, le 16 novembre 2004.

유럽연합 공식 웹사이트 : http://europa.eu.int

유럽연합헌법 조문(프랑스어) :

http://europa.eu.int/constitution/fr/ptoc4_fr.htm (검색일: 2005년 7월 29일)

보충성원칙의 적용에 관한 프로토콜 원문(프랑스어) :

http://europa.eu.int/constitution/fr/ptoc97_en.htm (검색일: 2005년 8월 1일)

유럽헌법의 비준상황(프랑스어) :

http://europa.eu.int/constitution/futurum/ratification_en.htm (검색일: 2005년 8월 2일)

프랑스 하원 소속 유럽연합위원회의 2004년 11월 16일 보충성원칙의 적용에 관한 보고서 :

http://www.assemblee-nationale.fr/12/europe/rap-info/i1919.asp (검색일: 2005년 8월 2일)

가톨릭교회 문헌자료(한국 천주교 주교회의 홈페이지-문헌자료) :

http://www.cbck.or.kr/pds/index.htm

보충성원칙과 비례원칙의 적용에 관한 프로토콜 제 30호 원문(프랑스어) :

http://europa.eu.int/constitution/fr/ptoc97_en.htm (검색일: 2005년 8월 1일)

<Résumé>

Le principe de subsidiarité dans la Constitution Européenne

Jeon, Hoon*

Le principe de subsidiarité est expressement reconnu comme un des principes fondamentaux par l'article I-11 du traité établissant une Constitution pour l'Europe du 29 octobre 2004 signé par les chefs des Etats membres.

La subsidiarité conserve l'idée de soutien, d'assistance. C'est donc l'idée de la subsidiarité qui est destinée à aider dans l'organisation du groupe social, à faciliter, tout en donnant une orientation et des rapports au sein de la société. On peut trouver l'expression du principe de subsidiarité étant énoncé explicitement dans l'encyclique Quadragesimo anno(Pape Pie XI, 1931) rédigé pour le quarantième anniversaire du Rerum Novarum.

L'article I-11 de la Constitution européenne prévoit que l'Union intervient seulement si, et dans la mesure où, les objectifs de l'action envisagée ne peuvent pas être atteints de manière suffisante par les Etats membres, mais peuvent l'être mieux, en raison des dimensions ou des effets de l'action envisagée, au niveau de

* Lecteur à l'Université Nationale de Kyungpook, Docteur en Droit.

l'Union.

Il est certain que la définition du principe subsidiarité est encore ambiguë. Mais nous pouvons présenter trois explications : le point de vue "Centralisme", "Décentralisme" et de manière combinée.

Pour l'application du principe de subsidiarité, il est nécessaire de confier aux parlements nationaux le contrôle du principe de subsidiarité. Un mécanisme de contrôle en deux temps a été imaginé : un contrôle politique en amont(Carte jaune), puis le cas échéant un contrôle juridictionnel en aval(Carte rouge).

La transmission directe aux parlements nationaux, sans transiter par les gouvernements est prévue par le protocole sur l'application des principes de subsidiarité et de proportionnalité. Ce protocole instaure un mécanisme d'alerte précoce qui permet à tout parlement national d'un Etat membre ou toute chambre de l'un de ces parlements d'adresser, dans le délai de six semaines à compter de la transmission d'un projet d'acte législatif européen, aux Présidents du Parlement européen, du Conseil et de la Commission, un avis motivé exposant les raisons pour lesquelles il estime que le projet en cause n'est pas conforme au principe de subsidiarité (Carte jaune: Art. 3, 6 et 7).

La Cour de justice de l'Union européenne est compétente pour se prononcer sur les recours pour violation, par un acte législatif européen, du principe de subsidiarité formé par un état membre ou transmis par celui-ci conformément à son ordre juridique au nom de son parlement national ou d'une chambre de celui-ci (Carton rouge: Art. 8 du protocole).

Mots clefs : le principe de subsidiarité, le protocole sur l'application des principe de subsidiarité et de proportionnalité, l'article I-11 de la Constitution Européenne, l'Union européenne, le Parlement de l'Etat membre, le système de l'alerte précoce, le contrôle juridictionnel de la Cour de Justice de l'Union Européenne.

유럽헌법과 국내법간의 효력*

徐輔健**

Ⅰ. 서론

유럽연합의 장래적인 제도설계를 논의하기 위해 2002년 2월말부터 2003년 7월까지 유럽자문회의가 개최되었다. 여기에는 전 프랑스대통령 지스칼 데스탕을 의장으로 기존가맹국 15개국과 가맹후보국 13개국의 정부대표에 합쳐 각국의회의 대표 및 유럽의회의 대표가 참가했다. 이 회의가 목표로 한 것은 유럽헌법조약초안을 채택하는 것이었다. 그 사이 이라크전쟁과 대미정책을 둘러싸고 EU내의 대응이 분열하게 되었음에도 불구하고 자문회의는 헌법조약초안을 채택하게 된다. 이어서 정부간회의(IGC)가 소집되어, 2003년 말과 2004년 5월의 신규 가맹을 거쳐, 6월의 수뇌합의에 근거하여 2004년 10월 29일 로마에서 EU헌법조약이 EU가맹 25개국에 의해

---

* 이 논문은 2004년도 한국학술진흥재단의 지원에 의하여 연구되었음.(KRF-2004-072-BS3068)

** 경남대학교 법학부 조교수

서명되었다. 이는 1957년에 로마에서 공동시장(역내시장)의 설립을 목표로 하는 구주경제공동체(ECC)조약이 서명되고 나서부터 47년이 경과한 것이다.

EU는 지금까지 EU조약 및 구주공동체(EC)조약에 따라 유럽 제 국민간의 일층 긴밀화하는 연합의 창설을 목표로 하여 그 구성의 확대와 심화를 계속하여 왔다. 한편 유럽헌법조약전문에서는 자국의 국민적 일체성 및 역사가 있음에도 불구하고, 유럽 제 국민은 과거의 분열을 넘어 한층 더 긴밀하게 결합하여 공통의 운명을 구축하는 결의로서 다양성 속의 결합(United in diversity)이 주장되고 있으며, 또한 본문규정에서도 다양성 속의 결합이 EU의 모토가 되었다.

현재 EU는 25개 가맹국, 4억 5천만으로 이루어져 지금은 단일시장과 단일통화 뿐만 아니라, 공통의 안전보장·방어정책이나 국경관리·치안정책을 가지는 거대기구화되었다. EU는 이대로 연방국으로 발전할 것인가. 왜 EU는 헌법을 필요로 하는 것일까, 그것은 가맹국의 헌법과 어떠한 관계가 있는 것일까. 2006년 말을 목표로 하는 유럽헌법조약의 발효전후에 EU에는 어떠한 변화가 있는 것일까. 또한 밖으로 눈을 돌리면 이슬람교도의 국가인 터어키와 EU와의 관계는 어떻게 될 것인가. 한편 EU는 주변 국가와 어떠한 법질서를 만들어갈 것인가 등 많은 논의를 전개할 수 있을 것이다. 여기서는 주로 EU헌법 체재 속에서 유럽연합과 가맹국간 즉 국내간의 효력이 어떻게 될 것인가에 대해서 살펴보기로 한다. 그리고 최종적으로 EU의 연구를 통해서 우리가 습득할 수 있는 것은 무엇인가, 넓게 보면 아시아의 입장에서 EU의 경험으로부터 무엇을 배울 것인가에 대해 평가하고자 한다.

유럽연합헌법과 회원국 헌법과의 상호관계에 대해서 ① 유럽연합헌법과 회원국 헌법과의 상호 관계는 어떠한가? 혹은 유럽연합헌법은 어느 범위까지 회원국 국내법의 일부를 형성하는가? ② 연방국가에 있어 연방헌법이 구성주의 최고법원을 구성하는 것처럼 EU에 있어서도 유럽연합헌법이 회원국 국내법질서의 일부를 형성할 것인가? EC법질서에 있어 인정되는 이와 같은 직접적용성(direct applicability)은 유럽연합헌법 질서에서도 그대로 유효할 것인가? 아니면 기존의 직접적용성 이론은 새로운 해석과 적용을 가져올 것인가? ③ 직접적용성과는 달리 공동체설립조약의 모든 규정은 직접효력(direct effect)을 갖지 못하나, 유럽헌법에 있어서는 어떠한가? ④ 직접효력을 인정하기 위하여 유럽사법재판소에 의해 일반적으로 인정된 해석 기준과 원칙은 무엇인가? ⑤ 유럽연합헌법과 국내헌법의 규정간 법적 충돌이 야기되는 경우, 이를 해결하기 위한 제도적 장치는 무엇인가? 국내법원의 유럽사법재판소에 대한 선결적 부탁절차(preliminary procedures)는 여전히 유효할 것인가? ⑥ 유럽연합헌법 체제하에서 향후 국내법에 대한 EU법의 우위의 원칙은 어떻게 전개되어 나갈 것인가라는 기본적인 의문에서 출발할 수 있다.

그러나, 이러한 기본적인 물음에 대해 EU헌법은 명확한 답을 제시하고 있다. 2004년 6월에 합의된 유럽헌법조약의 대부분은 1990년대부터 2000년대 초두에 걸쳐 일련의 EU조약 개정의 시점에서 정리 통합 편으로 정리할 수 있다. 다소의 변경이나 새로운 기축이 정하여져 있는 것이다.

그 내용을 간단히 정리하면, 헌법조약은 EU와 구성국의 법적관계에 대해서 헌법조약은 종래의 틀을 정리하여 명문화하였다. 우선 EU와 구성국의 입법권배분에 대해서는 EU의 정책결정 · 입법권한의 대부분을 배타적(EU만입법가능), 공유적(EU와 구성국의 양방이 입법가능 하지만, EU가 입법을 하면 그것이 우선한다), 지원 · 조정

· 보완적(EU는 구성국의 입법을 변경하지 않는 범위 내에서 보완 가능)의 분류로 정리하였다. 또한 이들로 분류하지 않는 정책권한으로서 공통외교안보방위권한 등이 있다. 다음으로 EU법과 각국법의 관계에 대해서는 판례법에서 인정되어져온 EC법의 우위성원칙이 명문화되었다. 이들은 종래 법의 승계이다. 새로운 변화도 있다. EU와 구성국의 관계에 대해서의 신축으로서는 각국의회가 EU차원의 입법제출이 진정 EU차원에서 다루는 것이 적합한가(보완성. 비례성원칙을 충족하는가)를 사전 · 사후로 체크하는 절차가 도입되었다. 또한 EU와 EU시민과의 관계의 신축으로서 복수의 구성국에 걸쳐 100만인 이상의 EU시민은 구주위원회에 법안제출을 요청할 수 있는 제도가 도입되었다(인민발안적 제도).

이하에서는 유럽연합헌법의 채택으로 인하여 회원국의 국내헌법 및 법체계에 중대한 변화에 대해 제정된 조문과 그 내용을 중심으로 유럽연합헌법과 국내법간의 상호 효력 관계에 대해 살펴보도록 한다.

Ⅱ. EC조약상의 EC법의 우위

유럽헌법상에서 국가간의 효력문제에서 중요한 문제를 차지하는 것이 조약의 우위에 관한 문제이다. 이에 우선 기본적인 형태를 마련한 EC법상의 우위의 원칙에 관한 내용을 보도록 한다.

EC법과 회원국법의 저촉은 EC법이 회원국법에 우선하는 것을 인정한 'EC법 우위의 원칙'에 의하여 해결되었다. EC법의 회원국법에 대한 우위란 EC법이 그것이 발효한 시점에서 존재하는 모순된 내용을 가진 회원국의 적용을 자동적으로 배제할 뿐만 아니라,

그 후에 EC법과 모순하는 회원국법이 유효하게 제정되는 것도 불가능하게 하는 것을 의미한다. 이 때문에, 회원국 재판소는 EC법과 모순되는 내용을 가진 국내법을 그 제정 시기를 불문하고 적용할 수가 없다[1]. 회원국법에 우위하는 EC법은 조약 등의 제1차적 법원에 한정되지 않고, 규칙 등의 2차입법도 포함한 EC법 전체이다. 또한 회원국법의 국내법상의 지위는 EC법의 우위에 영향을 미치지 않으며, EC법은 회원국 헌법에도 우위한다[2]. EC법의 우위는 EC의 목적을 달성하기 위해 불가결한 원칙이며, EC법의 회원국에 있어서 집행을 보증하여 공동체의 영역전체로 통일적인 법질서를 성립시키기 위한 필요조건이다[3]. 그러나 EC조약 자체는 이 원칙을 명확하게 규정하고 있지는 않다. 이 때문에 유럽사법재판소는 1964년의 Costa v. ENEL 사건 판결[4]에서 조약의 정신·목적에 비추어 해석을 하는 것에 의해 이 원칙을 도출했다. EC 법규정이 직접효과를 가지며, 국내법에 저촉하는 결과, 저촉하는 국내법규정은 자동적으로 적용불능으로 되며, 또한 EC법에 반하는 한 국내입법조치를 채택할 수 없게 된다. 그러나 EC법에 의해 직접적으로 국내법이 개폐되는 것은 아니다. 이 결정은 EC법의 우우월성이라는 것은 직접효과를 가지는 EC법규정만이 국내법에 우선하는 것인가의 물음에 대해 유럽사법재판소는 EC조약에 유래하는 법은 국내법규정에 우월하며, 직접효과의 유무를 구별하지는 않는다. 또한 사인이 직접효과를 가지는 EC법규정에 의거하는 권리의 목적은 국내규정에 대한

1) Case 106/77 Aministrazione delle Finanze Dello Stato v. Simmenthal [1978] ECR 629, at 644.

2) Case 11/70 Internationale Handelsgessllschaft v. Einfuhr-Und Vorratsstelle Getreide [1970] ECR 1125, at 1134

3) EU법, 사법연수원(2003) 44면.

4) Case 6/64 Flaminio Costa v. E.N.E.L. [1964] ECR 585 at 593, 594.

공동체법규정의 우월성을 확보하는 것이지만, 그러나 권리는 최저한의 보장에 불과하며, EC조약의 전면적이고 완전한 이행을 확보하기에는 그 자체로는 충분하지 않다. 이에 직접효과를 가지지 않는 법규정도 국내법상의 효력을 가지며 또한 이에 우월한다고 생각할 수 있다.

실효성(the effectiveness)에 대해서 실효성이란 일반적으로 국가는 국제레벨에서 법적의무를 수락하는 경우 사법적 및 그 외의 수단에 따라 당해의무를 일상적으로 실행에 옮길 것을 고려해야한다는 것을 의미하지만, 사법재판소는 이 원칙을 EC법질서에 있어서 최대한 확장하여 적용하고 있다[5]. 사법재판소에 의해 EC조약의 직접효과가 확립된 것은 1963년의 Van Gend en Loos 사건에서이다.

이상과 같이 고유의 법질서에서 국가주권의 제한, 개인의 법주체성 및 정치참가 고유의 사법제도 즉 사법재판소 및 선결재정절차에 근거하여 국내재판소와의 협력관계에 의해 EC법의 통일적 해석의 확보를 근거로 EC조약규정이 직접효과를 발생하며 국내재판소가 보호하지 않으면 아니되는 개인의 권리를 낳는다는 것을 인정한 것이다. 특히 EEC조역 제12조에 대해서는 동조의 문언이 명확하고 무조건의 금지를 포함하며 또한 국내입법조치를 조건으로 하는 것은 아니기 때문에 가맹국 및 국민사이의 법적 관계에서 직접효과를 발생한다고 지적하고 있다.[6]

---

5) 사법재판소는 Francovich 사건에서 가맹국이 책임을 진다고 보여지는 공동체법 위반에 의해 개인이 자기의 권리를 침해된 때에 구제를 얻을 수 없다면, 공동체규칙의 완전한 실효성은 손상되며, 그들이 부여하는 권리의 보호는 약화될 것이다. Case C-6/90 and C-9/90 Andrea Francovich and Danila Bonifaci and others v. Italy[1991] ECR 1651.

6) Case 26/62 NV Algemene Transport- en Expeditie Onderneming van Gend &Loos v. Netherlands Inland Revenue Administration [1963] ECR 1 at 12, 13.

이상과 같이 유럽사법재판소(European Court of Justice: ECJ)는 공동체 권한의 불가침성을 보장하는 등 EC법과 회원국 국내법과의 관계에 있어 EC법 우위와 직접효과의 원칙을 확립하는데 실질적인 기여를 한 것이다[7]. 이러한 유럽사법재판소를 통한 실질적인 기여는 앞으로 더욱 증대할 것이다.

Ⅲ. 유럽연합의 권한에 관한 기본원칙

1. 회원국과의 권한배분과 기본원칙

(1) 유럽연합과 회원국간의 권한배분

연합과 회원국간 관계를 규정한 규정을 보면, 연합은 회원국간의 평등을 존중해야 하며 지방자치와 지역자치와 관련된 것을 포함하는 정치적 및 헌법적 기본구조에 내재되어 있는 회원국의 국가적 정체성을 존중하도록 하고 있다. 또한 연합은 회원국의 영토보전의 보장, 공공질서의 유지 및 국가안보의 수호를 포함한 회원국들의 국가의 본질적 기능을 존중하여야 한다[8]. 유럽연합은 충실한 협력원칙에 따라 연합과 회원국은 상호존중 하에 헌법상 임무의 수행을 지원하여야 한다. 회원국은 연합의 임무의 성취를 도와야 하고, 또 헌법에 규정된 제목적의 달성을 무력화시킬 수 있는 어떠한 조치도 삼가야 한다[9].

---

7) 채형복, 유럽헌법에 있어 '유럽연합(EU)의 권한'의 개념, 유럽연구(2004.8) 19호, 231면.

8) 유럽헌법 Ⅰ-제5조 1항.

9) 유럽헌법 Ⅰ-제5조 제2항.

또한 헌법상 유럽법에서 헌법과 그 권한의 실행이 부여된 연합의 기관이 채택한 권리는 회원국의 권리에 우선한다[10].

① 권한의 명확화

EU헌법은 EU와 그 회원국 간의 권한 배분을 명확히 하고 있다. 이것은 다양한 권력단계에서의 책임을 강화할 수 있다는 점에서 유럽의 민주화에 결정적인 요소가 될 것이라는 평가를 받고 있다.

헌법은 EU의 권한에 대하여 명확하게 개념 규정하고 있다. 먼저, 회원국과 EU 간의 권한배분을 정하는 원칙을 두고 있다.

- EU의 권한은 회원국들이 헌법 내에서 그에게 배분한 것을 원칙으로 한다, 즉, 회원국들이 EU에 배정하지 아니한 모든 권한은 회원국들에 속한 것으로, 이는 보통법의 원칙에 의한 것이라 볼 수 있다.
- EU는 회원국들이 그들의 권한을 공동으로 행하고자 결정한 사항에 대하여 보다 효율적이기 위하여, 필요한 범위내에서만 행위를 할 수 있다.

헌법은 또한 EU의 권한을 다음과 같이 분류함으로써 EU권한의 명확화를 구현하고 있다.

- 동일 화폐단위 유로를 사용하는 회원국의 통화정책, 공통 상업정책과 EU관세 등과 같이 EU가 단독으로 입법하는 영역에 대하여 EU는 배타적 권한을 가진다. 배타적 권한을 행사하는 입법사항은 열거적인 것에 한하고 있다.

---

10) 유럽헌법 I-제6조, 이전안인 제10조 연합법과 참조하면 다음과 같다. 1. 헌법 및 연합의 기관에 의해 채택된 법은 회원국의 법에 대해 우위를 가진다. 2. 회원국은 헌법 혹은 연합의 기관의 행위로부터 도출되는 의무의 이행을 보장하기 위하여 일반적 혹은 특별한 모든 적절한 조치를 채택하여야 한다.

- EU내에서의 안전과 사법 등과 같이 EU와 회원국이 입법권을 공유하는 영역에서 EU는 공유적 권한을 가진다.
- 대학간 교류와 EU권 언어교육 등 회원국의 권한에 속하지만 유럽차원에서의 교육을 지속화하기 위한 정책 등과 같은 특정 정책에 대하여는 EU가 지원, 조정, 보충적 행위를 행할 수 있다.[11]

② 권한 배분의 원칙

유럽헌법은 EC조약과는 달리 보다 직접적이고 명확하게 연합의 권한의 권원에 대해 규정하고 있다. EC 조약은 조약에서 부여하고 있는 권한과 조약에서 위임하고 있는 목표의 범위 내에서 활동한다고 하며, 유럽헌법에서는 연합의 권한과 한계는 권한 부여 원칙에 의해 규율된다[12].

구체적인 내용은 다음과 같다.

첫째, EU는 회원국이 헌법전에서 그에게 부여하고 있는 권한을 행사한다. 그 이외의 모든 권한은 계속해서 회원국에게 속한다. 이러한 배분원칙에 따라 EU는 회원국의 합의없이 회원국의 권한을 침해하면서 그의 권한을 확대할 수 없다는 것을 의미한다.

둘째, EU는 회원국이 그들의 권한을 공통으로 행사하고자 결정한 사항에 대하여 보다 효율적이기 위하여 행위한다(보충성의 원칙)

셋째, EU는 결정된 목표에 도달하기 위하여 필요한 조치만을 취할 수 있다(비례의 원칙)

---

11) 박인수, EU헌법의 내용과 특징, 한국공법학회 122회 학술발표회 발표문 (2005.5.28), 319면.

12) EC조약 제5조 The Comminity shall act within the limits of the powers conferred upon it by the Treaty and of the objectives assigned to it therein, 유럽헌법 제Ⅰ-11조 The limits of Union competences are governed by the principle of conferral.

세가지 원칙중 어느 하나라도 준수되지 아니한 채 결정된 EU의 행위는 불법적인 것이 된다. 이러한 행위에 대하여서는 회원국과 시민들에 의해 유럽사법재판소에 제소될 수 있다. 불법이 확인되면 EU에 의하여 행해진 조치에 대하여 유럽사법재판소는 취소할 수 있다. 보충성의 원칙을 위반한 경우, 회원국의회는 그 개별국가를 통하여 EU사법재판소에의 제소를 청구할 수 있다.

즉 배타적 권한, 보충성의 원칙, 비례의 원칙이 권한행사의 기본원칙으로 작용한다고 할 수 있다.

2. 배타적 권한

회원국들의 이익을 위하여 연합이 독자적으로 행동을 할 수 있도록 하는 것이 배타적 권한(exclusive competence)이다. EC의 차원에서 배타적 권한은 있었다. 구체적으로는 공통통상정책(EC조약 제133조), 어장의 보호 및 해양생물자원의 보전을 확보하기 위한 어업조건을 정하는 공동체의 권한(1972년 가맹의정서 제102조), 1999년 1월 1일의 구주중앙은행창설 및 유로 도입 후에 있어서 유로권의 금융정책(EC조약 제105, 106), EC에 조치를 채택하는 권한을 부여하지 않지만 가맹국의 권한을 배제하는 것으로서 物・人・서비스・자본의 자유이동의 규정이 있다(EC조약 제28, 39, 43, 49, 50조)

유럽연합헌법에서는 이 배타적 권한이 적용되는 분야에 대해서는 오직 연합만이 법적으로 구속력 있는 행위를 제정하고 채택할 수 있다. 반면, 회원국은 연합에 의해 권한이 부여된 경우에 한하여 그 행사가 가능하며, 혹은 연합에 의해 채택된 행위를 이행해야 한다[13]. 배타적 권한이 적용되는 분야는 통화정책, 공동통상정책, 관세동맹 및 공동어업정책에 있어 해양생물자원의 보전 등이다[14].

3. 공유권한

EC상의 권한은 대부분 가맹국과의 공유이다. 즉 EC조약의 대부분규정은 가맹국이 EC조약의 목적달성을 위해 행동하는 것을 인정하고 있다. 그러한 가맹국의 권한은 EC가 자기의 권한을 실제로 행사한 경우에 없어지게 된다. 이 경우, EC법 우위의 원칙에 따라 국내법령은 EC법과의 사이에 저촉이 있는 경우에 한해서 EC법에 따라야 한다. 국내법령은 EC법이 영향을 받지 않는 측면에 관해서만 그 효력을 유지한다.

유럽헌법상에서는 배분된 권한(competence shared)으로서 연합이 회원국과 함께 그 권한을 공유하게 된다. 따라서 연합과 회원국은 법적으로 구속력 있는 행위를 제정하고 채택할 권한을 가지고, 또한 회원국은 연합이 그 권한을 행사하지 않거나 혹은 행사를 중지한 범위에까지 그들의 권한을 행사하게 된다[15]. 배분된 권한이 적용되는 분야는 역내시장, 자유, 안전 및 사법지대, 해양생물자원의 보전을 제외한 농어업, 운송 및 범유럽네트워크, 에너지, 제3편(Part III)에 정의된 사회정책, 경제적, 사회적 및 지역적 통합, 환경, 소비자보호 및 공중보건과 관련된 공동안전 등이다[16].

4. 보충성의 원칙(Subsidiarity)

보충성의 원리는 역사적으로 1931년 로마교와 피오 11세의 회칙

13) 유럽헌법 Ⅰ-12조 1항.
14) 유럽헌법 Ⅰ-13조 1항.
15) 유럽헌법 Ⅰ-11조 2항.
16) 유럽헌법 Ⅰ-13조 2항.

서에도 나오며, 이는 이탈리아의 파시즘, 독일의 나치즘의 대두라는 정치사회상황을 배경으로 개인의 제권리가 박탈되지 않도록 보다 하위의 사회집단에게 문제의 해결을 맡겨야 하는 것으로서 국가의 불개입을 설명한 것이다.

이 보충성의 원칙은 회원국과 EU간 권한이 상호공유될 수 있는 분야에 있어 가장 적절한 조치를 취할 수 있도록 보장하기 위하여 마스트리히트조약에 의하여 개정된 EC조약 제3b조에서 처음으로 도입되었다. 이 조약상 제안된 행동 목표를 회원국들이 충분히 달성할 수 없고, 그 제안된 행동의 규모나 효과로 인하여 EU가 더 잘 달성할 수 있는 경우에 EU가 자신의 배타적 권한의 범위에 속하지 아니하는 영역에서 그 부여받은 권한과 할당받은 목표의 범위 내에서 회원국의 국내적 · 지역적 차원의 문제를 해결하기 위해 적용된다. 즉 동 원칙에 관한 규정은 만약 회원국이 개별적으로 조치를 취하기보다 EU 차원의 조치가 현실적으로 보다 효과적인 경우에 한하여 적용될 수 있었다. 이후, 보충성 원칙의 적용은 추가적인 입법에 의해 보안되었으나, 오늘날 동 원칙의 적절한 적용 여부에 대한 법적 감시는 유럽사법재판소에 의해서만 행해질 수 있을 뿐이다. 이후 입법 행위의 채택이후에 행해짐으로써 그 적용 과정에서 나타나는 문제점에 대해 효과적인 대응이 용이하지 않다는 비판이 이어짐에 따라, 구체적으로 보충성원칙의 적용에 관한 입법과 심사과정에 관하여 논의가 이루어지고 있다[17].

유럽헌법에서는 보충성의 원칙은 연합의 권한에 대한 제1편 제3부 제 I -11조 제3항에서 비례의 원칙과 더불어 권한 행사의 기본원칙의 하나로서 규정되어 있다. 보충성원칙이 문제되는 것은 연합의

17) 채형복, 유럽헌법의 제정을 둘러싼 법적 쟁점의 검토-실무단의 최종보고서를 중심으로-, 영남법학 제9권 제2호, 128면.

배타적 권한보다는 주로 공유권한에 관한 분야이다.

유럽헌법 제Ⅰ-11조 제3항은 보충성원칙의 적용에 대한 현 EC조약 제5조의 내용을 그대로 수용하고 있다. 따라서 보충성원칙은 제안된 행동목표를 회원국들이 충분히 달성할 수 없고, 또한 그 제안된 행동의 규모나 효과로 인하여 연합이 더 잘 달성될 수 있는 경우에 연합이 자신의 배타적 권한의 범위에 속하지 아니하는 영역에서 그 부여받은 권한과 할당받은 목표의 범위 내에서 회원국의 국내적·지역적 차원의 문제를 해결하기 위해 적용된다. 또한 연합의 기관들은 헌법에 부속된 보충성 및 비례의 원칙의 적용에 관한 의정서[18]에 규정된 바에 따라 보충성의 원칙을 적용해야 한다. 이는 국내의회의 경우에도 동일하다. 즉 국내의회는 동 의정서에 규정된 절차에 부합하여 보충성의 원칙을 적용해야 한다[19].

그 의정서 중 중요한 내용은 첫째, 공동체목표가 공동체에 의하여 더 잘 달성될 수 있다고 결론을 내리게 된 이유는 질적 또는 양적 지표들에 의하여 증명되어야 하다. 둘째, 다른 것들이 평등하다면, 명령보다는 준칙이 선호되어야 하며, 상세한 조치보다는 골격준칙이 선호되어야 한다. 셋째, 보충성원칙의 준수는 EC설립조약이 규정하고 있는 규칙에 따라 사법심사의 대상이 되어야 한다는 점 등을 들 수 있다[20].

---

18) Protocol on the application of the principles of subsidiarty and proportionality, 보충성의 원칙은 마스티리히트조약에 의하여 EC설립조약에 도입된 것이기 때문에 동 의정서도 당연히 EC설립조약에 부속되었다, 유럽연합(EU)의 통합체제, 법무부(2000), 70면.

19) 유럽헌법 Ⅰ-11조 3항, 채형복, 유럽헌법에 있어 유럽연합의 권한의 개념, 유럽연구(2004. 8) 19호, 231면.

20) 유럽연합(EU)의 통합체제, 법무부(2000), 70-71면.

5. 비례의 원칙

비례의 원칙은 합법적 기대와 더불어 독일법에 기원을 둔 원칙으로 공공당국이 사용하는 수단은 그 목적과 균형 혹은 비례를 이루어야 하는 것으로 "공동체기관들에 의하여 채택되는 조치는 추구하는 바의 목표를 달성하는데 적절하고도 필요한(appropriate and necessary)바를 초과해서는 안된다"는 것을 말한다[21].

EC법상 비례의 원칙은 공동농업정책에 관해서 규정하고 있는 EEC조약 제40조 제3항에서 직접적으로 유래한다. 즉, 동조에 의하면, 농업시장의 공동조직은 조약 제39조에 정의된 체 목적을 달성하기 위하여 모든 필요한 조치를 취할 수 있다고 규정하고 있다. 비례성의 원칙은 사법재판소의 판례법에 의해 오랫동안 인정되어온 일반원칙이지만, 마스트리히트조약에 의해 명문화되었다[22]. EC조약 제5조는 공동체의 행동은 본조약의 목적을 달성하기 위해 필요한 한도를 넘어서는 아니된다고 규정하고 있다.

여기에 사법재판소는 비례성의 원칙을 다음과 같이 정의하고 있다. 공동체법의 일반원칙의 하나인 비례성원칙에 근거하여 공동체 제기관에 의해 채택된 조치는 당해입법에 의해 정당하게 추구되는 목적을 달성하기 위해 적절하고 필요한 한도를 넘지 않도록 요구된다. 몇개의 적절한 조치 중에서 선택된 된 경우에는 가장 부담이 적은 것이 사용되어야 하며, 또한 발생하는 불이익은 추구되는 목적에 비해 불균형이어서는 아니된다[23]고 밝히고 있다. 유럽사법재

21) 김대순, EU법론(삼영사, 1995) 259면.

22) 암스테르담조약에 따라 EC조약에 보충성 및 비례성원칙의 적용에 관한 의정서가 부속되었다.

23) case c-157/96 the queen v. ministry of agriculture, fisheries and food, commissioners of customs & excise[1998] ecr 1-2211 60.

판소의 다수의 판례를 통하여서도 이 원칙은 확인되고 있으며, 제 기관은 그들의 권한을 행사하는 데 있어 경제주체들에게 부과한 책임이 당국이 실현하고자 하는 목적을 달성하는 데 필요한 범위를 초과하지 않도록 주의하여야 한다고 밝히고 있다. 이렇듯 비례의 원칙은 유럽당국의 과도한 개입에 대하여 개인의 권리를 보호하는 역할을 한다는 것을 알 수 있다. 물론 비례의 원칙을 적용하기 위해서는 우선 개인적 이익과 공공이익 및 유럽당국의 자유재량권 행사간 갈등이 야기되어야 하며, 또 이들 간에 상관관계가 있어야 한다. 이와 같은 조건을 충족하는 범위 내에서, 유럽의 일반적 이익에 비추어 보아 추구하는 목적을 달성하기 위하여 필요한 조치를 제외하고는 유럽당국은 사인에게 의무를 부과할 수 없다고 할 것이다.[24)]

이러한 내용을 유럽헌법에서는 11조 제4항에서 비례의 원칙상 연합의 행동의 내용과 형식은 헌법의 제목적을 달성하는 데 필요한 정도를 넘어서는 아니된다고 확인하고 있다.

비례의 원칙은 EC법의 법원으로 인정되는 법의 일반원칙의 핵심적인 목록의 하나로 자리매김하고 있는데, 유럽헌법에 의하면 비례의 원칙은 보충성원칙과 더불어 향후 연합의 권한의 행사에 대한 가장 적절한 통제장치로서의 역할을 하게 될 것이다.

---

24) 채형복, 위의 논문, 240.

Ⅳ. EU헌법상 권한의 유형

1. 배타적 권한

연합은 역내시장의 기능을 위해 필요한 경쟁규칙을 설립하기 위하여 유로를 채택한 회원국을 위한 통화정책, 공동통상정책(Common Commercial Policy), 관세동맹, 공동어업정책상 해양생물자원의 보존에 대해서 회원국들의 이익을 위하여 연합이 독자적으로 행동할 수 있는 배타적 권한(exclusive competence)을 가진다(제13조 제1항). 또한 연합은 그 체결이 연합의 입법행위에 규정되어 있거나 그 내부적 권한을 행사할 것이 필요할 때, 혹은 연합의 내부행위에 영향을 미칠 때, 국제조약을 체결할 때 배타적 권한을 행사할 수 있는 것이다(제13조 제2항)

2. 공유권한

배분된 권한(competence shared)으로서 연합이 회원국과 함께 그 권한을 공유하게 된다. 따라서 연합과 회원국은 법적으로 구속력 있는 행위를 제정하고 채택할 권한을 가지고, 또한 회원국은 연합이 그 권한을 행사하지 않거나 혹은 행사를 중지한 범위에까지 그들의 권한을 행사하게 된다(제11조 2항). 배분된 권한이 적용되는 분야는 역내시장, 자유, 안전 및 사법지대(area of freedom, security and justice), 해양생물자원의 보전을 제외한 농어업, 운송 및 범유럽네트워크, 에너지, 제3편(Part Ⅲ)에 정의된 사회정책, 경제적, 사회적 및 지역적 통합, 환경, 소비자보호 및 공중보건과 관련된 공동안전 등이다.

EU에서의 고용정책과 경제정책에 대하여서는 회원국들이 조정하지만 공동외교안보정책의 영역에서는 EU가 스스로 권한을 인정하고 있다[25].

연구, 기술개발 및 우주분야에 있어, 연합은 특히 프로그램을 정의하고 이행하기 위하여 행동을 수행할 권한을 가진다. 하지만 그 권한의 행사는 회원국의 행사를 침해하는 결과를 낳지 않도록 해야 한다.

개발협력 및 인도적 지원 영역에 있어, 연합은 행동을 취하고 공동정책을 수립할 권한을 가진다. 그러나 그 권한의 행사는 회원국의 행사를 침해하는 결과를 낳지 않도록 해야 한다[26].

3. 경제 및 고용정책의 조정

연합은 경제 및 고용 분야에 있어 국내정책을 조정(coordination of national policies)할 수 있는 권한을 행사할 수 있다. 이 권한에 의거하여 연합은 특히 경제정책을 위한 광범위한 가이드라인을 채택함으로써 회원국의 정책의 조정을 보장하기 위한 조치를 채택해야 한다. 회원국은 연합 내에서 그들의 경제정책을 조정해야 한다. 그리고 특수규정은 유로를 채택한 회원국에게 적용되어야 하며, 연합은 특히 고용정책을 위한 가이드라인을 채택함으로써 회원국의 정책의 조정을 보장하기 위한 조치를 채택해야 한다. 또한 연합은 회원국의 사회정책의 조정을 보장하기 위한 주도적 조치를 채택할 수 있다[27].

25) 유럽헌법 Ⅰ-12조 4항.

26) 유럽헌법 Ⅰ-14조 3항, 4항.

4. 공동외교안보정책을 이행할 권한

연합은 회원국들의 연대에 의거하여 공동외교안보정책(common foreign and security policy: CFSP) 문제에 있어 공동방위정책(common defense policy)의 점진적인 틀을 포함한 모든 외교 분야 및 연합의 안보와 관련된 모든 문제에 적용된다.

또한 회원국은 성실과 상호연대의 정신으로 적극적으로 또 제한 없이(actively and unreservedly) 연합의 공동외교안보정책을 지지해야 하고, 이 영역에 있어 연합에 의해 채택된 행위에 부합하여야 한다. 회원국은 연합의 이익에 배치되거나 혹은 그 유효성을 해칠 수 있는 행동을 삼가야 한다[28].

5. 지원, 조정 혹은 보충적 행동영역

EC조약상 보충적 권한은 지원행동(supporting action)으로 대체되었다. 연합은 지원, 조정 혹은 보충적 행동을 취할 권한을 가진다. 그 내용은 다음과 같다. 사람의 건강의 보호 및 개선, 산업, 문화, 관광, 교육·직업훈련·청소년 및 스포츠, 시민구호, 행정과의 협력 등이다[29].

6. 유연성 조항(flexibility clause)

EU와의 구성국과의 관계에서 암스테르담조약은 긴밀화협력(Closer

---

27) 유럽헌법 I-15조.

28) 유럽헌법 I-16조.

29) 유럽헌법 I-17조.

cooperation)[30]이라는 새로운 명칭의 편에서 유연성의 원리를 적용하였다.

EU에서는 지금까지 전 구성국이 같은 속도로 통합을 추진하는 것을 이상으로 생각해왔다. 그러나 전구성국의 참가를 전제로 하면, 원래 통합에 열의를 가지지 않던 국가에게 속도를 맞추게 되면, 이것은 통합에 적극적인 구성국에 있어서 불만의 씨앗이었다.

이러한 문제를 해소하기 위해 알카르트방식(구성국은 자국이 좋아하는 정책영역만을 자유롭게 선택)을 부정하면서 유연성의 도입을 검토하는 것이 제안되게 된 것이다. 암스텔담조약은 전구성국이 같은 속도로 통합을 추진하는 것을 이상으로 여기면서 일부참가할 수 없는 구성국이 있는 경우에는 과반수이상의 구성국가가 참가하는 긴밀화협력을 추진하는 것을 가능하게 하였다.

유럽헌법상을 보면, 권한의 유형과는 별도로 유연성조항(flexibility clause)은 그 권한의 분류를 보충하는 역할을 한다. 연합의 권한을 행사할 수 있는 범위와 방식은 제3편(Part Ⅲ)의 개별 분야의 특수규정에 의해 정해지게 된다(제11조 6항). 만일 연합에 의한 행동이 헌법에 의해 규정된 제목적의 하나를 달성하기 위하여 제3편(Part Ⅲ)에서 정의된 제정책의 틀 내에서 필요하다는 점이 드러나거나, 또 헌법이 그 필요한 권한을 규정하고 있지 않다면, 위원회로부터의 제안과 유럽의회의 동의 후에 전원일치로 행동하는 각료이사회

---

30) 긴밀화협력(closer cooperation)과 관련하여 보강화협력(enhanced cooperation)는 일부의 가맹국이 EU조약 및 EC조약상의 모든 기관, 절차 등을 사용하여 통합을 선행시키는 것을 말한다. 암스텔담조약에서는 긴밀화협력이라하였지만, EC조항 및 PJCC(경찰·형사사법협력)사항만에 한정되어 있었다. 그후 니스조약에 의해 보강화협력으로 개칭되었다. 庄司克宏,ニース條約とEU機構改革―「アムステルダム・レフトオーバーズ」への取り組み―, 『EU法ヨーロッパ法の諸問題』石川明教授古稀記念論文集, 信山社(2002), 64-65면.

는 적절한 조치를 취해야 한다(제18조 1항). 또한 제9조 3항에 규정된 보충성의 원칙을 감시하기 위한 절차를 사용하여, 유연성 조항에 의거한 제안에 대해 위원회는 회원국의 국내의회로 하여금 주의를 환기시켜야 한다(제18조 2항). 지원행동에 대해 적용되는 것과 마찬가지로 유연성 조항에 의거하여 채택된 제 규정은 유럽헌법이 조화를 배제하고 있는 경우에는 회원국의 법률 혹은 규정과의 조화를 시도할 수 없다(제18조 3항)[31].

유연성은 여러 문제를 안고 있는 제국이 통합의 발을 진행하기 위해서 만들어 진 것이다. 통합의 구심력으로서 작용할 것인가, 원심력으로서 작용할 것인가, 앞으로의 과제이다

V. 회원국간 효력과 유럽사법재판소의 역할증대

이상과 같이 EU의 권한 행사에 대해서 유럽헌법은 그 권한의 범위를 기존의 조약과는 달리 명확하게 규정하고 배분하는 규정을 두어 확고한 유럽통합의 형태를 갖추고 있다. 그러나, 이러한 기본적인 권한의 배분에 관해서는 기존의 유럽의 기구중 유럽사법재판소에 의해서 어느 정도 확립된 판례법에 의해서 그 의미를 찾을 수도 있다.

사법재판소는 EU와 회원간, EU의 기관간이나 EU의 개인들 간에 발생하는 법적 분쟁을 규율하고 EU 영토 내에서 EU권리를 수호하고 해석하는 사법기관이다. 재판소는 권고안이나 의견을 제외하고 유럽의회 및 이사회가 공동으로 채택하는 조치, 이사회의 조치, 위

31) 채형복, 위의 논문, 231면.

원회의 조치, 유럽중앙은행의 조치 등의 합법성, 제3자에 대한 법률 효과를 발생시키기 위한 유럽의회 조치의 합법성 등을 검토한다[32].

그 권한 중 선결재정(선행판결, 선결적 판결)(Preliminary rulings)에 관해서 보면 어떤 문제에 대해 가맹국의 재판소에 제기된 경우에는 이 재판소는 그 문제에 관한 결정이 스스로의 판결을 하기 위해 필요하다고 인정하는 때 사법재판소에 그 재정을 요구할 수 있다. 어느 문제가 가맹국의 재판소에 계쟁중인 사건으로 제기되거나 또한 동 재판소의 결정이 국내법상 상소를 허용하지 않은 때에는 당해재판소는 그 문제를 사법재판소에 부탁해야 하는 것이다. 이 선결재정절차는 가맹국의 국내재판소에서 이시조약의 해석이나 파생법의 효력 및 해석이 쟁점으로 되는 것을 전제로 한 절차이며, 사법재판소와 국내재판소와의 네트워크를 형성하고 있다. 이 절차는 EC법이 국내재판소에 의해 통일적으로 적용되는 것을 확보하는 것이며, EC법의 직접효과의 원칙이나 EC법의 국내법에 대해 우월성의 원칙을 시작으로 EC법상의 중요한 법리를 발전시키는 수단으로 되어 왔던 것이다.

이에 유럽헌법은 재판소에 대해 본조약의 해석, 공동체의 기관이나 구성원들이 내린 조치의 유효성 및 해석에 대해서 권한을 가지도록 하고 있으며, 그리고 이 문제가 회원국의 법원이나 심판소에 제기된 경우, 상기 회원국 법원이나 심판소는 판결을 하기 위하여 상기 문제를 결정할 필요가 있다고 판단되는 때에 이를 결정해 줄 것을 재판소에 요청할 수 있다[33].

해당조치가 무효이거나 또는 해당 조치를 취하지 않은 것이 본조약에 위반한다고 선고를 받은 기관은 재판소의 판결을 이행하는

32) 유럽헌법 III-365조.

33) 유럽헌법 III-369조.

데 필요한 조치를 취해야 한다[34].

유럽헌법상 보장된 연합의 권한이 현실적으로 이행되기 위해서는 이를 행사하기 위한 적정한 입법행위와 그 채택절차의 민주적 합법성이 보장되어야 하는 것이며, 현행 유럽헌법은 회원국의 독자적 권한이 축소되는 반면 연합의 권한은 더욱 강화되고 있는 것이다. 이를 통해 유럽연합과 회원국간의 역할의 범위는 명확히 획정되었다고 할 수 있다. 그러나 조약의 해석에 관한 분쟁 등에서 여전히 ECJ의 비중은 높아질 것이며, ECJ는 연합의 권한의 절대적 가치를 옹호함으로써 유럽통합체제를 보다 공고히 할 것[35]이라는 것은 분명할 것이다.

Ⅵ. 결론

이상에서 본바와 같이, 유럽헌법에서 국내간의 효력에 관한 문제에 대해 많은 시련과 노력, 판례를 통해 EU법 우위가 확립되었고, 그 성과로써 조문화되어 가는 과정 속에서 회원국간의 권한배분의 명확화와 그 권한의 기본원칙, 권한의 유형 등이 성립되어 유럽헌법 속에서 국가간의 관계를 더욱 공고히 하려는 것을 볼 수 있다. 아시아에서도 국가간의 자유무역협정이나 경제연휴협정이 교섭·체결되고 한편 동아시아 공동체도 구상되게 되었다. 그 배경에는 EU의 시장통합이나 국가통합이 모델로서 어떠한 영향을 미치고 있다. 여기서 국제협력·지역협력을 진행해 나아갈 때에는 법의 역할이 중요하다. EU의 경과를 보듯이 국가간의 협력을 단순히 정치적인

34) 유럽헌법 Ⅲ-368조.

35) 채형복, 위의 논문, 240면.

것만으로 하는 것이 아니라, 무엇인가 법적인 틀을 만들어 이 법적인 틀안에서의 협력을 통해 국제조직을 원활하게 진행해 가는 추진력으로 될 것이다. 물론 최초의 단계는 이러한 합의를 도출하는 것을 전제로 하는 것이다[36].

이러한 발전적인 과정을 이루기 위해서는 EU모델의 성공의 비결로 된 측면의 연구가 절실히 필요할 것이다.

EU의 과정은 각국의 국익을 대표하는 기관인 각료이사회외에 독립의 위원회가 유럽이익에 근거한 입법・정책제안을 하며, 직접선거된 각국 의원으로 구성되는 구주의회가 개별의 국익을 넘은 이해조정을 도모하였고, 유럽사법재판소는 EU레벨의 법의 지배를 확보하면서 그 역할을 충분히 하고 있는 것으로 본다. EU는 우선 목적달성을 위해 이상과 같은 기구를 만들고 이들로부터 시장통합이나 통합의 프로젝트를 단계적으로 만들어 성공시켰던 것이다.

또한 EU의 기구는 유럽이라는 동일성을 형성하는 부차적 효과도 발생하고 있다. EU에서는 공통의 역사적・문화적 동일성이 반드시 존재하는 것이 아님에도 불구하고 위원회나 구주의회 등의 EU의 제기관이 공통의 룰을 통해서 분쟁을 해결하고 예를 들어 환경이나 소비자보호 등의 유럽 레벨에서 제 문제에 대해 효과적으로 대처하는 것을 보고 우리를 포함한 주변국가들과의 돈독한 관계를 통해 민주주의・인권・법의 지배에 공동체의 가능성을 생각하게 한다.

---

36) 東アジア國家間秩序の展望一森嶋通夫著日本にできることは何か一東アジア共同体を提案するを素材に, 『法律時報』74巻4号(2002), 42-58면.

유럽경찰의 조직과 권한*

문장일**

Ⅰ. 서설

유럽의 역내에서의 점진적인 국경통제의 해제로 인하여 역내시장이 형성되었다. 이에 수반된 부정적 결과는 범죄의 국제성이었고[1], 이로써 유럽연합의 시민의 안전이 위협받게 되었다. 이러한 위협에 대처하기 위하여 Maastricht조약은 범죄예방 및 진압을 위해 회원국들과 그 형사사법기관들의 협력 및 유럽경찰의 창설에 관한 규정을 두었다. 유럽경찰은 1992년에 체결된 Maastricht조약(일명 유럽연합조약) 제K.1조9호에 근거한다. 이에 의하면 유럽연합의 목적, 특히, 거주이전의 자유를 실현하기 위하여, 회원국들은 9가지 영역에 관한 사항을 공동의 이익으로 하였다. 이 9가지 공동의 이익 중의 하

---

* 이 논문은 2004년도 한국학술진흥재단의 지원에 의하여 연구되었음. (KRF-2004-072-BS3068)

** 영남대학교 법과대학 강사, 법학박사

1) 유럽에서의 조직범죄의 발달과정에 관한 자세한 기술은 Krevert(1998).

나가 경찰의 협력이다. 이 이익이란, 문자 그대로 인용하자면, "필요한 경우 관세영역의 일정한 부분에 있어서의 협력을 포함하여, 유럽경찰로써(Europol) 정보교환을 위한 전연합적 체제구축을 통하여 테러, 불법 마약, 여타의 국제적 범죄의 중한 형태의 예방 및 진압을 위한 경찰의 협력"이다(유럽연합조약 제K.1조9호). Maastricht 조약의 목적은 유럽마약범죄대처청의 (Europäische Drogeneinheit; 약칭 EDU) 설치로써 처음으로 구체화되었다[2]. 이어서 유럽연합회원국들 사이의 경찰협력은 1995년 유럽경찰협약의[3] 조인에 근거한 유럽경찰(Europol)이 창설됨으로써 활로를 찾았다. 1998년 말경 모든 회원국의 비준절차를 마치고 유럽경찰협약이 발효되었으며, 1999년 7월 1일 유럽경찰은 공식적으로 그 활동을 개시하였다[4]. 소재지는 네덜란드의 헤이그이다[5]. 암스테르담조약에(1997년) 근거하여 각료이사회는 유럽경찰의 권한 확대를 위한 일련의 조치를 취할 수 있었다. 1999년 Tampere 정상회담에서 각료이사회는 가까운 장래에 범죄에 대한 유럽경찰의 역할의 강화를 구체화하기로 합의하였다. 이에 의하면 유럽경찰은 회원국으로부터 전략적 정보를 받을 수 있고, 공동의 수사팀을 운영할 수 있다. 그럼으로써 유럽경찰협약에 명시된 정보수집 및 분석의 임무를 넘어서 유럽경찰이 회원국에서 회원국 해당 관청과 공동으로 구체적 수사활동을 할 수 있는 근거가 마련되었다.

---

2) 유럽경찰의 생성과정에 관한 자세한 것은 Oberleitner, 1998, 98-108면을 보라.

3) 이하에서 협약으로 약칭할 수도 있음.

4) Mitteilung betreffend die Tätigkeitsaufnahme von Europol (Abl. 1999 C 185/01).

5) 유럽경찰과 네덜란드 간의 별도의 협약에 따라 소재지 등이 정해졌는데 그 근거규정은 유럽경찰협약 제37조이다.

경찰의 강화된 국제적 협력은 아시아권에서도 필요할 것이다. 현재 이러한 협력은 여기서 필요시 제한적으로 이루어지고 있다. 아시아지역 내에서의 교역 및 교류의 증가에 부수하여 발생하는 범죄에 효과적으로 대처하기 위해서는 국가간의 조약에 근거한 중앙상설협력기구를 설치하는 것이 필요하다고 생각된다. 이러한 기구가 아시아지역에서는 지금까지 없었다. 범죄의 억제는 경제의 자유로운 발달을 위한 필수조건이다. 그런데 유럽과는 달리, 이 필요성은 아시아 지역의 일정한 경제적, 정치적 통합을 반드시 전제할 이유는 없다고 본다. 이러한 시각에서 유럽에서의 한 역사적 산물인 유럽경찰을 연구하고 장래 아시아지역의 중앙경찰조직을 창설할 시 참고로 할 수 있다는 점에서 본 연구가 중요하다. 국제범죄에 보다 효율적으로 대처하기 위하여 우리나라도 유럽경찰과의 협약체결을 통하여 범죄자의 정보를 공유하는 것이 필요하다고 본다. 정보공유는 수집된 정보의 양 및 정보의 흐름의 방향의 관점에서 유럽연합보다 우리에게 더 많은 득을 가져다준다고 본다.

본고의 성격은 제도의 소개논문이다. 연구의 배경이나 본고의 성격상 관심의 대상이 되기 어려운 유럽경찰협약이나 그 시행규칙에서 나타날 수 있는 조문의 해석문제는, 중요하지 않는 한, 언급을 피할 것이다.

Ⅱ. 유럽경찰의 조직과 권한

유럽경찰은 현재 중앙정보수집 및 처리기관으로서 주로 활동을 하고 있다. 그러나 유럽연합조약 제30조2항a는 유럽경찰이 유럽차원의 공동의 수사활동을 지원할 수 있도록 하고 있다.

1. 법인격

유럽연합회원국들은 유럽경찰을 애당초 법인격을 갖추도록 하였다. 유럽경찰협약 제26조1항에 "유럽경찰은 법인격을 가진다"고 규정되어 있다. 유럽연합과 유럽경찰은 각자 법인격을 가지므로 양자의 관계가 문제된다. 달리 말해 유럽경찰은 제3국과의 관계에서 유럽연합으로부터 무제한적으로 독립적 법인격을 가질 수 있는가가 문제된다. 긍정하는 것이 다수설이다. 유럽경찰이 국제법상 국제조직이 갖추어야 할 모든 조건을 충족시킨다는 것이 그 논거이다. 국제조직의 개념은 법인격뿐만 아니라 행위능력도 요구하는데, 행위능력은 행위의 권한을 가진 최소한 한 개의 기관이 존재할 것을 요건으로 한다[6]. 유럽경찰은 이러한 기관 4개를 두고 있다. 부정설은 유럽경찰은 단지 국가간 협력기구이며, 유럽연합과의 관계에서 독립적인 기관이 아니라고 본다. 결론적으로 협약에 법인격성을 명시적으로 규정하고 있으므로 부정설은 타당하지 않다. 그러나 유럽경찰이 유럽연합의 제도적 틀에 속한다는 점을 감안한다면, 어떠한 현실적 제약을 부정하기 어렵다. 실제 유럽경찰은 유럽경찰과 제3국과의 협약에 있어서 각료이사회의 허가를 받아야 한다. 범죄예방 및 진압을 위한 연합의 다른 기관에는(예: 유럽사기범죄대책청) 법적 독립성이 부여되지 않았지만, 유독 유럽경찰에 법적 독립성이 부여된 이유에 관해 명시적으로 언급된 문서는 없다.

그러나 회원국들이 법인격을 가진 어떤 국제조직을 설립하였다면, 이로써 그들은 특별한 이익을 구현하려고 하였을 것이다. 회원국들이 유럽경찰을 국제법상 주체로 형성한 목적으로서는 조약에

---

6) Ipsen, Völkerrecht, 4. Aufl., §6, Rdn.14. Milke, 2003, S. 62에서 인용.

가입한 국가 및 정부의 안전(치안)의 고양, 경제적 목적 및 기본권 보장의 신장, 간접적으로는 지구촌화의 과정에서 정치적 조정능력의 획득을 들 수가 있겠다.

양국 혹은 다국간의 협력형식 보다 국제조직으로서 유럽경찰은 공동의 목적 추구에 더 적절한 형식이다. 국제조직은 회원국의 각기 다른 이익을 조정하는 역할을 국가간의 협력체 보다 더 잘 수행할 수 있다. 여기서는 의사형성과정이 단축되므로 효율적이다. 유럽경찰은 초국가적 기구이므로, 유럽경찰의 활동내용에 관한 여러 이익단체의 이익조정기능을 담당하는 개별국가에서의 국내적 토론이 생략될 수 있다. 그 반면 정치지도자는 의사결정과정에서 유리한 지위를 점하게 된다. 결국 법인으로서의 유럽경찰이라는 기구의 설립은 범죄예방 및 진압에 효율적이다.

유럽경찰의 법인격 나아가 법적 독립성에 상응하게 유럽경찰, 그 기관의 구성원, 경찰청장대리 및 유럽경찰의 직원은 면책특권을 향유한다(협약 제41조). 면책특권은 직무중 행한 발언 및 행동에 관하여 재직중 나아가 퇴직 이후에도 인정된다[7]. 면책특권으로써 회원국들은 유럽경찰을 국내법적 구속으로부터 배제시켰다. 예컨대 유럽경찰의 직원을 국내법적 제약, 특히 형사소추로써 구속한다면, 유럽경찰의 효율성이 떨어질 것이다. 이러한 배경에서 면책특권을 부여하는 것은 의미있는 것이다[8].

---

7) Protokoll aufgrund von Artikel K.3 des Vertrags über die Europäische Union und von Artikel 41 Absatz 3 des Europol-Übereinkommens über die Vorrechte und Immunitäten für Europol, die Mitglieder der Organe, die stellvertretenden Direktoren und die Bediensteten von Europol (Amtsblatt Nr. C 221 vom 19/07/1997 S. 0002 - 0010) Art. 8 Abs. 1. 한편 비밀유지 및 침묵의무에 대한 위반과 교통사고로 인한 손해배상의무에 있어서 면책특권은 예외적으로 인정되지 아니한다(Art. 8 Abs. 1 및 Art. 9).

8) 외교관과 국제조직의 구성원에서의 면책특권은 차이가 있다. 외교관의 면

2. 유럽경찰의 조직

유럽경찰협약 제27조에서 유럽경찰의 기관으로서 행정이사회, 경찰청장, 재정통제관, 예산위원회를 두고 있다. 조직개념의 기능적인 관점에서 유럽경찰과 유기적으로 관계하는 다른 조직, 즉 공동심사위원회, 공동통제기관, 각료이사회, 유럽의회도 여기서 함께 기술한다.

(1) 행정이사회

행정이사회는(Management Board; Verwaltungsrat) 각 회원국으로부터 1명씩 파견된 대표로써 구성된다. 각국 대표는 1표의 의결권을 가진다. 대표는 고문역할을 수행하는 전문가를 내동할 수 있다. 전문가는 행정이사회의 회의에 참가한다. 행정이사회의 광범위한 권한은 협약 제28조에 열거되어 있다. 이에 의하면, 행정이사회는 여러 시행규칙의 제정에 관여하거나, 이를 넘어 각료이사회의 승인이 필요하지 않는 한, 시행규칙을 스스로 확정한다. 이에 관한 예로서 행정이사회는 유럽경찰과 제3국 내지 제3기관과의 관계에 관한 규정, 유럽경찰직원의 지위에 관한 규정 및 재정규칙의 결정 등에 관여하며, 독자적으로는 연락관의 유럽경찰에 대한 권리와 의무에 관한 규칙, 유럽경찰의 행정적 임무수행에 관한 규칙, 분석목적 작업자료 및 색인체제에 관한 세부사항을 결정한다. 개별 사항별로 행정이사회의 중요한 권한을 몇 가지 더 본다면, 행정이사회는 유럽경찰의 목적 자체의 확장에 관여하며, 경찰청장을 통제하며, 유럽

책특권의 범위는 파견국을 제외한 외국에서의 사적이거나 공적인 행위이다. 반면 국제조직의 구성원은 부분적으로 파견국에 대해서도 면책특권을 가진다. 이는 파견국이 간접적으로 국제조직에 압력을 가하는 것을 방지하기 위해서이다.

경찰청장과 청장대리의 임명과 해임 등의 사항에 관여한다. 그외 행정이사회는 각료이사회로부터 위임된 여타의 임무에 대해 책임을 진다.

(2) 경찰청장

경찰청장은(Director; Direktor) 유럽경찰을 대외적으로 대표하며, 임기는 4년이다. 유럽경찰은 최소한 두 명의 청장대리를 둘 수 있다. 경찰청장은 1) 유럽경찰에 의뢰된 사항의 이행, 2) 행정업무, 3) 인사행정, 4) 행정이사회 결정의 구체화 및 실행, 5) 예산안, 직원 채용안, 5년의 재정계획안의 마련 및 유럽경찰의 예산의 실행, 6) 유럽경찰협약에 따른 혹은 행정이사회로부터 위임된 기타의 모든 임무에 대하여 책임을 진다(협약 제 29조3항).

경찰청장의 법적 책임은 이중적으로 형성되어 있다. 임명 및 해임의 결정은 각료이사회가 하며, 이에 관한 행정이사회의 입장은 참고적으로 청취되는데 불과하다. 한편 경찰청장은 그의 행정업무 수행에 관하여 각료이사회가 아니라 행정이사회에 대해 책임을 진다(협약 제29조4항). 유럽의회 역시 각료이사회에 의한 경찰청장의 임명 및 해임을 거부할 법적인 권한을 가지고 있지 않다. 경찰청장을 포함한 유럽경찰 직원의 독립성은 보장된다(협약 제30조1항). 그들은 정부, 관청, 여타의 조직 및 유럽경찰청 외의 어떠한 개인으로부터 지시를 받지 아니한다.

(3) 재정통제관, 예산위원회

의무, 지출 및 수입에 관한 통제는 재정통제관이 (Financial Controller; Finanzkontrolleur) 담당한다. 재정통제관은 행정이사회에 의해 임명되며, 그에 대하여 또한 책임을 진다(협약 제35조7항). 예산위원회는 (Financial Committee; Haushaltsausschuss) 예산에 관한 회원국별 1인의 전문가로 구성되며, 경찰청장이 제출한 예산을 심사한다(협약 제35조3항). 예산위원회는 예산 및 재정문제에 관한 자문역할을, 그럼으로써 단지 보조기관의 역할을 담당한다(협약 제35조8항).

유럽경찰의 기관은 아니지만, 조직의 기능적 측면에서 기타 유럽경찰과 관계하는 기관을 살펴본다.

예산의 구체적 집행은 공동심사위원회가(Joint Audit Committee; gemeinsamer Prüfungsausschuss) 통제한다. 이 위원회의 구성원은 유럽연합 감사원 (Rechnungshof der Europäischen Gemeinschaften) 원장의 추천에 의해 임명된다(협약 제36조2항). 공동심사위원회의 독립성에 관한 명시적 규정은 없다. 그러나 이 위원회가 외부적 임명으로 이루어지고 경찰청장은 이 위원회가 임무의 수행에 필요한 모든 정보 및 도움을 제공하여야 한다는 점에서 (협약 제36조4항) 독립성을 인정하여야 할 것이다.

협약 제24조1항에 의해 공동통제기관이(Joint Supervisory Body; Gemeinsame Kontrollinstanz) 설치된다. 이 기관은 유럽경찰이 개인정보보호규정을 준수하는가를 통제한다. 개인은 유럽경찰에 저장된 그에 관한 정보의 열람을 청구할 수 있을 뿐만 아니라(협약 제19조), 협약 제20조4항으로써 개인의 유럽경찰에 대한 예컨대 잘못된 개인정보의 수정 혹은 삭제요구에 대해, 유럽경찰의 답변이 없거나, 개인이 유럽경찰의 조치에 만족하지 못할 때, 그는 이 문제를 공동통제기관에 의뢰할 권한을 가진다. 이 기관의 구성원은 개별 회원국의 통제기관으로부터 충원된다. 다른 관청뿐만 아니라 유럽경찰도 공동통제기관에 대하여 지시할(Weisungen) 권한이 없다. 그럼에도 불구하고 현재 통제체제의 독립성은 그 이중성 때문에 불충분하다고 보고 있다. 즉 공동통제기관이 한편으로는 유럽경찰이 작성한 각각의 분석자료에(Analysendateien) 대해 입장을 표명하며, 나아가 유럽경찰에게 개인정보보호에 관한 문제를 자문한다(협약 제12조1항, 제24조3항). 다른 한편으로 공동통제기관은 개인의 개인정보침해에 있어서 법익보호기관의 (이의처리위원회: Beschwerdekommission) 기능을 담당한다(협약 제19조7항, 제24조7항). 양 기능은 서로 양립하기 어렵다.

유럽경찰에 대하여 각료이사회는 (Council of Ministers; Rat der Europäischen Union) 일종의 의회기능을 수행한다. 각료이사회는 예산권을 가지며, 유럽경찰에 관한 입법을 관장하며, 유럽경찰의 제기관에 대해 결정적 통제기능을 담당한다.

기타 유럽의회는 유럽경찰의 보고의무를 통하여 이를 통제할 수 있다. 즉, 유럽경찰은 매년 그 활동에 대한 특별보고서를 유럽의회에 제출하여야 하며, 협약의 변경도 유럽의회에 보고하여야 한다(협약 제34조1항). 이러한 보고의무는 사후적이므로, 유럽의회의 유럽경찰에 대한 통제는 아주 제한적 수준이다. 현재 유럽의회는 유럽경찰의 시행규칙의 제정에 관한 어떠한 권한도 가지지 않는다[9].

3. 유럽경찰과 회원국 협력경찰 및 제3자와의 협력

유럽경찰청이 정보를 분석한다고 하더라도, 데이터뱅크의 구축에 필요한 정보의 수집은 특히 회원국 나아가 제3자의 협조에 의존할 수밖에 없다. 그런데, 정보체제를 (Informationssystem) 위하여 유럽

9) 유럽의회의 역할에 관한 자세한 것은 Oberleitner 164-167.

연합 혹은 그 하부기관을 통한 직접적 정보수집은 허용되지 아니하며, 단지 분석목적 작업자료에 (Arbeitsdateien für Analysezwecken) 있어서는 협약 제10조4항에 따라 허용된다. 정보체제 및 분석목적 작업자료를 위하여 제3국 및 제3기관을 통한 정보수집은 허용된다.

(1) 회원국 협력경찰

유럽경찰협약의 기본원칙에 의하면 정보교환에 있어서 회원국 협력경찰만이 (National Units; Nationale Stellen) 유일하게 회원국 경찰과 유럽경찰을 연결한다(협약 제1조2항; 제4조2항). 즉 회원국 경찰과 유럽경찰의 직접적 연결은 예견되어 있지 않다. 그러나 이 원칙은 연방제 국가에서는 실용적일 수가 없다. 그래서 예컨대 독일과 같은 연방제 국가에서는 이 원칙을 해하지 않으면서도 이를 우회하는 방법을 쓰고 있다. 즉 독일의 각 주경찰은 연방경찰을(= 회원국 협력경찰) 경유하여 유럽경찰의 정보체제에 온라인으로 접속할 수 있도록 하고 있다. 그외 회원국 협력경찰과 회원국 경찰 간의 관계는 그 나라의 국내법이 규율한다.

이와 병행하여 유럽경찰과 회원국 협력경찰 간의 의사소통은 회원국이 유럽경찰에 파견한 연락관이 담당한다. 연락관은 자국 경찰의 정보를 유럽경찰에, 그 역으로 유럽경찰의 정보를 자국에 전달한다.

① 유럽경찰과 회원국 협력경찰 간의 정보소통

회원국 협력경찰의 유럽경찰에 대한 정보제공은 그 해당 회원국의 국내법상의 제약에 따라 행해진다. 협약 제7조1항에 의하면 회원국 협력경찰과 연락관은 정보체제에 (Informationssystem) 정보를 직접 입력할 수 있는데, 이 때 국내법적 절차를 존중하도록 명시하고 있다. 연락관은 유럽경찰의 지휘체계에 속하지 않고 독립적이므로 연락관은 국내법에 엄격히 기속된다. 회원국 협력경찰의 유럽경찰로부터 정보획득은 정보제공 보다도 덜 엄격하다.

② 연락관과 유럽경찰청장과의 관계

유럽경찰협약은 경찰청장이 연락관에(Liaison Officers; Verbindungsbeamte) 대한 지시권을 가지는가의 여부에 관하여 명시적 규정을 두고 있지 않다. 협약 제5조7항에 의하면, 연락관의 유럽경찰에 대한 권리와 의무는 행정이사회에서 만장일치로 정한다고 규정하고 있다. 이로부터 연락관은 경찰청장의 지휘를 제한적으로 받는다고 추론할 수도 있겠다. 그러나 유럽경찰행정이사회의 결정에서 연락관은 협력의 의무를 지지만, 결국 파견국관청의 지휘를 받는다고 규정하고 있다[10]. 따라서 유럽경찰청장은 연락관에 대하여 지시권을 행사할 수 없다.

(2) 제3자와의 관계

유럽경찰은 제3자와 정보수령에 관한 협약을(Vereinbarungen; agreements) 체결할 수 있다[11]. 그런데 각료이사회는 유럽경찰의 협약체결에 있어서 협약의 당사자, 내용을 통제하며, 협약의 승인은 만장일치로 결정한다. 이러한 절차로 인해 유럽경찰이 제3자로부터

10) BESCHLUSS DES VERWALTUNGSRATES VON EUROPOL vom 15. Oktober 1998 über die Rechte und Pflichten der Verbindungsbeamten (1999/C 26/09), Art. 6 Abs.1, Art. 7, Art. 10.

11) Rechtsakt des Rates vom 3. November 1998 über Bestimmungen über die Entgegennahme der von Dritten gelieferten Informationen durch Europol (Amtsblatt Nr. C 026 vom 30/01/1999 S. 0017 - 0018) 제2조1항.

의 정보수령은 애당초 어렵게 되어있다. 그 이유는 각료이사회가 제3자에게로의 정보전달 보다도 제3자로부터 정보수령에 있어서 개인정보의 침해의 위험성을 높게 보았기 때문이다. 그러나 일단 협약이 발효되면, 정보를 수령할 수 있으며, 수령된 정보의 신뢰성은 규정된 기준에[12] 따라 심사된다. 유럽경찰은 제3국에서 인권침해에 의해 수집된 정보임이 명백한 경우, 이를 정보체제나 분석목적 작업자료에 입력하여서는 안 된다[13]. 여기에서는 많은 나라의 형사소송법 규정과는[14] 달리 어떤 종류의 인권침해인가에 대한 제한은 없다.

제3자에 대한 정보전달에 있어서의 개인정보보호는 더 엄격하다. 제3국의 개인정보보호의 수준이 상당히 높을 때에만 정보전달을 할 수 있다.

유럽경찰이 비유럽연합 국가 혹은 기관과의(Bodies; Stellen) 협약

---

12) Rechtsakt des Rates vom 3. November 1998 über die Durchführungsbestimmungen für die von Europol geführten Arbeitsdateien zu Analysezwecken (Amtsblatt Nr. C 026 vom 30/01/1999 S. 0001 - 0009) 제11조.

13) Rechtsakt des Rates vom 3. November 1998 über Bestimmungen über die Entgegennahme der von Dritten gelieferten Informationen durch Europol (Amtsblatt Nr. C 026 vom 30/01/1999 S. 0017 - 0018) 제4조4항.

14) 예컨대 독일 형사소송규칙 제136a조 (1) Die Freiheit der Willensentschließung und der Willensbetätigung des Beschuldigten darf nicht beeinträchtigt werden durch Mißhandlung, durch Ermüdung, durch körperlichen Eingriff, durch Verabreichung von Mitteln, durch Quälerei, durch Täuschung oder durch Hypnose. Zwang darf nur angewandt werden, soweit das Strafverfahrensrecht dies zuläßt. Die Drohung mit einer nach seinen Vorschriften unzulässigen Maßnahme und das Versprechen eines gesetzlich nicht vorgesehenen Vorteils sind verboten.

(2) Maßnahmen, die das Erinnerungsvermögen oder die Einsichtsfähigkeit des Beschuldigten beeinträchtigen, sind nicht gestattet.

(3) Das Verbot der Absätze 1 und 2 gilt ohne Rücksicht auf die Einwilligung des Beschuldigten. Aussagen, die unter Verletzung dieses Verbots zustande gekommen sind, dürfen auch dann nicht verwertet werden, wenn der Beschuldigte der Verwertung zustimmt.

을 체결할 때에는 각료이사회의 통제를 받는다. 이에 비해 유럽경찰이 유럽연합의 기관과 협약을 체결할 때에는 유럽경찰 행정이사회의 승낙을 받도록 하고 있다[15]. 이와 같이 통제를 담당하는 기관의 차이는 정보수령에 있어서 개인정보침해의 위험이 비유럽국가 혹은 기관에서 보다 유럽연합의 기관에서 적을 것이라는 인식을 추론하게 한다.

정보소통은 유럽연합 내에서뿐만 아니라 제3국 및 제3기관과의 사이에서도 이루어진다. 제3국 및 제3기관과의 정보소통에 관한 구체적인 것은 시행규칙에[16] 규정되어 있다. 여기서 제3국이란 비유럽연합국가를, 제3기관이란 국제조직 및 그 산하의 공법적 기관, 다자협약에 의해 설립된 기타의 공법적 기관 및 국제형사경찰기구를[17](인터폴) 의미한다[18].

4. 유럽경찰의 목적 및 임무

협약에서 규정된 유럽경찰의 목적은 일정한 범죄의 예방 및 진압에 있어서 회원국 간의 협력증진이다. 일정한 범죄 즉 테러[19], 불

15) Rechtsakt des Rates vom 3. November 1998 über Bestimmungen über die Entgegennahme der von Dritten gelieferten Informationen durch Europol (Amtsblatt Nr. C 026 vom 30/01/1999 S. 0017 - 0018) 제2조4항.

16) RECHTSAKT DES RATES vom 3. November 1998 zur Festlegung der Bestimmungen über die externen Beziehungen von Europol zu Drittstaaten und zu Nicht-EU-Stellen (1999/C 26/04) 및 RECHTSAKT DES RATES vom 3. November 1998 über Bestimmungen über die Entgegennahme der von Dritten gelieferten Informationen durch Europol (1999/C 26/03).

17) 인터폴의 임무, 조직, 인터폴과 유럽경찰 간의 협력에 관하여서는 Milke, 2003, 116-124면을 보라.

18) 협약 제10조4항5-7호.

19) 테러에 관하여는 유럽의회가 1997년 정의한 바 있다 (Entschließung zum

법마약거래[20] 기타 중한 국제범죄에 한하여, 다수의 회원국에서 활동하는 범죄적 조직이 실제로 존재한다는 추측의 근거가 있다는 조건 하에서, 경찰의 협력을 증진시키는 것이 유럽경찰의 목적이다(협약 제2조1항). 협약 제2조1항의 문리해석상 개인정보자료의 처리를 통한 상태에 발생할시 모르는 범죄에 대한 경찰의 내비는 이 목적에 포함되어 있지 않다. 목적은 침해권한의 범위를 한정하는 기능도 한다. 이런 점에서 목적의 정확한 이해는 중요하다.

(1) 협약 부칙에 의한 협약목적의 보충

협약 제2조에 대한 부칙에는 중한 국제범죄의 목록이 상세히 규정되어 있다. 유럽경찰의 권한의 범위는 이 목록에 열거된 범죄를 포함한다.

이 부칙에 규정된 중한 국제범죄는 크게 1) 생명, 신체의 완전성 및 자유에 관한 범죄, 2) 타인의 재산, 공용물 및 사기에 관한 범죄, 3) 불법적 거래 및 환경에 대한 범죄의 세 범주로 이루어지고, 그 아래에 개별 범죄의 종류가 열거된다. 여기서 열거된 범죄 중, 특히 컴퓨터범죄 (타인의 재산, 공용물 및 사기에 관한 범죄), 환경범죄에 있어서는 이에 대한 개별 회원국의 정의가 동일하지 않다는 문제점이 있다. 따라서 조화시키는 것이 필요하게 된다. 나아가 컴

Kampf gegen den Terrorismus in der Europäischen Union Amtsblatt Nr. C 055 vom 24/02/1997 S. 0027). 그 이후 발생한 9.11테러의 영향으로 각료이사회는 2002년 결정으로써 테러에 관한 정의를 세밀하게 규정하였다 (RAHMENBESCHLUSS DES RATES vom 13. Juni 2002 zur Terrorismusbekämpfung (Amtsblatt Nr. L 164/3 vom 22/6/2002)).

20) 협약 제2조의 불법마약거래의 정의는 협약 제2조5항에 규정되어 있는데, 이 규정은 국제연합의 한 협약의 (1988.12.20일의 마약 및 향정신성 물질의 불법유통에 대한 국제연합조약 제3조1항) 정의를 사용하고 있다.

퓨터 범죄와 환경범죄 중 어떠한 것이 “중한 국제범죄”에 속하는가에 관한 명백한 기준이 없다는 문제점도 있다.

이어서 협약 부칙에는 국제범죄의 발현형식에 관한 5가지의 정의가 규정되어있다. 불법이민, 인신매매, 자동차범죄, 핵 및 방사능 물질, 돈세탁이 그것이다. 이 중에서 핵 및 방사능 물질, 돈세탁에 관한 정의는 기존의 국제조약에서 채택된 정의를 사용하고 있다.

(2) 목적 및 임무의 권한규범 제한작용

유럽경찰의 발달과정을 살펴본다면, 그 임무의 범위 그럼으로써 권한이 지속적으로 확대되어 왔다는 확정을 누구나 쉽게 내릴 수 있다[21]. 몇 가지 중요한 변화를 본다면, 우선 유럽경찰의 전신인 EDU의 (유럽마약범죄대처청) 임무는 마약범죄 분야에 한정되었다. 이후 유럽경찰의 임무의 범위는 조직범죄 (Abl. 1993 Nr. C42 / 251), 테러행위에 까지 (Abl. 1999 C26 / 05) 확장되었다. 이러한 권한의 확장이 각본에 따라 진행된 것인지, 아니면 범죄의 실제적 위협에 기한 것인지 별론으로 하더라도, 권한 확장의 근거는 협약 제43조3항이다. 이에 의하면 각료이사회는 만장일치에 의해 부칙에 규정된 범죄의 정의를 확장, 변경 혹은 보충할 수 있으며, 나아가 추가적인 범죄의 정의를 만들 수 있다. 현재 유럽차원의 공동수사팀을 운영되고 있으며[22], 유럽경찰직원은 이에 참가할 수 있지만,

---

21) 예컨대 Fisahn, KJ, 358-371. 그에 의하면 유럽경찰의 권한 확대로 인한 남용의 위험은 강화된 통제구조로써 막을 수 있는데, 국가의 경찰과 유럽경찰에 관한 현재의 법규정상 나타나는 차이점을 비교하여 보면, 유럽경찰에 있어서는 국가의 경찰 보다 통제에 있어서 결함이 있다고 한다. 유럽경찰의 통제에 관한 자세한 것은 Gleß, et al., Justitielle Einbindung und Kontrolle von Europol(http://www.iuscrim.mpg.de/bib/biblinks/krim_65.html).

22) 유럽연합조약 제30조2항a) 및 회원국의 공동수사팀의 구성에 관해서는

스스로 강제수단을 사용할 수는 없다[23]. 나아가 유럽경찰은 특수한 사건에 있어서 회원국 관청에 대하여 수사의 개시 및 지휘를 의뢰할 수 있다 (유럽연합조약 제30조2항b). 이것은 각료이사회의 권고에 의하여 구체화 되었다[24].

협약의 문언상으로 임무는 목적의 범위를 벗어나지 못한다 (협약 제3조1항). 나아가 협약 제2조1항의 목적, 제3조의 임무는 다른 권한 규범의 기초가 된다.

5. 유럽경찰의 자료체계 및 권한

유럽경찰의 자료체계는 1) 정보체제, 2) 분석목적 작업자료, 3) 색인체제로 이루어진다. 이 자료체계는 유럽경찰의 활동과 권한에 있어서 매우 중요한 부분이다. 특히 분석목적 작업자료로써 유럽경찰에 광범위한 권한이 부여되어 있다(협약 제10조).

RECHTSAKT DES RATES vom 29. Mai 2000 über die Erstellung desU¨ bereinkommens – gemäß Artikel 34 des Vertrags über die Europäische Union – über die Rechtshilfe in Strafsachen zwischen den Mitgliedstaaten der Europäischen Union (2000/C 197/01) 제 13조 및 RAHMENBESCHLUSS DES RATES vom 13. Juni 2002 über gemeinsame Ermittlungsgruppen (2002/ L 162/1) 제1조.

23) RECHTSAKT DES RATES vom 28. November 2002 zur Erstellung eines Protokolls zur Änderung des Übereinkommens über die Errichtung eines Europäischen Polizeiamts (Europol-Übereinkommen), und des Protokolls über die Vorrechte und Immunitäten für Europol, die Mitglieder der Organe, die stellvertretenden Direktoren und die Bediensteten von Europol (2002/C 312/01). 여기에서 유럽경찰협약이 개정되면서, 유럽경찰직원의 공동수사팀의 활동의 요건이 규정되었다.

24) EMPFEHLUNG DES RATES vom 28. September 2000 an die Mitgliedstaaten betreffend Ersuchen seitens Europol um Einleitung von strafrechtlichen Ermittlungen in spezifischen Fällen (2000/C 289/13).

(1) 정보체제

협약 제2조에 규정된 유럽경찰이 관할하는 범죄에 한정하여, 정보체제에는 (Information System; Informationssystem) 범죄혐의자, 전과자, 범행할 가능성이 있는 자에 관한 정보가 입력, 변경 및 이용된다(협약 제8조1항1-2호). 그러나 관할범죄와 연관이 있는 범죄자의 정보는 정보체제에 입력되지 아니한다. 연관범죄란 관할범죄를 범하기 위한 수단을 조달하는 범죄, 관할범죄의 실행을 용이하게 혹은 종료시키기 위해 행해진 범죄, 관할범죄 범죄자를 처벌을 방해하기 위해 행해진 범죄를 말한다(협약 제2조3항2호).

범죄혐의자란 단순한 주관적 혐의에 그치는 것이 아니라 협약 제2조에[25] 비추어 범행추측의 실제적 근거를 요구한다고 보아야 한다. 정보체제에는, 일정한 중한 사실이 누군가 장래 협약 제2조에 해당하는 범죄를 범할 것이라는 추측을 정당화시킬 때, 그에 대한 정보를 입력, 변경 및 이용할 수 있다. 중한 사실이란 위험과 추측의 실제적 근거의 중간에 위치하는 개념이라고 본다.

위와 같은 조건에 해당하는 자의 정보는 성명, 생년월일, 출생지, 국적, 성, 필요한 경우 신분확인에 적당한 불가변의 신체적 특징을 포함한다(협약 제8조2항). 그 외 임의적으로는 범죄의 종류, 혐의사실, 범행시간, 범행지, 사용된 혹은 사용될 범행도구, 관할관청과 사건조서, 범죄조직의 구성원일 혐의, 협약 제2조에 규정된 유럽경찰의 관할 범죄에 관한 전과에 관한 사항이 정보체제에 입력될 수 있다(협약 제8조3항).

---

25) 여기서 관할범죄의 조건으로서 범죄적 조직의 존재에 관한 실제적 추측의 근거("tatsächliche Anhaltspunkte")를 요구하고 있다.

(2) 분석목적 작업자료

협약 제10조에는 분석목적 작업자료의 (Work Files for the Purposes of Analysis; Arbeitsdateien zu Analysezwecken) 설치 및 이용에 관한 유럽경찰의 권한 및 이 자료와 관련하여 회원국과의 협력에 관한 절차를 규정하고 있다. 분석목적 작업자료에 입력될 수 있는 정보의 범위는 정보체제에 비해 보다 매우 넓다. 분석목적 작업자료란 협약 제10조1항에 의해 설치되는 관할범죄 및 연관범죄에 관한 별도의 자료를 말한다.

① 분석목적 작업자료의 설치 및 이용에 있어서의 유럽경찰의 권한

작업자료의 용도는 정보와 지식의 분석에 있다. 분석이란, 범죄수사를 지원하기 위한 목적으로 정보를 정렬, 처리 혹은 이용하는 것을 말한다(협약 제10조2항). 협약에 나타난 이 정의는 시행규칙에서도 동일하게 사용되고 있다[26].

협약 제10조6항은 분석을 두 개로 즉 일반적 혹은 전략적 분석과 개별사건분석으로 나누고 있으며, 이에 관한 정의는 시행규칙에[27] 규정되어 있다. 이에 따르면 일반적 혹은 전략적 분석이란 특별한 문제, 예컨대 마약, 테러에 관한 중요한 정보의 분석 혹은 회원국의 수사기관의 활동의 진작에 이바지 하는 분석을 말하고, 개별사건분석이란 수사의 개시 혹은 지원을 가능하게 하기 위하여 협약 제2조에 명시된 범죄의 구체적 한 사건에 있어서 한 사람 혹은

---

26) RECHTSAKT DES RATES vom 3. November 1998 über die Durchführungsbestimmungen für die von Europol geführten Arbeitsdateien zu Analysezwecken (1999/C 26/01) 제1조c).

27) RECHTSAKT DES RATES vom 3. November 1998 über die Durchführungsbestimmungen für die von Europol geführten Arbeitsdateien zu Analysezwecken (1999/C 26/01) 제10조.

조직에 관한 정보를 분석하는 것을 말한다.

사전평가에 의해 분석목적 작업자료에 편입될 수 없었던 정보의 보관에 관해서는 시행규칙이 규정하고 있다[28]. 이 정보는 분석목적 작업자료와 분리하여 보관하여야 한다. 이 정보의 사용권한은 네 가지 목적에[29] 한정하여 정보를 제공하였던 회원국 혹은 유럽경찰의 분석가에게 (Analyst ; Analytiker) 부여된다.

a. 인적 범위

분석목적 작업자료에는 1) 범죄혐의자, 전과자, 범행할 가능성이 있는 자에 관한 정보(협약 제8조1항1-2호), 2) 증언자, 3) 피해자, 4) 접촉인물, 5) 정보제공자에 관한 정보가 입력할 수 있다(협약 제10조). 증언자, 피해자 등에 있어서 범죄혐의가 없더라도 그의 정보를 입력 등 이용할 수 있으므로, 유럽경찰의 권한은 매우 넓다고 하겠다. 나아가 작업자료의 목적상 필요불가결하고 기존 작업자료의 개인정보를 보충하는 한도에서, 인종, 정치관, 종교적 및 기타의 신념, 건강정보, 성생활에 관한 개인의 민감한 정보도 수집, 입력, 처리할 수 있다[30].

b. 저장 정보의 범위

전술한 인적 범위 중 어느 범주에 속하는가에 따라 허용된 저장 정보의 범위가 다르다. 유럽경찰의 분석목적 작업자료에 관한 시행규칙 (1999/C26/01) 제6조2항에 의하면 범죄혐의자, 전과자, 범행할 가능성이 있는 자에 관하여는 다음과 같은 광범위한 정보의[31] 처리

28) 유럽경찰의 분석목적 작업자료에 관한 시행규칙 (1999/C 26/01) 제3조3항.

29) 1) 나중에 작업자료에 편입하기 위한 목적, 2) 기존의 분석목적 작업자료의 정확성과 중요성을 확인하기 위한 목적, 3) 개인정보보호에 관한 규정의 준수를 심사하기 위한 목적, 4) 개인정보가 입력된 자를 보호하기 위한 목적.

30) 협약 제10조2문, 1981년 1월 28일에 체결된 개인정보의 자동화된 처리에 있어서 인권보호에 관한 유럽평의회 협약 제6조1문.

가 된다:

- 성, 이름, 출생일, 출생지 등 기본개인정보에 관한 14개 항목,
- 신체적 특징에 관한 2개 항목,
- 지문, DNA정보, 성문, 혈액형 치열의 수사학적 신원확인수단에 관한 항목,
- 직업 및 학력에 관한 5개 항목,
- 현금, 주식, 부동산, 세금납부상황 등 개인의 경제적, 재정적 상황에 관한 8개 항목,
- 생활습관, 주거이동, 자주 가는 장소, 마약사용 등 개인행동의 특징에 관한 8개 항목,
- 접촉인물 및 접촉방법,
- 전화, 핸드폰, 팩스, 전자우편 등 사용된 통신수단,
- 승용차, 배 등 사용된 교통수단 및 그 교통수단의 등록번호,
- 범죄적 활동에 관한 8개 항목,
- 그의 정보가 입력되어 있는 다른 데이터 뱅크,
- 경제적, 재정적 상황 및 범죄적 활동과 관련있는 10개 항목의 법인에 관한 정보.

"접촉인물"에 관한 저장정보의 범위는 범죄혐의자와 동일하다. 위에서 열거한 바와 같이 범죄혐의자와 접촉인물에 있어서는 거의 무제한적으로 정보가 입력된다. 증언자, 피해자, 정보제공자에 있어서는 공통적인 것으로 기본개인정보, 신체적 특징 및 신원확인수단에 관한 정보가 입력된다. 나아가 증언자, 피해자, 정보제공자에 있어서 각각 고유한 정보도 입력된다[32]. 예컨대 피해자에 있어서는

31) 여기에서는 우리나라의 범죄수법공조자료관리규칙(1991.7.31 경찰청훈령 제73호) 제4조에 근거하여 수법원지에서 파악하는 정보 보다 매우 광범위하다.

32) RECHTSAKT DES RATES vom 3. November 1998 über die Durchführungsbestimmungen für die von Europol geführten Arbeitsdateien zu

범죄피해의 이유, 피해정도 등이 입력된다.

② 협력절차

모든 분석프로젝트에 있어서 분석팀이 구성된다. 분석팀은 분석가, 유럽경찰의 지휘부에(Europol Directorate; Europol-Leitung) 의해 임명된 유럽경찰의 직원, 회원국의 연락관 및 전문가로 구성된다. 그런데 직접적 자료입력의 권한은 분석가만이 가진다(협약 제10조2항). 회원국은 입력이 아닌 정보의 열람은 할 수 있다.

(3) 색인체제

색인체제는 단지 분석목적 작업자료의 효율적 검색을 위하여 유럽경찰이 이를 색인화한 것이다. 경찰청장, 청장대리, 적법하게 위임된 유럽경찰의 직원, 연락관은 색인체제를 열람할 수 있다. 색인이 바로 분석목적 작업자료의 내용에 연결된 것은 아니다(협약 제11조).

Ⅲ. 독일 국내법 유럽경찰법의 내용

조약은 그 이행을 위하여 통상 국내법의 제정이 필요하다. 이를 통해서 조약내용의 실행이 구체화될 수 있다. 유럽경찰의 운영을 체계적으로 이해하기 위하여 이하에서 독일을 예로 하여 유럽경찰협약이 어떻게 이행되는가를 간단히 살펴보기로 한다. 유럽경찰협약에 적응하기 위해 독일에서 제정된 법이 유럽경찰법이다(Europolgesetz).

Analysezwecken (1999/C 26/01) 제6조4-6항.

1. 유럽경찰법에 따른 권한 및 정보이용

유럽경찰법(이하 EuropolG로도 약칭할 수 있음) §1에 따라 협력경찰은 독일연방경찰청이 된다. 경찰서 및 세관은 스스로 수집한 정보가 연방경찰청이 유럽경찰의 협력경찰로서의 임무를 수행하는데 필요한 것이라고 판단하면, 이를 연방경찰청에 전달하여야 한다(EuropolG § 2 (1)). 연방경찰청은 유럽경찰에 전달할 내지 전달된 정보를 별도의 자료로써 처리할(verarbeiten) 수 있다(EuropolG § 2 (3)). 국내법상 주경찰청은 자동화된 절차에 통해서 연방경찰청을 경유하여 유럽경찰의 정보체제에 정보를 입력 및 열람할 수 있다(EuropolG § 3). 연방경찰청은 어디서 얼마나 많은 정보를 열람하였는지 혹은 정보의 조작이 있었는지 확인하기 위하여 정보열람을 기록하여야 한다. 그런데 정보열람기록은 10회의 열람 중 평균적으로 1회만 하도록 규정되어 있다(EuropolG § 3 (3)). 모든 정보열람을 자동적으로 기록하는 시스템을 구축하는 것이 기술적으로 불가능하지 않다는 점에 비추어, 정보열람에 대한 통제가 충분하지 못하다고 하겠다.

정보입력에 있어서 원칙적으로 범죄혐의자 혹은 전과자에 대한 정보를 정보체제에 입력할 수 있다(협약 제8조1항1호). 범행에 사용된 혹은 사용되었을 가능성이 높은 도구 및 범죄조직원일 가능성에 관한 정보는 일정한 조건 하에, 즉 행위, 행위자 및 기타의 증거를 토대로 형사소추가 가능할 경우에만, 제한적으로 입력할 수 있다[33].

개인정보의 보호를 위한 통제는 연방개인정보보호위원회가(der Bundesbeauftragte für den Datenschutz) 담당한다(EuropolG § 6

33) EuropolG § 3 (2); 독일연방경찰청법 (Bundeskriminalamtgesetz; 약칭 BKAG) § 8 (2).

(1)). 이 기관은 독일에서 입력한 정보에 한하여 유럽경찰 정보체제 및 색인체제를 열람할 권한을 가진다(협약 제23조1항). 나아가 이 기관은 통제를 목적으로 해당 관청에 출입할 수 있으며, 연락관의 서류를 열람할 수 있다.

유럽경찰협약 제28조2항에 행정이사회의 구성에 관한 규정을 두고 있다. 독일 유럽경찰법은 단지 행정이사회 회의에 참가하는 전문가의 선임에 관한 규정을 두고 있으나(EuropolG § 7 (1)), 정작 행정이사회의 선임에 관한 규정을 두고 있지 않다. 이런 관계로 전문가 선임에 관한 규정에 비추어 행정이사회도 연방상원에서 추천된 사람을 내무부장관이 선임하는 것으로 해석되고 있다.

2. 유럽경찰법에 따른 유럽경찰직원의 민, 형사상 책임 및 면책특권

유럽경찰협약에 의하면, 유럽경찰에서 입력되거나 처리된 개인정보가 사실적 혹은 법률적인 하자로 인해 발생한 손해에 있어서 그 손해가 발생한 회원국이 피해자에 대하여 손해배상의무를 진다. 손해발생국은 유럽경찰 혹은 다른 회원국의 잘못된 자료의 전달 등으로 인해 손해가 발생하였다는 이유로 그 책임을 면하지 못한다 (협약 제38조1항). 단지 일정한 조건 하에 다른 회원국, 유럽경찰, 혹은 독일의 각 주가 책임이 있을 때에는 독일정부가 구상권을 행사할 수 있다 (협약 제38조2항; EuropolG § 6 (5)).

유럽경찰의 행정이사회원, 유럽경찰청장, 청장대리 등의, 달리 말해 광의로 유럽경찰에서 종사하는 사람들의 (협약 제32조2항) 형사책임과 관련하여 이들은 공무원 혹은 기타 공무의무자의 지위에 준한다 (EuropolG § 8). 독일에서는 이들이 유럽경찰의 직무와 관련된 비밀을 누설하면, 유럽경찰청 자체의 징계를 받을 수 있을 뿐만[34] 아니라 국내법상 처벌될 수 있다. 그러나 처벌되기 위해서는 유럽경찰청장이 처벌을 원하고 독일연방정부의 형사소추의 위임이 있을 때 비로소 가능하다. 따라서 실제 처벌될 가능성의 매우 희박하다고 하겠다[35].

Ⅳ. 요약 및 맺음말

유럽경찰협약에 근거하여 창설된 유럽경찰은 1999년부터 공식적으로 활동하고 있다. 유럽경찰은 독립적 법인격을 가지며, 유럽경찰 및 그 직원은 면책특권을 누린다. 유럽경찰은 행정이사회, 경찰청장, 재정통제관, 예산위원회의 4 기관을 두고 있다. 특히 행정이사회는 유럽경찰의 중심적 조직으로서 규칙의 제정에 관여하거나 부분적으로 스스로 규칙을 제정하는 등 그 권한은 광범위하다. 재정 및 예산의 통제는 유럽경찰 자체에 의하여, 회원국 및 유럽연합의 관련 기관을 통하여 직접 혹은 간접적으로 행사되고 있다. 유럽경찰을 통제하는 등 이와 유기적으로 관계하는 기관으로서는 공동심사위원회, 공동통제기관, 각료이사회, 유럽의회가 있다. 각료이사회는 유럽경찰청장의 임명 및 해임권, 입법 그리고 예산권으로써 유럽경찰에 대한 실질적 통제권한을 행사한다. 공동통제기관은 독립적 기관으로서 유럽경찰에 의한 개인정보침해의 위험을 감시하는

34) RECHTSAKT DES RATES vom 3. Dezember 1998 zur Festlegung des Statuts der Bediensteten von Europol (1999/C 26/07).

35) 유럽경찰의 광범위한 면책특권을 비판하는 입장은 Ostendorf(1997), Lisken (1998).

기능을 담당한다. 유럽경찰의 목적은 일정한 중한 국제범죄의 예방 및 진압에 있어서 회원국 간의 협력증진이다. 목적을 위해 유럽경찰이 참여하는 유럽차원의 공동수사팀이 운영되고 있다. 그런데 유럽경찰의 주된 임무는 여전히 정보수집 및 처리에 있다. 유럽경찰의 권한의 중대한 내용을 나타내는 자료체계는 정보체제, 분석목적 작업자료, 색인체제로 이루어진다. 정보체제, 특히 분석목적 작업자료에서 볼 수 있는 유럽경찰의 권한은 넓다. 유럽경찰은 분석목적 작업자료를 위해 범죄혐의자와 그 접촉인물에 관한 정보를 거의 무제한적으로 입력할 수 있다. 유럽경찰의 자료체계는 대부분 회원국 및 제3자의 정보제공으로써 이루어진다. 유럽경찰과 회원국 협력경찰 간의 의사소통은 연락관이 담당한다. 회원국들은 유럽경찰협약의 이행을 위한 국내법을 가지고 있다. 유럽경찰은 한편 유럽헌법조약에 규정된 기관이지만, 회원국의 비준절차를 마친 유럽경찰협약에 기인한 제도이므로, 유럽헌법의 비준여부에 상관없이 존재한다. 유럽경찰의 권한은 완만하지만 지속적으로 확대되어 왔다. 그렇지만 한 국가의 경찰의 권한과 비교한다면, 아직도 유럽경찰의 권한은 매우 약하다고 보겠다. 유럽경찰의 권한의 정도는 유럽의 정치적 통합의 바로메타의 기능을 하는 것으로 보인다. 별도의 협약으로써 유럽경찰을 설립한 것은 유럽의 정치적 통합에 있어서 유럽경찰을 도구로써 사용한 것일 수도 있겠다. 유럽경찰협약 및 그 시행규칙에 있어서 개인정보보호에 미흡하다는 지적도 있다. 그렇지만 제도적 미비는 조문의 개정을 차치하고서라도 공동통제기관의 운영으로 일정 부분 보완될 수 있을 것으로 보인다. 아시아권에서 경제, 문화 등 국제교류의 증대와 관련하여, 이 지역에서 마약거래, 조직범죄, 인신매매 등 국제적으로 중한 범죄의 발생에 관한 양상 및 빈도에 대한 정확한 파악하에 조약에 근거한 아시아형사경찰기구의 필요성에 관한 정치적 검토가 따라야 할 것이다. 이러한 기구는 정보수집에 중점을 둘 것임으로, 그 창설을 위해서는 아시아 개별 국가의 높은 수준의 개인정보보호가 바람직할 것으로 생각된다.

주제어 : 경찰, 유럽경찰, 유럽경찰협약, 유럽경찰법, 유럽연합, 정보체제, 범죄수사, 개인정보보호

참고문헌

채형복 (2005): 유럽헌법의 쟁점과 전망, 공법학연구 제6권 제1호

Fisahn, Andress (1998): Europol : Probleme der Kontrolle. Kritische Justiz 31 (3). 358-371.

Gleß, Sabine / Grote, Rainer / Heine, Günter Justitielle Einbindung und Kontrolle von Europol (http://www.iuscrim.mpg.de/bib/biblinks/krim_65.html).

Kämper, Gregor (2001): Polizeiliche Zusammenarbeit in der Europäischen Union - Entwicklung, Rechtsformen, grundgesetzliche Zulässigkeit -, Peter Lang

Krevert, Peter (1998): Europäische Einigung und organisierte Kriminalität : Konsequenzen für Polizei und Nachrichtendienste, Wirtschaft und Gesellschaft. Europäische Beiträge zu Kriminalität und Prävention 2 (1). 1-29.

Lisken, Hans (1998): EUROPOL : ein Symptom des Verfassungswandels. Deutsche Richterzeitung 76 (2). 75-78.

Milke, Tile (2003): Europol und Eurojust - Zwei Institutionen zur internationalen Verbrechensbekämpfung und ihre justitielle Kontrolle -, Göttingen.

Mun, Jang-Il (2002): Kriminalität und Kriminalitätsstruktur in einer Großstadt Koreas (Pusan). Ein Vergleich mit europäischen Großstädten, in: Monstsschrift für Kriminologie und Strafrechtsreform, 85. Jahrgang - Heft 3. 230-242.

Oberleitner, Rainer (1998): Schengen und Europol - Kriminalitätsbekämpfung in einem Europa der inneren Sicherheit, Wien.

Ostendorf, Heribert (1997): Europol : ohne Rechtskontrolle? Neue Juristische Wochenschrift 50 (51). 3418-3420.

Sule, Satish (1999): Europol und europäischer Datenschutz, Baden-Baden.

<Zusammenfassung>

Organisation und Befugnisse der Europol

Mun, Jang-Il

Mit dem Volumen der Wirtschaft im asiatischen Raum wächst der Personenverkehr zwischen den Ländern erheblich zu. Es gab genügende Anzeichen dafür, dass die internationalen Kriminalität in diesem Raum zunimmt. Es wird in Zukunft eine Entscheidung der führenden Politiker der Länder getroffen werden, ob eine intergouvernementale polizeiliche Organisation in diesem Raum zu gründen ist, welche es noch nicht gab, um gegen die wachsende internationale Kriminalität effektiv vorzugehen. Wie Interpol der Fall ist, setzt solch eine Organisation nicht notwendigerweise eine wirtschaftliche Gemeinschaft voraus. Wenn eine intergouvernementale polizeilichn Organisation einmal errichtet wird, würde sie zumindest simbolich für den Zusammenschluss der Gemeinschaft im Bereich der Wirtschaft, der Politik usw. beitragen. Aus diesem Hintergrund wäre es von Bedeutung, die Institution Europol zu studieren, die aus dem Entwicklungsprozess der Europäischen Union experimental erricht wurde.

Mit der Studie wurde Europol bezüglich ihrer Entwicklung, Struktur und Befugnisse der Organe vorgestellt. Aus der funktionellen Struktur der Europol kann man erkennen, dass die Politiker von vornherein es unvermeidlich gesehen haben, politische Vertreter der Länder (Rat der Europäische Union) die Normsetzung der Organisation wahrzunehmen. Die Folge ist die Schwäche der parlamentarischen und justiziellen Kontrolle von Europol, welche zuerst zurücktreten und mit gewissen zeitlichen Abständen nachgeholt werden soll. Dagegen wird Finanz und Haushalt der Europol streng überwacht durch den Finanzkontrolleur, den Haushaltsausschuss und den gemeinsamen Prüfungsausschuss. Dies sind notwendige Vorkehrungen für eine intergouvernementale Organisation Europol. Die gemeinsame Kontrollinstanz, eine unabhängige Institution, überwacht die Beachtung der Datenschutzvorschriften durch Europol. Ursprünglich sah das Europol-Übereinkommen die Aufgaben der Europol in der Datensammlung und -analyse vor. Mit den schrittweisen Erweiterungen der Aufgaben kann Europol zur Zeit eine konkrete Ermittlungsarbeit der Polizeibehörden in den Mitgliedstaaten vorbereiten.

LA FRANCE ET LA CONSTITUTION EUROPEENNE*

Franck MODERNE** · Park Insoo***

L'idée d'une Constitution commune à tous les Etats faisant partie de l'Union européenne (U.E.) a connu un long cheminement, dont les origines remontent à la II ème Guerre mondiale. Le continent européen a particulièrement souffert, faut il le rappeler, du conflit déclenché par les puissances de l'Axe et par leurs alliés qui causa des millions de morts et des destructions sans nombre.

Il fallait reconstruire. Il fallait aussi mettre en place des institutions et des mécanismes, qui écarteraient la perspective d'une III éme Guerre mondiale, avec l'utilisation potentielle de l'arsenal nucléaire menaçant.

L'Europe devait encore éviter que ne s'aggravent les tensions entre les idéologies libérale et communiste, nouveau facteur de division.

L'effort de regroupement et d'entente entre les Etats européens, hier ennemis, s'est déroulé sur deux axes principaux :

---

* Cet article est étudié par offre du financement de la Fondation recherche de la Corée(KRF-2004-072-BS3068)

** Professeur émérité à l'Université Panthéon - Sorbonne (Paris I)

*** Doyen de la Faculté de droit à l'Université Yeungnam

- la mise en place du Conseil de L'Europe associant les anciens adversaires et ouvert à de nouvelles adhésions, sur la base de la reconnaissance et de la garantie des libertés fondamentales de la personne humaine, très gravement méconnues au cours de la période précédente (camps de concentrations, exterminations des juifs, etc.) Son instrument majeur sera la Convention européenne des droits de l'homme (Rome, 1950).

- la reconstruction économique de l'Europe, alors très gravement affaiblie, avec l'aide des Etats Unis. Ce fut l'origine des Communautés européennes et, plus tard, de l'Union européenne, telle qu'elle existe aujourd'hui.

La Constitution de l'Union européenne se situe dans cette seconde évolution qu'elle entend couronner en donnant à l'Europe dite des 25 des institutions communes, aux côtés des institutions nationales dont chaque Etat membre s'est doté.

Mais le projet constitutionnel soulève des difficultés politiques et son devenir est incertain.

Le rôle de la France dans ce processus est loin d'être négligeable. Avant de l'analyser sous l'angle juridique puis politique, il faut d'abord présenter l'Union européenne elle même.

Introduction : Evolution institutionnelle de l'Union européenne de la Communauté européenne du charbon et de l'acier (1951) à l'Union européenne d'aujourd'hui.

L' ≪Union européenne≫ regroupe aujourd'hui 25 Etats membres (2005) (mais ce chiffre est provisoire et d'autres adhésions sont prévues) ; elle s'est constituée en plusieurs étapes :

· 1951 : au point de départ, les six « Etats fondateurs ont décidé de renforcer leur solidarité par la signature d'un premier traité d'intégration sectorielle, le traité instituant la Communauté Economique du Charbon et de l'Acier (CECA), avec une structure spécifique (un Conseil des ministres, une Haute Autorité comme exécutif collégial, une Cour de Justice et une Assemblée commune : France, République Fédérale Allemande, Italie, Belgique, Pays Bas, Luxembourg) (Traité de Paris).

C'est le début d'un long processus d'intégration progressive dans ce cadre européen restreint.

· 1957 : après l'échec d'un projet de défense européenne commune (la Communauté européenne de défense) trop prématuré sont mises en place de nouvelles structures, communautaires entre les mêmes Etats (Traité de Rome du 25 mars 1957).

- une Communauté européenne de l'énergie atomique (CEEA), à vocation sectorielle une Communauté économique européenne, à vocation généraliste (la CEE)
- devenue, en 1992, la Communauté européenne (CE).

De ces trois Communautés, c'est la CEE qui fera le parcours le plus rapide et le plus original : dans les nouvelles structures de la Communauté Economique Européenne, on trouve dès 1957, deux institutions clés : la Commission (indépendante des gouvernements) (qui a le monopole de l'initiative en matière de lois communautaires et en surveille l'exécution) et le Conseil (représentants des gouvernements), qui assure la défense des intérêts nationaux des Etats membres et adopte les actes communautaires : règlements, directives, notamment (on y vote le plus souvent à la majorité qualifiée pour éviter le blocage).

Par ailleurs, dans le système européen dans son ensemble, la création d'une Cour de Justice des Communautés européennes (CJCE) et d'une Assemblée consultative (qui deviendra en 1962, le Parlement européen dont les membres, depuis 1976, sont élus au suffrage universel direct) complète le schéma institutionnel.

· 1992 : le Traité de Maastricht donne naissance à l'Union européenne et renforce la compétence des institutions européennes en créant deux nouveaux piliers (outre le pilier communautaire de base) : politique étrangère et de sécurité commune (PESC) et coopération renforcée dans le domaine de la justice et des affaires intérieures (JAI), devenue coopération policière et judiciaire en matière pénale avec le Traité d'Amsterdam de 1999.

Ces deux nouveaux piliers sont dits intergouvernementaux, les matières concernées relevant de la ≪souveraineté des Etats≫, au sens classique de l'expression.

Le Traité de Maastricht de 1992 a également créé une citoyenneté de l'Union et une Union économique et monétaire. L'Union monétaire a vu concrètement le jour le 1er janvier 1999 avec la disparition des monnaies nationales et la mise en circulation dans la zone d'une monnaie unique, l'euro (sauf en GB).

Les piliers non communautaires fonctionnent sur le mode intergouvernemental classique (actes décidés après négociation, à l'unanimité)

Le Traité de Maastricht sur l'Union européenne (UE) a été révisé notamment en 1997 (Traité d'Amsterdam) et en 2001, Traité de Nice (rejeté par l'Irlande : référendum du 7 juin 2001)

De nouveaux organes complètent la structure institutionnelle :

- une Cour des comptes (1992)
- un Conseil Européen des chefs d'Etats et de gouvernement, (le Président de la Commission en fait également partie)
- une Banque centrale européenne qui prend les décisions en matière de politique monétaire.

A l'occasion de chaque Traité ont été discutés les modes de fonctionnement des institutions, les relations avec les Etats membres, et les compétences respectives des institutions communautaires de l'Union Européenne et des Etats.

Le processus d'élargissement de l'Union s'est poursuivi sans discontinuer jusqu'à aujour d'hui :

- en 1957, Danemark, Irlande, Royaume Uni
- 1981, Grèce
- en 1987, Espagne, Portugal
- en 1995, Autriche, Suède, Finlande
- en 2004, Chypre, Estonie, Hongrie, Lituanie, Lettonie, Malte, Pologne, République Tchèque, Slovaquie, Slovénie.

D'autres Etats sont candidats (Ex Yougoslavie fédérale, Roumanie, Bulgarie, Turquie) ; restent en dehors de l'Union européenne : la Suisse, la Norvège, l'Islande. La Roumanie et la Bulgarie doivent intégrer l'Union en 2007.

Depuis le 1er mai 2004, la population des Etats de l'Union Européenne s'élève à plus de 450 millions d'habitants.

L'idée d'une ≪Constitution≫ propre à cet ensemble d'Etats est née en Allemagne, avec le discours du ministre des Affaires étrangères, J. Fischer, à Berlin, le 12 mai 2000 ; elle fut reprise aussitôt par le Président Chirac (allocution du 27 juin 2000 devant le Bundestag allemand) et reçut l'adhésion de T. Blair (Grande Bretagne) et J.M. Aznar (Espagne)

Le Parlement européen reprend l'initiative du processus constitutionnel en imaginant la réunion d'une Convention chargée de rédiger un traité. Cette Convention se réunira effectivement au début de 2002, sous la présidence de V. Giscard d'Estaing (les membres de la Convention sont en majorité des parlementaires, et chaque gouvernement y dispose d'un représentant).

Pendant un an, la Convention fait avancer le projet de Constitution ; les débats y ont été ouverts et largement publics. La difficulté majeure a été la pondération des voix des Etats au Conseil des ministres ou au Conseil européen : la Pologne et l'Espagne avaient obtenu à Nice une représentation quasi identique à celle de la République Fédérale Allemande, de la France, de la Grande Bretagne et de l'Italie avec 27voix (contre 29), et ne veulent pas revenir sur cet avantage.

Le 18 juin 2004, le Conseil européen de Bruxelles adopte le ≪projet de Traité instituant une Constitution pour l'Europe≫.

S'ouvre alors l'étape de ratification. Plusieurs pays ratifient le projet constitutionnel : soit par voie référendaire (Espagne), soit par voie parlementaire (Italie, Allemagne fédérale, etc.) mais la difficulté viendra des référendums de ratification organisés (en France le 29 mai 2005) et aux Pays Bas qui donneront des résultats négatifs, compromettant ainsi fortement l'avenir de la Constitution Européenne (d'autant que la France et les Pays Bas font partie des Etats fondateurs de la Communauté économique européenne et qu'il est difficile d'imaginer une Europe constitutionnellement viable sans ces Etats).

Le processus de ratification de la Constitution Européenne se poursuit toujours, mais sans enthousiasme…

Ⅰ. PRESENTATION DE LA ≪CONSTITUTION POUR L' EUROPE≫: (OU ≪CONSTITUTION EUROPEENNE≫)

Il faut d'abord se prononcer sur la nature juridique du texte, qui se présente comme un projet de ≪Constitution≫ pour l'Europe mais qui a adopté le forme d'un ≪traité≫. Il conviendra ensuite d'analyser brièvement le contenu du Traité Constitution, dans ses dispositions essentielles.

A-LA NATURE JURIDIQUE DE LA CONSTITUTION DE L'UNION EUROPEENNE: CONSTITUTION OU TRAITE?

La ≪Constitution européenne≫ ne peut pas être totalement assimilée à la Constitution d'un Etat ordinaire :

1) parce qu'il ne s'agit pas exactement d'une Constitution mais d'un traité international
2) parce que l'Union européenne n'est pas à proprement parler un Etat, au sens classique du terme

Reprenons ces deux points :

1) Il ne s'agit pas exactement d'une Constitution mais d'un traité établissant une Constitution

Est ce la même chose ? Juridiquement non : un traité est un instrument du droit international qui lie des Etats souverains une Constitution est un instrument du droit interne, l'instrument majeur qui fonde un véritable communauté politique et l'organise en tant que communauté nationale au sens politico juridique du terme. Cela dit, il y a eu controverse.

a) Certains soutiennent qu'il s'agit bien d'une Constitution de l'Europe communau taire :
   - parce qu'elle contient les grandes règles qui fixent la répartition du pouvoir et l'exercice du pouvoir au sein de l'Union Européenne ;
   - parce qu'elle se présente comme un texte de valeur supérieure.

L'article I G souligne à cet égard que ≪La Constitution et le droit adopté pas les institutions de l'Union Européenne dans l'exercice des compétences qui leur sont attribuées, priment le droit des Etats membres≫

Cette primauté doit être entendue, selon la jurisprudence de la Cour de Justice des Communautés Européennes, comme s'imposant à l'ensemble des normes nationales des Etats membres, y compris au niveau constitutionnel. Mais il y a là un thème de controverse (CJCE 15 juillet 1964, Costa ; s'agissant de droits fondamentaux, voir aussi CJCE 14 octobre 2004, Omega)

   - parce qu'elle organise une communauté politique, forgée autour de valeurs communes et des droits fondamentaux communs (Partie II) et résolue à suivre le même chemin (Préambule).

b) D'autres soutiennent qu'il s'agit d'abord d'un traité international
   - parce que ce texte ne peut être modifié qu'à l'unanimité des Etats membres - alors qu'une Constitution peut être modifiée à une majorité plus ou moins renforcée.
   - parce que le Traité n'est pas le fondement ultime des normes du droit national de chacun des Etats membres.

On a proposé de l'appeler Traité fondamental ou Loi fondamentale de l'Europe plutôt que Constitution européenne.

2) L'Union européenne n'est pas exactement un Etat

Si l'on reprend les éléments classiques de la définition de l'Etat (population, territoire, gouvernement souverain à l'intérieur : police, impôts etc., et disposant du pouvoir d'établir des relations internationales avec d'autres Etats , de faire la paix ou la guerre), l'Union Européenne ne détient pas les moyens nécessaires à de telles ambitions : il n'y a ni pouvoir fiscal européen, ni police européenne, ni armée européenne, ni prisons européennes.

Selon une partie de la doctrine il n'y a pas de ≪peuple≫ européen, mais ≪des≫ peuples européens, il n'y a pas de véritable sentiment d'appartenance ≪européenne≫ mais des sentiments d'appartenance nationale (liées aux histoires de chaque Etat). L'Union Européenne n'est pas ≪souveraine≫, elle n'est pas maîtresse de ses propres compétences. Le Traité sur la Constitution de l'Union Européenne n'est pas à proprement parler une Grundnorm dont les autres règles applicables sur le ≪territoire≫ national des Etats membres tiendraient leur validité.

Le Traité portant Constitution de l'Europe signé le 29 août 2004 à Rome reste un Traité international, négocié par les Etats et ratifié par eux ; s'il est dénommé Constitution, c'est une étiquette formelle et les Etats signataires restent pleinement souverains (procédure de l'unanimité pour les modifications éventuelles - art IV-444et IV-445).

Selon d'autres auteurs (1) (JC Piris : ≪L'Union Européenne : vers une nouvelle forme de fédéralisme≫ RTDE 2005, n°41, p 243), l'Union Européenne serait une union partiellement fédérale, qui comporterait certains éléments de fédéralisme : principe d'attribution de compétences (l'Union Européenne agit dans les limites des compétences à elle attribuées, comme un Etat fédéral, en vue d'atteindre les objectifs qui lui ont été fixés), principe de la primauté du droit de l'Union Européenne, principe de l'effet direct du droit de l'Union Européenne dont les nationaux des Etats membres peuvent se prévaloir devant les tribunaux (CJCE : 5 février 1963 *Van Gend et Loos* - CJCE 4 décembre 1974 *Van Duyn* etc.), principe de subsidiarité, principe du fédéralisme d'exécution, etc.

(1) JC Piris : ≪L'Union Européenne : vers une nouvelle forme de fédéralisme≫ *Revue Trimestrielle de Droit Européen* 2005, n°41, p 243.

B-ANALYSE DU TRAITE-CONSTITUTION

Le Traité portant Constitution de l'Union Européenne repose sur des principes de base qui en forment le socle - et comporte une architecture institutionnelle qui en dessine la structure.

1) Les principes de base

Les principes de base sur lesquels repose l'Union européenne peuvent être résumés ainsi :

- reconnaissance de certaines valeurs et des droits fondamentaux attachés à la personne humaine.
- principe de primauté du droit de l'Union
- principe de subsidiarité du droit de l'Union

a) Le socle idéologique : la reconnaissance des valeurs de l'Union et des droits fondamentaux de l'individu.

Le partage de valeurs communes aux Etats membres de l'Union et la reconnaissance des droits fondamentaux de la personne humaine est l'une des raisons d'être et l'un des objectifs de base de l'Union. L'Union est ≪ouverte aux Etats européens qui respectent ses valeurs et s'engagent à les promouvoir en commun≫, énonce l'article 1er, 2°.

a_1) Les valeurs défendues par l'Union sont évoquées dès l'article 1,2° du Traité constitutionnel :
Respect de la dignité humaine
Liberté
Démocratie
Egalité
Principe de l'Etat de droit
Respect des droits de l'homme y compris des droits des personnes appartenant à des minorités nationales.

Il n'est guère utile d'insister sur l'aspect proclamatoire de ces dispositions qui, selon le Préambule, soulignent les ≪valeurs communes aux Etats membres dans une société caractérisée par le pluralisme, la non discrimination, la tolérance, la justice, la solidarité et l'égalité entre les femmes et les hommes≫ (1)

L'intérêt de ce rappel (car la plupart de ces principes figuraient dans le Traité sur l'Union Européenne, modifié par le Traité d'Amsterdam) est double : il conditionne l'entrée de nouveaux Etats (problème de l'adhésion de la Turquie) et il justifie la suspension des droits de vote, voire l'exclusion, d'un Etat membre en cas de violation flagrante et répétée de ces valeurs.

(1) On observera que la référence formelle aux valeurs chrétiennes a fait l'objet de controverses mais a été écartée (problème de l'adhésion de la Turquie)

a_2) Les droits fondamentaux sont ceux de la personne humaine et ils sont longuement énumérés avec leurs caractéristiques principales dans la· Charte des droits fondamentaux adoptée à Nice le 7 décembre 2000 (par convention spéciale) et signée par le Parlement, le Conseil et la Commission. Cette Charte a été constitutionnalisée dans la partie II du Traité Constitution (voir aussi article I-9).

On trouve dans la Charte l'ensemble des droits de la personne humaine, de l'homme en tant que tel et du citoyen. Nombre de ces droits sont d'ailleurs repris de la Convention européenne des droits de l'homme qui a une portée plus large puisqu'elle s'applique aux 45 Etats membres du Conseil de l'Europe.

Ces droits et libertés sont axés sur des valeurs classiques qui constituent, selon le Préambule de la Charte, ≪le patrimoine spirituel et moral≫ de l'Union européenne.

On y trouve proclamés: la dignité de la personne humaine, le droit à la vie, le droit à l'intégrité, physique et mentale de la personne, l'interdiction des pratiques de torture, d'esclavage, de travail forcé, interdiction des traitements inhumains et dégradants, le droit à la liberté physique, la sûreté, le droit au respect de la vie privée et familiale, à la protection des données à caractère personnel, le droit de fonder une famille, la liberté de pensée, de conscience et de religion, la liberté d'expression, d'information, de réunion et d'association, le droit à l'éducation, le droit au travail, le droit de propriété, le droit d'asile. La liberté de circulation et de séjour est proclamée séparément (article II 105). Au titre de l'égalité, sont interdites les discriminations fondées sur le sexe, la race, la couleur, les origines ethniques ou sociales, les caractéristiques génétiques, la religion, la langue, les opinions politiques, l'appartenance à une minorité, la fortune, la naissance, l'âge ou l'orientation sexuelle. (art II 81)

Les droits de l'enfant, des personnes âgées, des personnes handicapées sont également affirmés.

Mentionnons aussi un certain nombre de droits au titre de la solidarité : droit à l'information et à la consultation des travailleurs dans l'entreprise, droit de négociation et d'action collective, droit d'accès aux services de placement, droit d'obtenir des conditions de travail justes et équitables, protection de la vie familiale et professionnelle, droit à la sécurité sociale et à l'aide sociale, protection des jeunes au travail, protection de la santé, de l'environnement, des consommateurs, accès aux services d'intérêt économique général.

Au titre de la citoyenneté : droit de vote et d'éligibilité de tous les citoyens de l'Union aux élections au Parlement européen (art II 99) et aux élections municipales, droit à une bonne administration.

Relevons aussi le droit à un recours effectif devant un Tribunal impartial (art II 107) le droit à la présomption d'innocence et à la défense (art II 108), les principes de l'égalité et de la proportionnalité des délits et des peines (art II 109), le principe *non bis in idem, etc*.

b) le principe de primauté du droit de l'Union

L'article I G de la Constitution européenne dispose que la

Constitution et le droit adopté par les institutions de l'Union dans l'exercice de leurs compétences ≪priment le droit des Etats membres≫.

Cette disposition confirme la jurisprudence de la Cour de Luxembourg qui avait très vite affirmé une telle primauté. Elle rapproche la Constitution de l'Union Européenne de celle d'un Etat fédéral (République fédérale allemande : art 31 - (1) USA, art VI,Sect.2) (2).

Déjà la Cour de Justice des Communautés Européennes avait insisté sur le caractère absolu de la primauté du droit communautaire, y compris sur la Constitution des Etats membres : arrêt du 17 décembre 1970, *Internationale Handegesellsachft* : ≪l'invocation d'atteintes portées soit aux droits fondamentaux tels qu'ils sont formulés par la Constitution d'un Etat membre soit aux principes d'une structure constitutionnelle nationale, ne saurait affecter la validité d'un acte de la Communauté ou ses effets sur le territoire de ces Etats≫ CJCE 11 janvier 2000 *Tanja Kneil* (prévalence d'une directive communautaire sur une disposition de la Constitution de l'Allemagne fédérale qui refusait aux femmes l'accès des emplois militaires comportant l'utilisation d'armes)

Mais les juges constitutionnels nationaux résistent. Par exemple le Conseil Constitutionnel français (décision 2004/496 DC du 10 juin 2004, loi relative à l'économie numérique) se réserve le droit de contrôler une directive qui heurterait une ≪disposition expresse contraire de la Constitution≫. La Conseil d'Etat français suit le même raisonnement (CE 3 déc. 2001, *Société nationale des industries de presse*).

L'affirmation constitutionnelle de la primauté du droit

constitutionnel et dérivé européen sur les droits internes suffirait elle ? Certains le pensent, puisque la primauté est ici affirmée par l'Union européenne elle même dans sa propre Constitution. D'autres restent sceptiques.

Déjà le Conseil Constitutionnel français (décision n° 2004 505 DC du 19 novembre 2004) a relevé que l'article I-6 ≪ne confère pas au principe de primauté une portée autre que celle qui était antérieurement la sienne≫ (interprétation neutralisante).

Selon la Déclaration n°1 jointe au Traité Constitution, l'article I reflète la jurisprudence existante de la Cour de justice de Luxembourg ; par ailleurs, l'expression ≪dans l'exercice des compétences qui sont attribuées≫ aux institutions de l'Union, pourrait signifier une possibilité de contrôle, par les juridictions nationales, des éventuels dépassements de compétence commis par les institutions de l'Union (*ultra vires*) : on peut citer ici l'exemple de la Cour de Karlisrube (12 octobre.1993 Brunner) ou de la Cour Suprême du Danemark (6 avril 1998, *Carlsen*). Les dépassements réels ne seraient plus couverts par le principe de primauté.

La Cour constitutionnelle allemande laisse planer une menace sur l'applicabilité du droit communautaire sur le territoire national au cas où ce droit porterait atteinte aux fondements mêmes de l'ordre constitutionnel et aux droits fondamentaux constitution nellement garantis (*Solange I*, 29 mai 1974 ; *Solange II*, 22 octobre 1986). On fera les mêmes observations à propos de la Cour Constitutionnelle Italienne (22 décembre 1973, *Frontoni*_ 8 juin 1984, *Granital*, etc.).

Cela dit, l'interprétation neutralisante de la primauté du droit communautaire pourrait se heurter à quelques difficultés : la Cour de justice de l'Union européenne (art.I-29) pourrait

(1) *Bundesrecht bricht Landesrecht*

(2) ≪La présente Constitution et les lois des Etats Unis qui servent prises pour son application et tous les traités conclus ou qui seront conclu sous l'autorité des Etats Unis seront la loi suprême du pays et les juges, dans chaque Etat, seront liés de ce fait nonobstant toute disposition contraire dans la Constitution ou les lois de l'un quelconque des Etats.

se voir se voir encouragée par cette légitimation ≪constitutionnelle≫ de la jurisprudence de la Cour de justice des Communautés Européennes et développer sa jurisprudence dans le même sens ; la primauté vaut, selon le nouveau texte, pour les politiques communautaires de la partie III du

Traité (politique étrangère et de sécurité politique d'entre aide répressive), ce qui en démultiplie les potentialités.

Toutes les ambiguïtés ne sont pas dissipées, d'autant que l'article I 5 du Traité Constitution souligne que l'Union ≪respecte l'égalité des Etats membres devant la Constitution ainsi que leur identité nationale inhérente à leurs structures fondamentales, politiques et constitutionnelles ; elle respecte les fonctions essentielles de l'Etat notamment celles qui ont pour objet d'assurer son intégrité territoriale, de maintenir l'ordre public et d'assurer la sécurité nationale≫.

c) Le principe de subsidiarité.

C'est un autre principe moteur de la construction constitutionnelle européenne en ce qu'il permet de mieux délimiter les compétences de l'Union et des Etats. En ce qui concerne l'Union, ses compétences doivent respecter le principe d'attribution – ce qui impose à l'Union d'agir ≪dans les limites des compétences que les Etats membres lui ont attribuées pour atteindre les objectifs qu'elle établit : art I 11, 1er – de sorte que toute compétence qui n'est pas attribuée expressément à l'Union appartient aux Etats membres (*ibid.*)

En vertu du principe de subsidiarité (art I 11, 3°), lorsqu'il ne s'agit pas de ses compétences exclusives (1), l'Union intervient dans la seule mesure où les objectifs visés ne peuvent être atteints de manière suffisante par les Etats membres – et où l'intervention de l'Union permettrait de mieux atteindre de tels objectifs.

C'est dans le domaine des compétences dites concurrentes, partagées entre l'Union et les Etats membres, que le principe de subsidiarité trouve à s'exprimer (art I-12) ; c'est là que se situent les zones les plus importantes d'intervention de l'Union (développement technologique, recherche, espace, coopération au développement, aide humanitaire etc.)

L'Union, certes, peut prendre des initiatives, lancer des programmes mais l'exercice de ses compétences ne saurait empêcher les Etats membres d'exercer les leurs dans cette même zone d'intervention.

Selon les Protocoles I et II annexés au Traité Constitution, les Parlements nationaux peuvent exercer un contrôle sur les propositions de la Commission qui affecteraient le principe de subsidiarité.

Mieux informés en matière européenne (Protocole I), les Parlements jouent le rôle de sentinelles de la subsidiarité et devront se prononcer sur les propositions de la Commission, avant décision du Conseil européen ou du Parlement européen. Ils donneront un avis motivé relatif au principe de subsidiarité dans les six semaines.

De son côté, la Cour de Justice des Communautés Européennes (Protocole II) est déclarée compétente pour les recours en annulation d'un acte communautaire soupçonné d'avoir violé le principe de subsidiarité (art 7).

(1) Compétences exclusives (art. I 13) : union douanière, établissement des règles de concurrence nécessaires au fonctionnement du marché intérieur, politique monétaire commune dans la zone euro, conservation des ressources biologiques de la mer et politique commune de la pêche, politique commerciale commune. Lorsqu'une compétence est exclusive, l'Union seule peut légiférer et adopter des actes juridiquement contraignants.

2) L'architecture institutionnelle de l'Union européenne

Selon le Traité Constitution, adopté à Rome le 29 août 2004, il s'agit de mettre en place un cadre institutionnel unique après les échecs sur ce point des traités d'Amsterdam (1997) et de Nice (2001).

Le projet de Constitution maintient les institutions antérieures mais les resitue dans le nouveau cadre de l'Europe élargie à 25 Etats membres.

a) Les organes intergouvernementaux

Ce sont les plus efficaces dans le système constitutionnel européen.

a_1) Le Conseil européen : il existait déjà mais n'avait pas été élevé officiellement au rang d'institution communautaire.

A l'origine, il était formé des chefs d'Etat ou de gouvernement auxquels se joignait le Président de la Commission.

Désormais, il est composé par les chefs d'Etat ou de gouvernement, le Président de la Commission et les ministres des Affaires étrangères des Etats membres de l'Union.

Il fixe les orientations générales de l'Union européenne, et arrête les grands choix politiques. Organe ≪moteur≫,[2] il se prononce sur les projets de révision des politiques communautaires ; il nomme les membres de la Commission ; il décide également des orientations générales en matière de politique étrangère et de sécurité commune (PESC).

Le mode de décision ordinaire du Conseil européen est le *consensus*.

a_2) Le Conseil des ministres : il exerce, avec le Parlement, la fonction législative et budgétaire ; il est chargé de définir les politiques européennes concrètes.

Il y a autant de Conseils de ministres que de secteurs d'activité de l'Union, avec notamment un Conseil ≪Affaires générales≫, un Conseil ≪Economie - Finances≫, etc. Un Conseil, dit ≪législatif≫ à l'origine, a été supprimé au profit du Conseil ≪Affaires générales≫, lequel a vocation à traiter les questions législatives.

Le problème de la Présidence du Conseil et de la durée des fonctions présidentielles a suscité des difficultés que le projet de Constitution européenne n'a pas totalement résolues.

L'autre grand problème est celui de la représentation des Etat au Conseil ; le système des quotas de voix par Etat avait été proposé, mais il fut contesté et le projet de Constitution l'a abandonné.

Aujourd'hui (après Nice) : – République Fédérale Allemande, France Grande Bretagne, Italie : 29 voix
– Espagne et Pologne : 27 voix
– Pays Bas : 13 voix
– Belgique : 12 voix
etc.

Au total, 324 voix et, pour la majorité qualifiée, 232 voix(la majorité qualifiée doit être constituée par les deux tiers des Etats membres représentant 62 % de la population).

La minorité de blocage nécessite au moins les voix des trois grands Etats (mais la recherche du *consensus* représente encore pour beaucoup une méthode de référence)

Le projet de Constitution renonce au système des quotas au profit de celui de la double majorité : toute décision doit obtenir 55% des voix des Etats membres (72% dans certains cas) représentant 65 % de la population de l'Union.

Mais les petits et moyens Etats détiennent en fait l'initiative, au moins au premier tour, et les grands Etats ne peuvent, au deuxième tour, que confirmer un rejeter leurs propositions.

Le système des votes à l'unanimité ou à la majorité dite ≪qualifiée≫ a été critiqué : la majorité qualifiée progresse, mais lentement et l'unanimité se maintient dans la plupart des hypothèses.

b) La Commission européenne

Elle assure une mission de représentation de l'intérêt communautaire et de gardien de la légalité communautaire (art I-26), ainsi qu'une mission d'initiative puisque aucun acte législatif ne peut être adopté sans qu'elle en ait fait la proposition(I-26 §2)

Aujourd'hui (depuis le Traité de Nice), joue le principe d'égalité, chaque Etat membre ayant le droit de proposer un commissaire. Le projet de Constitution prévoit que, dans un second temps, il conviendra de réduire à 18 ou 19 le nombre des membres de la Commission (ce qui correspond aux deux tiers des Etats membres) ; les autres membres (à l'exception du Président et du Ministre des Affaires étrangères) devront être désignés selon les principes de la rotation égalitaire et de la représentation géographique équitable.

La Commission est responsable devant le Parlement européen (notion de censure votée par ce dernier).

Le Président de la Commission est élu par le Parlement européen et ses pouvoirs ont été renforcés.

c) Le Parlement

Détenteur de la légitimité démocratique, il représente les citoyens de l'Union au suffrage universel direct (principe de la représentation proportionnelle) mais les modes de scrutin restent discordants-et la participation électorale faible.

Le projet de Constitution fixe à 750 le nombre total des représentants. Aucun Etat ne peut y disposer de plus de 96 sièges (République Fédérales Allemande) et moins de 6 sièges (mais cela crée des distorsions : 1 électeur maltais pèse 12 fois plus qu'un électeur allemand). Il exerce des fonctions législatives et budgétaire (avec le Conseil), outre ces fonctions électives (Président de la Commission) et de contrôle, selon le Traité.

Le rôle du Parlement s'est accru dans la désignation de la Commission (approbation finale)

Sur le plan des actes, le Traité-Constitution renforce le rôle du Parlement dans l'élaboration des actes législatifs. Ils sont pris selon les procédures de co- décision (II. 396) (I, 34) : adoption conjointe par le Parlement et le Conseil dont l'accord est nécessaire. Cela vaut pour les lois et les lois cadres européennes (majorité qualifiée au Conseil). Mais des procédures « spéciales » ne sont pas à exclure, qui faussent les perspectives.

Une heureuse initiative a été inscrite dans le Traité Constitution : le droit d'initiative populaire (art. I 47) : 1 million de citoyens peuvent inviter la Commission à soumettre au Conseil des ministres une proposition appropriée sur un thème déterminé (dans le cadre de ses compétences). Mais il faudra préciser les modalités et la portée de cette innovation.

c) Les autres institutions

c_1) Cour de justice de l'Union européenne (ex Cour de Justice des Communautés Européennes) : elle est constituée par deux organes juridictionnels :

- la Cour (un juge par Etat , avocats généraux)
- le Tribunal (un juge par Etat)

Les juges sont des personnalités indépendantes nommées d'un

commun accord par les gouvernements des Etats membres pour six ans et rééligibles une fois.

La Cour statue sur les recours formés par un Etat, une institution ou les citoyens, et elle se prononce sur les recours en interprétation.

c_2) Banque centrale européenne (euro système) : elle conduit, avec les Banques centrales nationales, le ≪Système européen des Banques centrales≫, dont les objectifs sont la stabilité des prix et le soutien aux politiques économiques nationales ; elle autorise l'émission de l'euro.

c_3) Cour des comptes : elle est chargée du contrôle des comptes des institutions de l'Union européenne

c_4) Organes consultatifs : ils sont spécialisés :
- Comité des régions
- Comité économique et social

II. LA POSITION DE LA FRANCE A L'EGARD DE LA CONSTITUTION EUROPEENNE.

Le projet de Constitution établi par voie de traité international a d'abord fait l'objet d'un examen juridique par le Conseil constitutionnel français. Cet examen a permis au juge constitutionnel français de se prononcer sur la compatibilité du projet de Constitution européenne avec la Constitution française du 4 octobre 1958.

On rappellera que, selon l'article 54 de notre Constitution, ≪si le Conseil constitutionnel, saisi par le Président de la République, par le Premier ministre, par le Président de l'une ou l'autre Assemblée ou par 60 députés ou 60 sénateurs, a déclaré qu'un engagement international comporte une clause contraire à la

Constitution, l'autorisation de ratifier ou d'approuver l'engagement international en cause ne peut intervenir qu'après révision de la Constitution≫.

Mais, bien que le Conseil constitutionnel, dans sa décision n°2004 505 DC du 19 novembre 2004, ait constaté que, globalement, le Traité Constitution signé à Rome le 29 octobre 2004, n'était pas contraire à la Constitution de 1958, la ratification de ce traité a été soumise à un référendum populaire, lequel a donné un résultat négatif le 29 mai 2005.

De sorte que le ≪oui≫ global juridique de juge constitutionnel français a été impuissant devant le ≪non≫ politique que lui a opposé le peuple français.

A-UNE APPRECIATION JURIDIQUE GLOBALEMENT POSITIVE

Nous ne pouvons entrer dans le détail de la décision n°2004-505 DC du Conseil constitutionnel français, en date du 19 novembre 2004, dans la mesure où, comme il y est tenu, le juge constitutionnel a dû examiner chacune des clauses du Traité de Rome au regard de la Constitution française.

Cette décision a été abondamment commentée dans les revues juridiques de langue française. On en retiendra que les principales dispositions du Traité Constitution ont été déclarées conformes à la Constitution de 1958, et que seules certaines dispositions ont été jugées contraires à la charte constitutionnelle dans la mesure où elles affectaient les ≪conditions essentielles≫ d'exercice de la souveraineté nationale.

1) L'absence de contrariété entre le Traité de Rome et la Constitution française de 1958 a été admise pour l'essentiel.

C'est là le point clé : Le raisonnement du Conseil constitutionnel écarte toute interprétation fédéraliste du Traité-Constitution pour l'Europe. Le Traité ne crée pas un Etat fédéral-ce qui aurait été une révolution juridique dans l'histoire européenne. Il peut donc être interprété dans le cadre de l'analyse classique des relations inter-étatiques, d'une part, et de la hiérarchie normative habituelle du droit interne qui place la Constitution nationale au sommet de l'ordre juridique, d'autre part.

a) Le Traité Constitution est d'abord un traité international.

Malgré l'ambiguïté de la terminologie utilisée. Les Etats membres de l'Union européenne n'ont pas entendu adopter la formule fédérale avec création d'une nouvelle entité politique, l'Etat fédéral, se superposant aux entités de base, les Etats fédérés.

Il en résulte :

– que l'Union européenne ne dispose pas de la ≪compétence de la compétence≫, n'est pas maîtresse de ses propres compétences au sein d'une architecture étatique qui lui conférerait pleine souveraineté pour les matières dites ≪fédérales≫.

L'Union a été décidée par les Etats souverains, elle n'a pas pour autant recueilli, avec le Traité Constitution, la pleine souveraineté des Etats membres.

Si la Constitution française ou celle, éventuellement, d'autres Etats européens- doit être partiellement révisée, c'est seulement parce que les Traités doivent être respectés dans la sphère du droit international et que leur intégration dans le droit national exige une révision (en France préalablement à leur ratification) de la charte constitutionnelle.

– que le Traité-Constitution ne bouleverse nullement les structures constitutionnelles existantes. Au contraire, il affirme lui même (art. II-5) que ≪I'Union respecte l'égalité des Etats membres devant la Constitution ainsi que leur identité nationale, inhérente à leurs structures fondamentales, politiques et constitutionnelles, y compris en ce qui concerne l'autonomie locale et régionale. Elle respecte les fonctions essentielles de l'Etat, notamment celles qui ont pour objet d'assurer son intégrité territoriale, de maintenir l'ordre public et de sauvegarder la sécurité nationale≫ – et cette affirmation établirait, selon certains commentateurs, par elle-même, le rôle primordial des Etats signataires. Au demeurant, les Etats disposent d'un droit de retrait volontaire qui n'est pas reconnu dans une logique fédéraliste ; (art I-60) ; au surplus, ce sont eux qui prennent les décision fondatrices de l'Union (compétences, institutions, moyens financiers, adhésion de nouveau membres) et en assurent la ratification selon leurs règles nationales ; enfin, tout ce qui concerne la défense et les affaires internationales est traité selon une logique intergouvernementale et non fédérale, dans le cadre de l'Union européenne.

A la rigueur, on pourrait admettre que la ≪Constitution≫ de l'Union européenne, ainsi rédigée par voie de traité, crée une Confédération d'Etats.

b) La primauté du droit de l'Union est compatible avec la Constitution française et n'exige aucune révision constitutionnelle.

L'article I-6 pose très clairement le principe de primauté du ≪droit de l'Union≫ et de la ≪Constitution de l'Union≫ sur le droit des Etats membres, dès lors, bien sûr, que l'Union exerce les compétences qui lui sont attribuées par la Constitution européenne.

Il convient de l'interpréter selon cette logique comme s'appliquant à la fois aux dispositions constitutionnelles stricto sensu et au droit dit ≪dérivé≫ qui émane des organes compétents de l'Union.

Or, dans des décisions n°2004-496 DC du 21 juin 2004 (loi du 21 juin 2004 pour la confiance dans l'économie numérique), n°2004-497 DC du 1er juillet 2004 (loi du 9 juillet 2004 relative aux communications électroniques), n°2004-498 DC du 29 juillet 2004 (loi du 6 avril 2004 relative à la bio-hétique), n°2004-499 DC du 29 juillet 2004 (loi relative à la protection des personnes physiques à l'égard des traitements de données à caractère personnel), le Conseil constitutionnel avait estimé que l'application du droit communautaire dérivé (notamment des directives) échappait à tout contrôle de constitutionnalité, à moins qu'elle ne heurte des dispositions constitutionnelles expresses et propres en quelque sorte au droit constitutionnel français.

En reconnaissant, dans sa décision du 19 novembre 2004, que l'article I-6 n'appelle aucune révision de la Constitution, le juge constitutionnel français tente de désamorcer les conflits potentiels entre le droit européen et la Constitution nationale. Il se sert pour cela de l'article 88-I de la Constitution selon lequel ≪La République participe aux Communautés européennes et à l'Union européenne, constituée d'Etats qui ont choisi librement, en vertu des traité qui les ont instituées, d'exercer en commun certaines de leurs compétences. Cet article 88-I validerait en quelque sorte (depuis la révision constitutionnelle du 25 juin 1992) l'acquis communautaire en même temps qu'il fonderait constitutionnellement de nouveaux transferts ou réaménagements de compétences. (1)

Le Conseil constitutionnel évite-t'il la contradiction entre sa décision du 19 novembre 2004 et ses décisions antérieures de quelques semaines ? Certains en doutent et estiment qu'il y a là une sorte d'esquive, un tour de passe passe, permettant d'éviter un affrontement brutal entre le droit de l'Union et le droit national ; en niant que cet affrontement puisse se produire car les dispositions constitutionnelles ≪propres≫ à la France échapperaient de ce fait même à

(1) D. Birouste, ≪Précision sur les rapports entre le droit constitutionnel et le droit communautaire≫, RRJ 2004 (3), page 1829 s.

toute intrusion du droit européen, par stricte application du Traité lui même, le juge constitutionnel ne se borne-t'il pas à déplacer le problème?

c) La Charte des droits fondamentaux constituait un autre point sensible, dans l'examen de constitutionnalité du Traité portant Constitution pour l'Europe dont elle est devenue la Partie II. Là encore, le Conseil constitutionnel a préféré ne pas croiser le fer avec le droit européen. Il a estimé que la Charte ne contenait pas de prescriptions susceptibles d'entrer en conflit avec le droit constitutionnel en vigueur.

D'abord, la Charte auto limite son propre champ d'application aux actes des organes de l'Union et aux actes pris au sein des Etats membres pour ≪mettre en œuvre le droit de l'Union≫. Elle ne comporte donc pas par elle même de risque de débordement.

Ensuite (art II-112-3), ≪dans la mesure où la présente Charte contient des droits correspondant à des droits garantis par la Convention Européenne des Droits de l'Homme, leur sens et leur portée sont les mêmes que ceux que leur confère la dite Convention≫. Or de nombreux droits individuels consacrés par la Charte l'étaient déjà dans la Convention de Rome de 1951. Le nouveau texte (art I-9) dispose au surplus que ≪les droits fondamentaux, tels qu'ils sont garantis par la Convention européenne de sauvegarde des droits de l'homme et des libertés fondamentales et tels qu'ils résultent des traditions constitutionnelles communes aux Etats membres, font partie du droit de l'Union en tant que principes généraux≫ − ce qui officialise encore un peu plus la symbiose entre la Convention Européenne des Droits de l'Homme et le Traité - Constitution de l'Union européenne.

Quelques problèmes ont plus particulièrement retenu l'attention du juge constitutionnel. Ainsi, le principe de laïcité de la République (art 1 de la Constitution de 1958), qui interdit à quiconque ≪de se prévaloir de ses croyances religieuses pour s'affranchir des règles légales régissant les relations mutuelles entre personnes de droit public et particuliers≫. En effet, l'article II 70 du Traité Constitution dispose que chacun a le droit de manifester, individuellement ou collectivement, par ses pratiques, sa conviction religieuse en public.

Cette disposition aurait le même sens et la même portée que l'article 9 de la Convention Européenne des Droits de l'Homme qui prévoit de sérieuses restrictions potentielles (protection de l'ordre, de la santé, de la morale publique, sécurité publique, protection des droits et des libertés d'autrui), interprétation quelque peu sollicitée mais qui a rassuré apparemment le Conseil constitutionnel, en présence des difficultés soulevées par le port du voile islamique dans les établissements d'enseignement public (1).

De même, l'article 1-2 du Traité qui se réfère au respect des droits de l'homme, y compris des droits des personnes appartenant à des minorités nationales, n'a pas été jugé

(1) Le Conseil s'était également appuyé, plutôt inconsidérément, sur un arrêt du 29 juin 2004, *Leyla Sahin c. Turquie*, dont la portée est controversée (v. RFDA 2005, p.34 s., étude F Sudre, ≪Les approximations de la décision 2004 505 DC du Conseil constitutionnel sur la Charte des droits fondamentaux de l'Union. Réflexions critiques≫.

contraire aux articles 1 et 3 de la Constitution française, lesquels prévoient ≪l'égalité devant la loi de tous les citoyens sans distinction d'origine, de race, ou de religion≫ et ne sont apparemment pas favorables à la reconnaissance des droits des minorités nationales (2).

La référence à l'article II-112 du Traité Constitutionnel (alinéa 4) prévoyant que les droits résultant des traditions constitutionnelles communes ≪doivent être interprétés en harmonie avec les dites traditions≫ pourrait paraître insuffisante ; mais elle a suffi pour valider un texte plutôt ambigu.

2) La non conformité du Traité à la Constitution française n'est relevée qu'à titre accessoire.

Certaines dispositions du Traité portant Constitution pour l'Europe ont été regardées par le Conseil constitutionnel comme affectant les ≪conditions essentielles d'exercice de la souveraineté nationale≫ ; la ratification de Traité impose donc sur ces points une révision de la charte constitutionnelle.

Il s'agit des clauses qui transfèrent à l'Union européenne des compétences intéressant l'exercice de la souveraineté nationale à divers égards.

La primauté du droit communautaire, s'agissant de sa mise en œuvre par les autorités nationales, pourrait contraindre ainsi excessivement la souveraineté nationale, telle qu'elle est prévue et consacrée par la Constitution de 1958.

Il en va ainsi :

a) des transferts de compétences qui portent surs des domaines différents de ceux qui avaient déjà fait l'objet d'un transfert.

Or certaines compétences concernant la souveraineté nationale sont transférées aux institutions de l'Union :

- contrôle aux frontières : art II-265
- coopération judiciaire en matière civile : art III-269
- coopération judiciaire en matière pénale : art III-270 et III-271
- création d'un Parquet européen appelé à exercer l'action publique pour infraction aux intérêts de l'Union en matière financière : art III- 274

b) des modalités nouvelles d'exercice des compétences déjà transférées, modalités qui réduisent les pouvoirs des Etats membres, par exemple en substituant la majorité qualifiée à l'ancienne unanimité - ou en confiant un pouvoir de décision au Parlement européen, lequel n'est pas l'émanation des souverainetés nationales ; art III-270 .27. 273-276-300 etc.

On assimilera aux hypothèses précédentes celles dans lesquelles le Conseil des ministres est autorisé à remplacer l'unanimité par la majorité qualifiée pour certains types de décisions (même si l'unanimité est requise pour faire jouer cette ≪clause-passerelle≫).(1)

De même, le Conseil constitutionnel estime que le principe de subsidiarité, bien que proclamé par la Constitution européenne (art. I-11), n'est pas une garantie suffisante de self *restraint* de la part des autorités européennes.

(1) Il n'y aura en effet, dans ce cas, ni ratification ni approbation par les Etats minoritaires (art.IV-444 et art IV-445) c)

(2) Selon le Conseil, les exigences constitutionnelles nationales ≪s'opposent à ce qui soient reconnus des droits collectifs à quelques groupes que ce soit, définis par une communauté d'origine, de culture, de langue ou de croyance≫.

c) des dispositions qui augmentent la participation des Parlement nationaux, lorsque les attributions constitutionnelles internes du gouvernement sont en cause (ce qui est le cas, en France, en matière de politique étrangère - lorsque sont mises en œuvre les procédures de révision simplifiée de l'article IV-44 pour les politiques et actions externes de l'Union (partie III, titre III) auxquels les Parlements sont davantage associés. (1)

En toute hypothèse, le sort définitif de la Constitution pour l'Europe dépendait, en France, de la procédure qui serait suivie pour la ratification du Traité après révision de la Constitution :

La procédure parlementaire avait été envisagée. Mais l'enjeu politique du débat portant sur le Constitution européenne est apparu trop important pour le Président de la République et le gouvernement de l'époque (majorité présidentielle) et c'est le voie référendaire qui a été suivie.

Elle aboutit à un échec.

B-UN REJET POPULAIRE

Le référendum organisé le 29 mai 2005 fut précédé d'une campagne où s'affrontèrent longuement les partisans du ≪oui≫ et les partisans du « non ».

Les résultats furent sans appel ; le peuple français disait ≪non≫ à la Constitution européenne.

1) Sur la campagne référendaire, quelques observations doivent être faites.

a) Il y a eu constamment interférence des considérations propres à la question posée aux Français et des considérations de politique intérieure, particulières à la situation française.

Ce mélange des genres était peut être difficilement évitable mais il a entraîné une confusion généralisée. Il n'est pas certain que les citoyens français se soit prononcés ≪pour≫ ou ≪contre≫ la Constitution européenne ; ils se sont souvent déterminés, en fonction de prises de position purement politiciennes ≪pour≫ ou ≪contre≫ le gouvernement Raffarin, ou ≪pour≫ ou un ≪contre≫

le chef de l'Etat lui même qui avait pris l'initiative de la consultation populaire. En d'autres termes, le ≪non≫ au référendum sur le Traité Constitution a été alimenté par toutes les autres formes d'opposition au gouvernement et au Président de la République. Le référendum a servi d'exutoire aux mécontentements de toutes sortes.

Il était évident, dans ces conditions, que le référendum sanction d'une politique intérieure ne pouvait prétendre représenter un choix raisonné et réfléchi du peuple français sur son avenir institutionnel au sein de l'Europe communautaire.

Il n'est d'ailleurs nullement exclu que le gouvernement lui même en nette difficulté sur le plan intérieur - ait choisi de procéder à un référendum sur la Constitution européenne, référendum qu'il y avait tout lieu alors d'imaginer positif, afin de s'en approprier le bénéfice éventuel au profit de son action politique ou au soutien de la popularité de ses dirigeants.

(1) Ceux-ci peuvent s'opposer dans les six mois à une décision du Conseil européen autorisant le Conseil à se prononcer à la majorité qualifiée, et non à l'unanimité.

Quoi qu'il en soit, ces calculs à court terme ont faussé la campagne et jeté le doute sur les résultats de la consultation.

b) Les clivages entre partisans du ≪oui≫ et partisans du ≪non≫ n'ont épargné aucun des grands partis politiques.

La majorité (Union pour la Majorité Présidentielle, regroupant le parti ex ≪gaulliste≫ dont le Chef de l'Etat est issu-et une alliance des partis de droite libérale et de centre droit) s'est prononcée majoritairement pour le ≪oui≫, mais la proportion des ≪non≫ de droite est loin d'être négligeable. Les raisons de cette relative hostilité sont multiples : rejet d'une certaine forme d'Europe que l'on estime menaçante pour le mode de vie nationale, image d'une certaine France qui n'aurait rien à gagner à se fondre dans une Europe à 25 et qui au contraire risquerait d'y perdre son identité nationale, fondée sur son histoire et sa culture singulières, crainte (dans certains secteurs) d'une ≪dictature de Bruxelles≫ mal supportée etc. Sans compter l'extrême droite nationaliste, qui n'a jamais été favorable à l'Europe.

Du côté de l'opposition (en dehors du Parti communiste, systématiquement hostile à l'Europe communautaire et des fractions d'extrême gauche ou des mouvements écologistes, qui partagent les même craintes quant à une libéralisation dangereuse de l'Europe communautaire), c'est surtout au sein du Parti socialiste que la fracture a été la plus nette.

Les partisans du ≪oui≫ admettent que la société se mondialise et qu'il faut désormais appliquer de nouvelles règles du jeu. Les partisans du ≪non≫ accusent l'idée européenne d'être porteuse du démantèlement des services publics, du modèle social français et, par l'effet des délocalisations non-contrôlées, de la perte de nombreux emplois futurs. Leur opposition au libéralisme économique, aux privatisations, à la mondialisation sauvage de l'économie est déterminée. Ils ne croient pas aux politiques européennes de compensation. Ils reprochent aux partisans de l'Europe communautaire d'oublier les objectifs de justice sociale qui sont au coeur du combat de la gauche.

2) Sur les résultats et leurs interprétations, on se bornera à quelques observations.

Le rejet de la Constitution européenne était annoncé par les instituts de sondage ; ce rejet a été des plus nets : plus de 55% des électeurs (trois millions de voix d'écart avec le oui) ont voté ≪non≫. Il semble même que la tendance au rejet se voit durcie au cours des derniers jours de la campagne référendaire.

Le ≪non≫ au référendum a été plutôt un non de gauche(on l'évalue à 60%, v. J. Jaffré, ≪La France au miroir de son non≫- le Monde 19 juillet 2005, p.1- du nombre total des votes négatif) ; c'est un ≪non≫ à une certaine Europe jugée dangereuse pour le modèle social et économique français.

On sait que, depuis lors, le référendum constitutionnel a été également négatif aux Pays-Bas.

Quelles seront les incidences de cet échec? Il est difficile de les évaluer. Les autres Etats européens concernés poursuivent la ratification du Traité- Constitution (le plus souvent par voie parlementaire), comme si de rien n'était.

Mais il est difficile d'imaginer une Europe viable sans deux des Etats fondateurs (la France et les Pays-Bas) et l'on ne sait quelle sera l'attitude de la Grande Bretagne, qui a le réputation d'être plutôt eurosceptique.

Renégocier le Traité-Constitution? Ce ne sera pas facile.

L'Europe constitutionnelle se trouve pour l'instant en panne : jusqu'à quand?

<국문요약>

프랑스와 유럽헌법

프랑크 모덴* · 박인수**

유럽연합(EU)에 참여하는 모든 국가의 헌법사상은 제2차 세계대전 부터 오랫동안 진보되어 왔다. 특히 유럽대륙은 수백만의 죽음과 수없이 많은 파괴를 야기한 주류권력과 그들의 동맹에 의하여 발생한 분쟁의 고통을 경험한 것을 상기할 필요가 있다.

유럽을 재건설할 필요가 있다. 또한 위협적인 핵무기의 잠정적 사용과 함께 이루어지는 제3차 세계대전의 예정을 저지하는 기관과 기구를 설치할 필요가 있다.

유럽은 자유주의와 공산주의 사상사이의 긴장을 가중하지 않기 위하여 불화의 새로운 요인을 다시는 피해야 한다.

어제의 적이었던 유럽 국가사이에 재집결과 화합의 노력은 주요 두 축에 의하여 전개된다.

- 선행기간 동안(집단수용, 유태인 학살 등)에 매우 심대하게 부정되었던 인류의 기본적 자유의 인식과 보장에 근거하여 과거의 적이 교류하고 새로운 가입에 개방적인 유럽(인권)위원회의 설치. 그 중요한 기구는 유럽인권협약(1950년 로마)을 만들었다.
- 미국의 원조와 함께 매우 심각하게 악화된 유럽의 경제적 재건. 그것은 오늘날 존재하는 유럽공동체와 유럽연합의 기원이 되었다.

유럽연합헌법은 각 회원국이 채택한 국가기구의 외에 25 회원국

* 파리 1대학교(빵떼옹 소르본느) 교수
** 영남대학교 법과대학 학장

의 공동기구라 불리우며 유럽의 완성 단계인 두 번째 과정에 놓여 있다.

그러나 헌법안은 정치적 난관에 봉착하고 그 미래가 불확실하다.

이 과정에서 프랑스의 역할은 중대하다. 정치적 법적 시각하의 분석에 앞서 한편 유럽연합 그 자체를 살펴볼 필요가 있다.

서론 : 1951년 석탄과 철강 유럽공동체의 탄생부터 2005년 현재 25국이 가입된 유럽연합의 발전과정에 대한 일반적 설명이므로 **생략.**

(이하 목차 형식의 **간략 정리**)

Ⅰ. <유럽을 위한 헌법>의 소개 : <유럽헌법>

조약의 형태로 채택된 **유럽헌법을 위한 <헌법>안**으로 제출된 문구의 법적성격에 대하여 언급할 필요가 있다. 그것은 근본적 규정안에서 문구의 내용을 간략히 분석할 것이다.

A-유럽연합헌법의 법적 성격 : 헌법인가 조약인가?

1. 정확하게 헌법의 문제가 아니라 헌법을 제정하는 조약이다.
2. 유럽연합은 정확하게 국가가 아니다.

B-TRAITE-CONSTITUTION(조약-헌법)의 분석

1) 기본원리

a) 이론적 근간 : 연합의 가치와 개인의 기본권의 인정

a_1) 연합에 의한 방어적 가치는 헌법조약의 1.2조에서 언급하였다.

인간존엄의 존중

자유

민주주의

평등
법치국가원리
인권의 존중은 소수국에 속하는 인간의 권리를 포함한다.

a_2) 기본권은 인류의 권리이고 그것은 2000년 12월 7일 니스에서 채택된 기본권헌장 안에서 그 주요 특징과 함께 상세히 열거되었으며 유럽의회, 각료이사회, 유럽집행위원회에 의하여 승인되었다. 이 헌장은 TRAITE-CONSTITUTION(조약-헌법) 제2부(partie II)안에서 헌법화 되었다.

b) 연합법의 최고성 원리

c) 보충성 원리

2) 유럽연합의 제도적 구조

a) 정부사이의 기관
a_1) 유럽이사회
a_2) 각료이사회
b) 유럽집행위원회
c) 유럽의회
c→d) 기타 기관들
c1→d1) 유럽연합사법재판소
c2→d2) 유럽중앙은행(유로시스템)
c3→d3) 회계법원
∴ 그 외 자문기구 : -지역위원회와 경제사회위원회

Ⅱ. 유럽헌법에 관한 프랑스의 입장

국제조약에 의하여 제정된 유럽헌법안은 프랑스헌법평의회에 의한 사법심사의 대상이다. 그래서 유럽헌법안이 1958년 10월 4일 프랑스 헌법과 함께 양립할 수 있는 가에 대한 판결이 프랑스헌법재판에 허용되었다.

프랑스 헌법 제54조에 의하면 <만약 공화국의 대통령, 수상, 상원의장, 하원의장, 상원의원 60인 이상, 하원의원 60인 이상에 의한

제소에 의한 결정에서 헌법평의회가 국제조약이 헌법에 위반되는 조항을 포함하고 있다고 선언하면 국제조약의 비준 또는 승인의 허용은 헌법개정 후에만 할 수 있다.>라고 하고 있다.

헌법평의회는 2004년 11월 19일 n° 2004-505 DC du 19 novemvre 2004 결정에서 2004년 10월 29일 로마에서 확정된 TRAITE-CONSTITUTION (조약-헌법)은 총체적으로 1958년 헌법에 반하지 않는다는 합헌결정을 하였다. 그러나 이 조약의 비준은 2005년 5월 29일 국민투표에서 부결되었다.

A. 총체적 긍정적 법적 평가

프랑스 헌법평의회의 2004년 11월 19일의 n° 2004-505 DC du 19 novemvre 2004 결정에 대하여 프랑스 법률잡지들은 많은 주해를 내 놓았다. 프랑스 헌법평의회는 TRAITE-CONSTITUTION(조약-헌법) 조약의 주요 규정이 1958년 프랑스 헌법에 위반되지 않는다고 결정하면서도 몇 개의 조항은 국가주권실행의 <본질적 조건>에 영향을 주는 범주에서 헌법헌장에 위반한다고 결정하였다.

1) 로마조약과 1958년 프랑스헌법사이의 불일치의 부재는 유럽헌법의 본질적인 부분을 위하여 허용되었다.

그 주요 열쇠 : 헌법평의회의 결정 이유는 유럽을 위한 TRAITE-CONSTITUTION(조약-헌법)의 연방주의자의 전체해석과는 간격이 있다. 조약은 유럽역사에서 법적 혁명이던 연방국가의 창설은 아니다. 그래서 그것은 국가간 관계와 법질서의 최상위에서 국가헌법에 놓인 국내법의 관행적 규범 계층의 고전적 분석의 범주에서 해석되어 졌다.

a) TRAITE-CONSTITUTION(조약 헌법)은 국제조약이다.

b) 연합법의 최고성은 프랑스헌법과 양립되고 헌법개정은 요청되지 않는다.

c) **유럽을 위한 헌법을 시행하는 조약**의 합헌성 심사 안에서 유럽 헌법의 제2부에 편입된 기본권 헌장은 현저하게 다른 측면에서 구성되었다는 것이다.

2) 프랑스헌법에 조약의 불일치는 부수적 목록에서만 나타난다. **유럽을 위한 조약**의 어떤 규정은 헌법평의회에 의하여 <국가주권 실행의 본질적 조건>에 영향을 주는 것으로 간주되었다.

a) 국가주권에 관한 어떤 권한은 연합의 기구에서 변형된 것이다.
- 국경의 통제 : 제II 265조
- 민사문제에서 사법협력 : 제III 269조
- 형사문제에서 사법협력 : 제III 270 271조
- 재정문제에서 연합의 이익에 침해를 위하여 공적행위를 실행하는 것에 대하여 소환할 유럽검찰의 창설.

b) 권한 행사의 새로운 유형은 회원국의 권력을 감소한 형태이다. 예를 들어 만장일치에서 가중다수결의 대체, 유럽의회의 결정 권력의 신뢰, 국가주권을 발하지 않는 제III-270, 271, 273-276-300 조등.
헌법평의회는 비록 유럽헌법(제I-11)에 선언되어 있을 지라도 보충성의 원칙이 유럽당국 일부의 자제를 충분히 보장하고 있지 않다고 평가했다.

c) 국가의회참여 증가 조항

B-인민의 거부

프랑스 인민은 2005년 5월 29일 국민투표에서 유럽헌법을 부결시켰다.

1) 국민투표에 대하여 몇 가지 살펴본다.

a) 프랑스인에게 놓여진 문제에 적절한 배려와 내부정책의 배려의 지속적 충돌

b) 찬성론자와 반대론자 사이의 균열에 대하여 거대정당들은 어떤 노력도 없었다.

2) 결과와 그들의 해석에 대해 고찰이 없었다.

유럽헌법안은 투표전날 여론조사기관에 의하여 투표자의 55%이상이 (찬성은 3백만표) 반대표를 던질 것이라고 알려졌으며 실질적 투표에서는 반대표의 약 60%가 좌파였다.

이후 네델란드에서도 헌법적 국민투표에 의하여 비준이 부결되었다.

이 부결 사건은 어떻게 전개될까? 그것은 평가하기 어렵다.

향후 다른 관련 유럽국가들은 대부분이 프랑스와 네델란드와는 다르게 의회투표로 조약-헌법의 비준절차를 거친다.

그러나 두 주요국가(프랑스와 네델란드)없이 생동력 있는 유럽을 상상하기는 어려우며 또한 가장 회의적 유럽이라는 평판을 가진 영국의 태도가 어쩔지는 모른다.

TRAITE-CONSTITUTION(조약-헌법)을 재협상할 것인가? 그것은 쉽지 않다.

유럽대륙은 당분간 고장나있다. 언제까지?

일본에서 유럽헌법의 논의*

-EU법의 발전과 아시아공동체-

서보건**

Ⅰ. 서

일본은 1991년 헤이그에서 일본과 유럽공동체 및 그 가맹국과의 관계에 관한 헤이그 공동선언(일본·EU공동선언)을 채택하였다. 이것은 일본과 유럽공동체간의 정치·경제·사회 등 전 분야에 걸쳐 대화와 협력에 관한 강한 의지의 표현이라고 할 수 있다. 또한 그 실현방안으로서 쌍방은 일본총리대신과 구주이사회의장 및 EC위원회위원장과의 연차협의, 정부와 EC위원회의 각료급인사의 연차회의를 개최하도록 하여, 매년 구체적인 내용에 대한 합의점을 찾아가고 있다. 특히 그 결과 2002년 1월 1일 발효한 유럽공동체·일본 상호승인협정(MRA-Mutual Recognition Agreement)이 체결되어, 유

* 이 논문은 한국학술진흥재단 2004년도 기초학문육성 인문사회분야 지원에 의하여 연구되었음(KRF-2004-072-BS3068).

** 경남대학교 법학부 조교수

럽과 일본간의 무역에 관한 기업의 부담을 경감시켜 양자간의 무역 촉진을 목적으로 하는 시스템을 구축하게 된다. 또한 2002년 6월에는 EU · 일 워크샵이 개최되어 「지적교류, 젊은이의 교류」, 「시민사회의 교류, 인적교류」, 「문화 · 미디어의 교류」 등 많은 분야에서 활발한 인적교류가 이루어지고 있다[1].

그럼, 현재의 일본과 유럽공동체간의 관계에 대해서 고찰한 것은 언제부터인가.

EC법과 제도를 비교법적인 관심에서 고찰한 연구는 일본에서는 1960년대부터 시작되었다고 할 수 있다. 그러나 그 당시에는 그렇게 많은 연구가 이루어지지는 않았다[2]. 그후 1990년대에 EC각국법의 연구[3]의 시점에서 EC법에 의한 각국법의 변화를 파악하는 여러 연구가 발표되게 된다. 이러한 연구를 바탕으로 현재 EU법 전반에 걸쳐서 지속적으로 연구가 진행되고 있다고 볼 수 있다.

EU헌법에 관한 연구에서 가장 큰 어려움은 항상 변화하는 유럽공동체에 대해 시간적으로 빠른 분석과 깊은 이해가 필요하다는 것이다. 특히 EU조약은 EU의 헌법에 해당하기 때문에 그 개정내용에 대해서 개정전과 비교하면서 법적 분석을 빠르면서도 정확하게 하는 것은 EU법연구자에게 있어서는 필요불가결한 것이다. 이러한 학문적 노력을 위해서는 단순한 소개논문과 정리로 그쳐서는 아니되며, EU법의 발전을 위하여 우선 조약개정내용 확인 및 분석에

---

1) 최근의 일본과 EU와의 자세한 관계에 대해서는 일본외무성 홈페이지 (http://www.mofao.go.jp/mofaj.area/eu)에 자세히 소개되어 있다.

2) 大木雅夫, ヨーロッパ共同体における法の統一, 『立教法學』4호(1962) 43면.

3) 당시에 주로 비교법의 시점에서 EC법을 연구한 것으로 서는 田村悅一, 『EC行政法の展開』, 有斐閣(1998); 木下 ほか, ヨーロッパ統合と法, 『比較法研究』52号(1992), 伊藤洋一, 法における國內手續きの自立性の限界について, 北村一郎編, 『山口俊夫先生古稀記念 現代ヨーロッパ法の展望』, 東京大學出版會(1998).

관한 논문부터 시작하여 거기에 판례를 포함하는 EU법 연구의 적극적인 실행을 통해 고찰하여야 한다는 깊이 있는 반성이 제기되고 있는 실정이다.

한편, 1960년대부터 이어져온 EC·EU법에 대한 비교법적 관점에서 일본의 고찰은 EU헌법에 대한 연구를 수행하는 우리에게는 EU법에 대한 여러가지 논의에 대한 정리와 EU헌법에 대한 목적을 어디에 두고 나아가야 할 것인가에 대한 논의의 참고로 할 가치는 있다고 보여진다.

Ⅱ. 유럽연합에 대한 기초법적·법철학적 분석

1. 일본에서 EU법의 의미

EU법은 과연 일본에서 어떠한 의미를 가지는가[4]. 너무나 기초적인 문제이지만, 이 문제에 대해서는 비교법적 관점에서 논의의 소개에 그치는 것에서부터 주권과 국가, 민주주의의 개념이라는 이론적 문제에 까지 다양하게 전개되고 있다. 그 의미에 대해서 정리하면 다음과 같다.

첫째, EU법에 있어서는 근대법이 당연히 전제로 하여온 다양한 법 개념의 의미가 새롭게 고쳐지고 있다. EU에서 현재 다루어지고 있는 것은 헌법이며, 민주주의이며, 또한 인권·법의 지배이다. 주권국가단계에서는 당연시 되어온 이들 개념이 유럽공동체에서 어떻게 실현되어야 하는가하는 문제를 파악하기 위해서는 이들 개념의

4) 須網隆夫, 新世紀におけるEU法の可能性, 『法律時報』74巻4号(2002) 4-5면.; 個人情報保護法制の國際比較—EU, 『比較法研究』64호(2002), 8-15면.

의미내용을 다시 한번 검토를 하지 않으면 아니된다. 이렇게 법의 일반적인 개념에 대해서 다시 한번 생각한다면, 특히 헌법학에 있어서는 민주주의, 주권 등의 문제는 명제와도 같은 문제이므로 EU 헌법은 무시할 수 없는 대상인 것이다.

둘째, EU가 국제법·국제기구 일반에 미치는 시사점이다. 오늘날 다양한 국제기구가 정비되고 있지만, 그 가운데에는 WTO와 같이 구성국의 주권을 제한하는 정도가 강한 기구가 있다. EU에서는 통상의 국제기구와는 다른 초국가적 기구라고 하지만 다른 한편으로는 그 초국가성에 의문의 견해도 있다. 그러한 의문의 견해가 시사하는 바와 같이 EU에는 국제기구로서의 요소가 적지 않기 때문이며, 그 의미에서 EU법은 일반법(국제공법)으로서 국제기구일반에 있어서도 참고로 되는 부분으로서의 의미가 있는 것이다.

셋째, EC의 중심적인 목적인 공동시장·역내시장의 완성을 목표로 한 과거 40년 이상의 과정은 현재, 세계적인 단계에서의 무역·투자의 자유화가 직면하고 있는 문제를 해결할 수 있는 가능성이 있다는 것이다. 즉 EC는 시장·인물·서비스·자본이라는 4개의 자유이동을 역내에서 실현하는 과정 속에서 환경보호를 중심으로 하는 비경제적 가치와의 대립을 1990년대까지 체험하고 이의 해결을 위한 규칙을 이미 확립하고 있다는 것에서 그 의미가 있다.

넷째, 각 가맹국법에 대한 EU법의 영향이다. EU의 가맹국인 독일, 프랑스, 영국 등 서구국가는 각각의 법분야에서 비교법연구의 주요한 대상국이다. 따라서 오늘날 가맹국 의회에 의해 제정된 입법의 상당수는 EC입법의 국내적 실시를 위한 법이며, EC가 제정하는 2차 입법의 대상영역은, 회사법·소비자보호법·노동법·환경법·지적재산권법·세법 등 매우 광범위하게 미치고 있다. EU법은 그 탈경제법화가 지적하듯이 단순히 경제활동을 규제하는데 그치는 것이 아니라, 국가법체계에서 비교할 수 있는 실질을 갖추고 있으며 그 구성원 시민의 모든 생활면에 상당한 영향을 미치고 있다. 따라서 일본에서도 이들 유럽 각국법의 연구를 할 경우에는 EU법은 무시할 수 없으며, EU법을 계수하는 과정에 있는 동구유럽국가 등을 고려하면 더욱 그 중요성은 강조될 수 있는 것이다.

다섯째, EU까지 이르게 된 유럽통합의 역사와 그 과정 속에서 이용된 법적 수단은 아시아에 있어서도 국가간 질서의 장래상을 구상할 때에는 무시 할 수 없는 것이다. 프랑스와 독일은 1521년부터 제2차 세계대전이 종료한 1945년까지 27회에 걸친 戰火를 나눈 숙적이다. 따라서 서구에서 평화를 확보하고 그 평화를 영속적인 것으로 하기 위해 만들어진 기구의 도달점이 현재의 EU로 파악할 수 있다. 근래 아시아에서도 자유무역협정의 체결이 활발하게 되는 등 지역적인 경제통합을 지향하는 움직임이 보여지지만, 아시아의 장래를 어떻게 포괄적으로 구상할 것인가는 명확하지 않고 쉽게 결론을 도출할 수 있는 문제가 아니다. 그러나 지역의 평화에 대해 법 및 법률가가 어떻게 공헌할 수 있는가를 EU가 시사하는 바를 통하여 일본에서 EU의 전문가들은 강조하여야 할 것이다.

2. 유럽연합에 있어서 법의 조화를 위한 실천과 비교법의 과제

EU는 비교법의 실천의 장이다. EU의 중심을 이루는 EC의 경우는 시장경제사항을 중심으로 구성국으로부터 독립한 통치권을 가지는 조직체로서 1950년대에 대륙법계 6개국으로 발족하였다. 그러나 그 국가간에도 법과 제도의 차이가 있고, EC는 당초부터 각 구성국에 있어서 법의 다양성을 극복하여 공통법의 정립과 실시라는 과제를 안고 있다. 이 과제는 가맹국의 증대에 따라 법계의 다양화,

조약개정에 의한 소관사항의 확대와 함께 중요하게 되었다. 이러한 EU·EC의 경험은 국가법의 유형화를 통해서 통일법의 형성에 대해 중요한 역할을 하는 것을 목적으로 하여온 종래의 비교법에 있어서는 그 경험에 대한 관심이 증대하는 것은 당연한 것이다[5].

EC에서 공통법이라는 입법의 경험은 ① 구성국이 일정사항의 입법권을 EC에 이양한 경우에 발생한 고유한 공통법·제도의 형성(각국법·제도에 대체하는 EC법·제도의 도입), ② 구성국과 EC가 입법권을 공유하는 경우에 있어서 국소적·비체계적인 공통입법이라는 성과를 들 수 있다. 그러나 어느 경우에서도 공통법화 할 수 없었던 부분(다양한 각국법의 존속부분)이 남는다. 종래의 비교법의 법계론은 법영역이나 법적 논점에 의해 공통화의 성립여부가 결정되는 비교법적 방법으로는 근본적인 한계도 있다. 그것은 국가법중심의 시야에 있기 때문이다. 많은 EC의 실례에서는 이미 종래의 법계론에는 없는 EC법세계가 있는 것이다. 종래의 비교법은 국민국가법의 분야에는 도움이 되지만, 많은 국가가 의도적으로 만들어내는 越境的 공통법 현상을 인지하는 분석을 하는 것은 상정하고 있지 않았다. 여기서는 국가법의 연장요소도 있다면, 고유의 越境的 법요소도 있다. 비교법고찰의 측면에서 국가법을 넘은 법의 생성현상에 대해서도 설정하는 것이 시도되어야 한다. 따라서 EU·EC에 대해서는 고유한 법환경에 의해 만들어진 국가를 초월한 법의 생성현상이라는 것을 중시하면서[6], 그 법체계에 대한 연구도 하여야 할 것이다.

---

5) 中村民雄, EUの法調和の實踐と比較法の課題, 『比較法研究』 65号(2003), 57면.

6) 中村民雄, 앞의 논문, 64-65면.

Ⅲ. 통치기구의 문제

1. EU통합법의 과제와 전망

EU헌법상 EU에는 많은 기관이 존재하며, 그에 대한 소개도 이루어지고 있다. 또한 각국에서 논의 되는 개괄적인 설명도 프랑스·독일 등을 중심으로 소개한 것이 많으므로 여기서는 생략하도록 하고 중요한 쟁점에 대해서만 보도록 한다.

일본에서 EU의 문제에 관해 근본적으로 다루는 것으로는 지배의 정통성에 관한 제도상의 문제이며, 그 특징적인 내용은 다음과 같다[7].

첫째, 유럽의회의 민주성의 문제이다. 상품의 자유이동, 산업정책, 연구기술개발정책, 인권문제 등 EC조약상의 복수의 정책분야의 논점이 복합하는 입법에 있어서는, 우선 입법근거규정의 특정이 문제로 된다. EC조약은 정책분야마다 입법근거규정을 두는 것이 많고 근거규정에 따라 입법절차도 또한 변화한다. 현행법의 아래에서 역내시장입법으로 취한다면 공동결정절차에서 이사회는 특정다수결(EC조약 95조 제1항), 한편 산업정책입법으로 취한다면, 자문절차인 이사회가 전회일치표결이다(EC조약 제157조 3항). 정치사회화되는 EU·EC에 있어서 분야의 복합적인 입법과제가 필요하다는 지적에서 보듯이, 분야마다 입법절차를 달리하는 체제에서는 유럽의회의 민주성을 항시적절하게 입법과정에 도입하는 것은 어렵다. 게다가 법적인 결과에서 국내법에 대체하는 EC법의 입법은 국내입법기

7) 中村民雄 EC法からEU法へ一体制変化の含意と展望, 『法律時報』 74巻4号 (2002), 6-13면.

관의 심의가 주는 입법의 정통성을 가지지 않으며 EU시민은 그 입법을 정치적으로는 수용할 수 없고, 각국의회도 국내실시에 따라서 협력할 수도 없을 것이다. 이에 EC의 입법절차는 금후 개혁에서 전면적으로 방식을 바꾸어 EC전분야에 공통의 것을 두고 입법주제의 중대성과 긴급성에 따라 공동결정절차, 자문절차, 승인절차를 나누는 방식을 취해야 할 것이라는 나름대로의 논의를 전개하였다.

둘째, 모든 이사회의 통합을 보다 더 진행하여야 하고 또한 사회공익이나 인권이란 비경제가치를 정면으로부터 토의하는 방식도 강구하여 보다 균형 있는 정부간의 의사결정을 제도적으로 보장해야 할 것을 문제점으로 지적하고 있다.

셋째, 인권이나 윤리가 관련된 문제는 국내정치의 경우, 헌법의 규범 등 정치사회내에서 공유된 규범 내지 기본가치체계에 근거하여 논의가 전개되어야 한다(헌법정치). 한편 EU·EC는 아직 그러한 가치체계도 법전도 충분히 갖추고 있지 않다. 2000년 12월에 정치선언된 EU기본권헌장은 그 방향에의 큰 진전이다. 금후 EU전체의 통치에서 이 기본적 가치의 규범을 사법부(EC재판소)의 우위를 가지고 옹호시킬 것인가(EU위헌심사제), 입법부(이사회와 유럽의회와 각국의회)간의 대화에 의한 해결에 맡길 것인가 선택이 필요할 것이다. EU기본권헌장에 법적 구속력을 인정할 것인가의 여부는 이 큰 의도 속에서 생각해야 할 문제라는 것을 평가내리고 있다.

2. 니스조약과 EU기구개혁

니스조약[8])과 연관하여 EU에 관한 기구에 관한 문제를 논의하는

8) 니스조약에 관한 해설로서는 藤原豊司, 見えてきた歐州統合の最終形態(ｖ)ーニース條約、東への擴大に道開く,『貿易と關稅』49卷2号(2001.2), 36-42면.

논문도 보여진다.

조약개정에서는 단일유럽의정서에서 역내시장, 마스트리트조약[9]에서 경제통화동맹, 암스테르담조약에서 자유 · 안전 · 사법영역과 같이 체계적 목표가 설정되어 있었다. 그러나 니스조약에서는 구주연합의 확대를 염두에 두고 기구개혁만에 전념하여 암스테르담조약에서 남겨진 과제, 소위 Amsterdam leftovers로서 첫째 위원회의 정원삭감(합의체로서의 기능의 유지), 둘째 이사회의 특정다수결에서 각국별표수의 재분배(인구에 따른 충실한 반영), 셋째 특정다수결의 적용분야의 확장(정책결정의 청체의 회피)을 다루고 있다. 여기에 더해 유럽의회의 정원 및 각국별의석수의 수정, 사법재판소 및 제1심재판소의 제도개혁, EU 및 EC의 대외적 권한에 관한 규정의 개정, 보강화협력(긴밀화협력)에 관한 규정의 개정 등도 다루어 졌다[10].

그 자세한 내용은 생략하고 니스조약에 따른 EU기구개혁에 관한 일본에서의 평가를 보면 다음과 같다.

첫째, 27개국 이상으로 확대된 EU에서는 지금까지 민주주의와 효율성의 쌍방이 요구되어왔다. 이를 기구개혁의 문맥으로 환원해 보면, 공동결정절차의 적용분야의 확장과 이사회에서 특정다수결의 적용분야의 확장의 문제이다.

위원회는 입법적 성격의 모든 결정에 대해서 특정다수결과 공동

---

9) 단일의정서에 관한 일본의 연구논문으로서는 田中俊郎, 歐州連合と單一歐州議定書, 『國際政治』94号(1990.5) 4-19면; 同, 單一歐州議定書と域内市場, 『國際問題』340号(1988) 2-14면; 小久保康之, 單一歐州議定書と歐州議會, 『日本EC學會年報 』7号(1987), 63-80면 등이 있다.

10) 庄司克宏, ニース條約とEU機構改革ー「アムステルダム・レフトオーバーズ」への取り組みー, 『EU法ヨーロッパ法の諸問題』 石川明教授古稀記念論文集, 信山社(2002), 64-65면.

결정절차가 연결 되어져야 한다고 주장하고 있었다. 그러나 실제로 니스조약에서 특정다수결의 적용분야가 36건이었음에 반해 공공결정절차가 새롭게 도입된 것은 8건에 머문다. 그 외는 모두 구주의회가 권고적 의견을 진술하는 것에 머무르는 자문절차 또는 동 의회가 일절 관여할 수 없는 무자문절차가 적용되었다. 36건 중 기관의 인사 등에 관한 규정이 15건이고 이들은 입법적 성격의 것이라고는 할 수 없을지 모른다. 그러나 결정의 성격이 입법적인가 행정적인가의 구별은 반드시 자명하지 않다. 또한 위원회의 경우와 같이 유럽의회가 기관의 구성원의 임명절차에 참가함에 따라 민주적 통제를 확보한다는 측면도 간과해서는 안된다.

둘째, 이사회에서 정책결정과 연합형성(coalition-making)의 문제이다.

우선 이사회의 정책결정이지만, 니스조약에 의한 삼중다수결제가 도입되었다. 즉 특정다수결+가맹국의 과반수+전인구의 62퍼센트 이상이다. 이는 일반인에게 있어서는 대단히 복잡하며 민주주의의 요소인 투명성에 반하는 것이라고 할 수 있다. 그러한 절차보다 오히려, 위원회가 당초 제안한 이중단순다수결 즉 가맹국의 과반수+전인구의 과반수의 쪽이 투명성을 포함하는 민주주의의 점에서 바람직 한 것이라고 할 수 있다.

이사회에서 연합형성의 문제에서 니스교섭에서는 독·불 동수나 네덜란드와 벨기에의 1표차등과 같이 특정다수결의 각국별 수를 둘러싼 가장 격렬한 논의가 있었다. 그러나 확대를 버리고 중요한 것은 득표수의 약간의 차이가 아니라 쟁점에 있어서 연합형성인 것이며, 조약교섭에서는 다른 문제에 좀더 시간과 정력을 쏟아야 했었다. 이사회에서 투표행동과 연합형성의 분석에 대해서는 일본에서도 정치학자에 의한 연구가 크게 기대된다.

셋째, 위원회에서 합의제(collegiality)와 대표성(representativity)의 문제이다.

1996년 정부간 회의에서 의장국인 이탈리아는 위원회의 구성도 고려하고 그 대표성을 고려하여 위원회가 어떻게 보다 더 효율성 있게 자기의 기본적 임무를 달성할 수 있는가에 대해서 검토하지 않으면 아니된다고 하였지만, 이것이 니스에서도 반복되었다. 특히 소국은 대표성을 중시하고 1가맹국에 대해 위원 1인을 고집하였지만, 대국은 합의제를 중시해서 輪番制를 주장하였다. EC조약 213조 2항에서는 위원회의 구성원은 공동체의 일반이익을 위해 자기의 직무수행에서 완전하게 독립되지 않으면 아니된다고 하고 있으며, 대게 대표성과는 상용될 수 없다. 니스조약에서는 합의제와 대표성의 타협이 도모되어 윤번제는 연기되고 27개 가맹국이 때로는 결국 26인의 위원으로 될 가능성이 높다고 평가하고 있다. 한편 위원회 위원장에 의한 위원파면에 대해 합의체로서의 승인이 조건으로 되기 위해서는 위원회위원장의 정치적 지도력의 강화라는 면도 애매하게 되었다[11].

이상과 같이 일본에서는 EU헌법에 대한 기본적인 평가를 나름대로 설정하는 작업이 이루어졌다.

3. 유럽평의회

근대시민국가를 탄생시킨 자유민주주의원리가 의회의 국제활동을 어떻게 전개시키며, 의회기간을 갖춘 유럽평의회를 어떻게 탄생시켰는가를 통해서 EU법에 대한 연구를 진행하고 있다. 특히 제2차

11) 庄司克宏, 위의 논문, 86-87면.

세계대전 후에 결성된 유럽평의회의 구성과정과 유럽평의회의원회의 한계와 역사적 역할이라는 주제를 통해 국제의회주의[12)]의 과정과 그 성립가능성에 대한 연구[13)]등을 통해 역사적 관점에서 기구에 대한 논의가 진행중이다.

4. EU통합과 의회

일본에서는 EU통합과 의회와의 관계에 대해서는 주로 프랑스의 사례를 중심으로 전개하고 있다.

EU에 관한 국가의회의 일반적 역할은 우선 기본조약의 비준, 다음으로 공동체에서 결정된 사항을 국내법화하는 것 그리고 EU의 의사결정에 참가하는 정부의 자세를 감독하는 것이다. 하지만, 잦은 기본조약의 개정에 의해 EU의 권한이 강화됨에 따라 종래의 방법만으로는 본래 국가의회가 지고 있는 사명을 충분히 달성할 수 없다는 비판에 따라 국가의회의 EU에 관한 역할이 재고될 필요성이 있게 된다. EU와의 관련에서 국가의회의 역할이 재고되는 필요성은 EU 단계의 민주주의의 부족을 보충하는 것, 국가시스템에서 정부와 의회의 권한 관계를 조정하는 것이다.

EU통합과 의회와의 관계에서 주요쟁점은 첫째, EU의 장에서 중요한 정책결정이 이루어짐에 따라서 그 의사결정에 대해서 민주적인 정당성이 충분하지 않다는 비판을 들 수 있다. 둘째, EU통합의 진전에 따라 각국의회가 자국정부와의 관계에서 점점 무력화되어

---

12) 국제의회주의란 각국의 국호의원이 의원외교, 국제의원회의라는 다양한 형태로서 이루어지고 있는 국제교류를 포함하는 개면이다.

13) 網井幸裕, 國際議會主義と歷史的展開, 『EU法の現狀と發展』, 信山社(2001), 37-40면.

버린다는 지적 등을 근거로 마스트리트조약과 프랑스 92년의 헌법개정, 암스테르담조약과 프랑스 99년 헌법개정의 관계 속에서 국가의회의 위치를 어떻게 할 것인가의 논의[14]가 그것이다.

5. 헌법개정권과의 문제

현행 프랑스 제5공화제헌법(1958년헌법)은 2002년말까지 약 15회의 헌법개정을 경험하였지만, 그중 8회는 구주통합이 진전한 1990년대에 실시되었고, 또한 6회중 4회는 통합과 국제화에 동반하는 국제협약의 국내법화를 목표로 한 헌법개정이었으며, 그 중 3회가 직접 유럽통합조약과 관련한 것이었고[15], 그러한 헌법개정절차론과 실정법해석론으로서 문제로 되어온 것에 부수해서 헌법개정한계론이나 헌법제정권력론이 재연되었으며, 그러한 논의는 일본에도 소개되었다.

이러한 최근의 프랑스의 헌법개정동향의 검토에는 다음과 같은 네 개의 접근이 가능하다.

첫째, 최근의 헌법제정권력론의 복권으로서 최근의 헌법개정권과 헌법제정권을 둘러싼 학설을 검토하는 이론적 검토.

---

14) 安江則子, EU統合とフランス議會ーアムステルダム條約と憲法第88條, 『EU法の現狀と發展』, 信山社(2001), 466면,; 同 EU統合と議會制ーEUレベルの代議制民主主義の可能性, 『EU統合の法的側面』(1993), 91-118면, 同 歐州議會(2) 『國會報』(1999) 8月号)

15) 조약은 ① 마스트리트조약비준을 위한 1992년 6월 25일개정, ② 센겐조약의 비호권을 둘러싼 1993년 11월 25일 개정 ③ 암스테르담조약비준을 위한 1999년 1월 25일 개정이다. 이를 자세히 소개한 것으로서는 辻村みよ子, フランス共和國憲法、樋口陽一=吉田善明編 『解説世界憲法集』, 三省堂(2001); 同, 『市民主權の可能性』, 橫尾日出雄l, フランスにおける憲法改正と統治構造の変容(1)(2), 『法學新報』 108卷3・4号(2001)

둘째, 헌법원과 헌법제정권력으로서 헌법원판결의 입장을 중심으로 분석하는 바당텔 전 헌법원판사와 같은 헌법소송론적 검토.

셋째, 프랑스의 역사적 전개와 유럽국가등과의 비교를 통해서 헌법개정의 한계에 대해서 재검토하는 헌법제정권력의 비교헌법사적 검토.

넷째는 구주통합하의 헌법개정론·헌법제정권론와 헌법원판례이론의 양자를 대상으로 하면서 주권의 제약론과 헌법개정의 한계라는 실정법 해석론적 과제로 접근하는 것이다.

유럽통합에 대해 프랑스에서는 주권의 제한문제로 촉발되어 헌법개정문제가 헌법제정권력론으로서 논의되어 왔고 이것은 프랑스에서는 헌법원판례를 매개로 하여 실무적으로 논하여졌음에도 불구하고 본래적으로는 헌법개정문제가 주권원리·헌법제정권력론과의 관계에서 다루어야 하는 이론적 문제임을 나타낸다. 동시에 오늘의 일본에서 중요한 정치적 과제인 헌법개정문제가 헌법학상의 주권원리와 헌법제정권력론과의 관계에서 심화되어야 하는 보편적인 이론적 과제임이 틀림없다고 주장하고 연구가 진행되고 있다.

오늘날 일본에서는 독일이나 프랑스의 헌법개정이 이루어지는 것을 단순하게 원용해서 일본국헌법의 개정으로 이어지게 하려는 경향이 있지만 일본의 헌법개정문제나 개정한계론에 기여하기 위해서도 기초이론적이고 해석론적인 검토가 필요하다[16].

16) 辻村みよ子, 歐州統合と憲法改正, 『歐州統合とフランス憲法の変容』, 有斐閣(2003), 40-59면.

Ⅳ. 주권과 시민권, 기본권의 개념에 관한 논의

1. 유럽통합하의 의사형성과 국민주권 -유럽의회, 유럽의회선거를 소재로-

1990년대 이후의 유럽통합의 비약적 전개는 유럽국가들 뿐만 아니라 세계 각국에 지대한 영향을 미쳤다. 특히 국가주권의 제한·이양이나 인권의 국제적 보장 등 주권과 인권에 관한 근대헌법원리의 변용을 살펴보아야 한다. 국제화 아래에서 국민국가의 상대화나 주권의 혼동 등으로 불려지는 현상이 이를 단적으로 나타내고 있다.

이러한 헌법변동은 근대입헌주의를 일찍이 확립하고 주권론의 모국이라고 불려지는 프랑스에서 특히 현저하다. 프랑스에서는 국가주권을 보유하며 국민국가의 헌법전통을 유지해오고 있는 반면, 유럽통합의 주요한 부담자로서 주권의 이양 등에 의한 헌법변동을 용인하지 않을 수 없는 딜레마가 있다. 이러한 헌법상황의 검증은 유럽국가들 뿐만 아니라 근대입헌주의의 가운데 있는 일본의 헌법연구에서도 최량의 연구대상으로 되고 있다.

이를 위해 일본에서는 프랑스의 현대헌법의 종합적 연구를 비교헌법적 시야에서 다루기 위해 많은 노력들이 이루어지고 있으며, 특히 주권·유럽연합조약과 프랑스헌법, 유럽인권조약의 국내법적 효력의 문제 등이 연구되고 있다.

그중에서 유럽레벨의 의사형성의 민주적 정당성과 깊이 관여하는 유럽의회와 그 선거제도를 소재로 유럽통합과 프랑스에 있어서 국민주권의 원리에 미치는 영향에 대해서의 논의가 관심을 유발하고 있다.

그 논의는 통합이 진전한 오늘날 국민주권의 단일불가분성의 공리를 순수한 형태로 유지하는 것은 곤란하게 되었다는 것을 전제로 한다. 물론 유럽에의 국가의 권한의 이양이 진행되어도 또한 유럽주권이 존재하고 있는 것은 아니다. 유럽은 스스로 권능을 결정하는 권능을 가지지 않는다. 유럽통합의 과정에서 구성국에 있어 귀결되는 주권의 제한은 그것이 국가의 의심할 여지없는 법적 동의에 입각하고 있다는 것이 확증되어야 정당하다는 시각은 오늘에 있어서도 중요하다. 통합의 진전이 주권의 변질을 불러일으킨다고 하더라도 통합의 기초에 있고 그 정당성을 내놓고 있는 것은 또한 가맹국 각국의 동의이다. 권한의 이양은 국민주권행사의 본질적 조건 즉, 프랑스가 자주적 결정권을 유보하고 프랑스인민의 직접·간접의 주권행사에 따라 최종결정한다는 민주적 절차를 훼손하지 않는 형태로 진행되어 왔다. 그러나, 그러한 절차를 통해서 본질적 조건에 위배하는 이양이 승인도 되고 있다. 이양의 민주적 정당성은 국민주권의 논리에 의해 담보되어 왔지만, 다른 한편으로는 이양된 권한이 확대될 정도로 그러한 유럽레벨에서의 권한의 행사자체의 민주적 정당성이 더욱 요구되게 되었다. 그것은 구주의회의 권한이나 그 대표성에도 영향을 미친다[17].

2. 국가주권 -유럽통합과정의 헌법학적 파악-

종래의 주권론이 대외적으로 독립하여 대내적으로 최고인 주권의 존재를 전제로 그 주체와 조직의 존재를 문제로 해왔다. 헌법론적으로는 그 주체의 문제는 헌법제정권력의 문제로서 그 조직의 문제

---

17) 只野雅人 歐州統合下の意思形成と國民主權一歐州議會・歐州議會選擧を素材として一『歐州統合とフランス憲法の変容』, 40-59면, 有斐閣(2003).

는 주권론이 어떠한 제도를 요구하는가의 문제로서 논의 되어 온 것이다. 그런데 새롭게 부상한 문제는 이들 논의의 전제 즉, 독립최고의 국가권력의 존속을 다룬다. 즉 주권국가는 그 주권성을 잃지 않고 어느 정도까지 EU에 권한을 이양하는 것이 가능한가가 다루어지고 있다. 이에 대한 해답을 찾기 위해서는 주권이란 무엇인가가 다시 명확하게 되지 않으면 아니된다. 그것은 종래의 주권개념에 기대된 기능이 주로 구가권력의 정통성의 근거를 확정하고 그 정통성원리에 적합한 권력조직의 존재에 대한 방향을 제시하는 것임에 대해 새롭게 문제로 된 것은 주권개념의 역할은 종래의 주권국가가 연합을 형성하는 경우 그 편성원리를 제시하는 것으로 기능의 차원을 달리 하기 때문에 종래의 주권개념이 그 대로 타당한가가 자체가 문제시하고 있기 때문이다. 그러나 같은 주권이라는 개념을 사용하는 이상, 다른 차원상호의 관계와 차원이 다른 것을 넘어서 공통하는 핵심적인 것이 필요하다. 이를 위한 연구가 계속해서 이어지고 있다[18].

주권문제의 해명에는 주권개념의 분석과 주권주체의 분석이 필요하다. 지금 문제로 하고 있는 것은 주권개념에 두개의 측면을 구별할 수 있다. 하나는 주권의 법적 성격을 문제로 하는 관점에 관한 것이고, 다른 하나는 주권의 내용(대상사항)에 착목하는 관점에 관한 것이다. 통상, 주권의 법적 성격은 주권자의 의사・명령을 강제적으로 관철할 수 있는 지배권에서 구명해왔다. 여기서부터 주권은 입법・행정・사법의 전권력을 포함하는 것으로 되어 온 것이다. 이렇게 본다면, 주권자는 어떠한 사항도 권한대상으로 파악할 수 있음에 따라 그것에 주권의 최대의 특징이 있다는 이해가 성립한다.

---

18) 高橋和之, 國家主權とフェデラシオン―EU統合プロセスの憲法學的把握をめぐって―『歐州統合とフランス憲法の変容』, 有斐閣(2003), 2-20면,

바꿔말하면 주권자가 대상사항에 외적인 한정을 받으면 주권성을 잃어버리게 된다.

이에 대해 주권의 본질을 그 법적성격에 순화해서 파악하면 주권이 미치는 대상사항은 중요성을 감퇴하게 되고, 활동범위를 한정되더라도 주권(국가권력)의 본질을 잃는 것이 아니다는 이해가 가능하다. 카레 드 말베르는 이것을 설명하기 위해 주권과 국가권력을 구별하는 틀을 설정한 것이다. 다른한편, 주권주체에 대해서는 종래는 주권국가내부에만 착목하고 나시옹과 포플의 차이를 다루어 왔다. 그러나 국가의 연합·통치형태를 분석할 경우에는 단일시민과 복합시민의 구별을 도입할 필요가 있다. 따라서 이 틀에서 유럽연합을 어떻게 보는가가 중요하다.

3. 유럽연합시민의 참정권 -독일, 프랑스

일본은 독일의 역사적 경험을 검증하려는 노력을 하고 있으며, 그 내용은 다음과 같다.

① 독일헌법은 EU시민에게 어떠한 내용의 참정권을 보장하였는가
② 이를 받아 각주의 법률은 어떠한 내용의 EU시민참정권을 실현하였는가
③ EU시민참정권도입에 따라 독일헌법총제는 어떠한 규범적 영향을 받았는가
④ EU시민참정권조항은 독일이 직면하는 정치적. 사회적. 법적 문제중 어떠한 것을 해결하였고, 어떠한 것이 미해결로 남았는가.

독일의 경우를 통해서 독일의 헌법 제28조 제1항 3단[19]과 EU시

19) 지방자치단체(군 및 市町村)의 선거에 있어서는 구주공동체를 구성하는 어

민참정권과의 내용을 보면서 다음과 같은 문제점을 지적하고 있다.

① 이 참정권조항은 구주공동체의 법의 기준에 따라, EU시민에게 선거권 · 피선거권을 보장해야하는 것으로 하고 있다. 이 구주공동체의 법의 기준에 따른다는 의미는 무엇인가.
② 이 참정권조항에서 EU시민은 지방자치단체선거에서 선거권 및 피선거권을 가지는 것으로 하고 있다. 이것은 구체적으로 어떠한 내용의 선거권 내지 피선거권을 보장하려고 하는 취지인가.
③ 독일은 연방국가이며 EU시민에 대한 참정권의 보장은 각주의 법률에 의해 구체화된다. 따라서 EU시민에 대한 참정권의 내용은 주에 따라서 크게 다르다. 각주에서 상위성과 공통성이 문제로 되는 것이다.[20)]

일본에서 이러한 논의의 종국점은 EU헌법에 관한 논의뿐만 아니라 그 결정과정을 통해서 일본에서 주장되고 있는 외국인의 참정권 문제의 해결을 위한 방편으로 활용하려는 견해를 가지고 있다.

4. 기본권보장의 논의

(1) 구주연합기본권헌장

2000년 12월 7일에서 9일까지 니스에서 개최된 구주이사회는 EU의 확대에 대비한 일련의 기구개혁 그 외를 결정하였지만, 같은 시각 구주의회, 이사회 및 위원회의 EU의 3기관의 장은 12월 7일 구주연합기본권헌장을 공동으로 공표하였다. 이에 대해 일본에서는

는 국가의 국적을 가지고 있는 자도 구주공동체의 법의 기준에 따라서 선거권 및 피선거권을 가진다.

20) 長尾一紘, ドイツにおけるEU市民の参政権, 『比較法雑誌』 33巻3号(1999).

그 헌장을 제정한 법적, 정치적 의의에 대해서 집중적인 연구를 한 성과[21])도 보여진다[22]).

(2) 구주인권조약의 해석[23])

구주인권조약의 해석에 있어 구주인권재판소는 조약해석의 일반 규칙으로 의거하면서도 다양한 인권의 영역에서 적극주의적인 해석을 전개해오고 있다. 이 의의에 비추어본 경우 적극적 해석은 필요한 것인가. 그것이 어떠한 경우에 또는 어떻게 해야 하는가에 대해서 문제를 다루고 있다.

인권조약의 해석에 있어서 이론의 부재는 어느 의미에서는 해석방법 그것에 기인하는 것이라 할 수 있다. 그러나 법이라는 것이 이론을 요구하지 않을 수 없기 때문에 인권조약의 해석의 정당성을 둘러싼 이론도 계속해서 논의되어야 한다.

그러한 해석이론을 모색해 가면서 두개의 가능성을 즉 구주의 민주정치 또는 콘센서스에 의거하는 방향설정과 인권의 성질을 중심으로 해석이론 그것을 정치화해 나아가는 방향설정을 시사한다. 전자가 해석의 외적 요인에 의거하는 것임에 대해 후자는 해석의 내부에 눈을 돌린 논의이다. 그러한 의미에서는 양자는 상호간에 상반하는 것이 아니라 유럽콘센서스의 탐구와 인권해석이론의 심화라

---

21) 庄司克宏. EU基本權憲章に關する序論的考察,『横浜國際経濟法學』9巻2号(2000年12月), 宮前忠夫, EU基本權憲章の解説と全譯・21世紀を展望する基本權憲章、進んだ民主主義的諸權利の保障,『總合社會福祉研究』18号(2001年3月), 伊藤洋一, EU基本權憲章の背景と意義, 法律時報

22)『外國の立法』第211号, 國立國會図書館調査及び立法考査局(2002년2月), 1-11면.

23) 門田孝, 歐州人權條約の積極主義的解釋,『EU法の現狀と發展』, 信山社(2001), 269-270면.

는 것은 병행해서 나아가야 한다.

구주인권조약이 종래의 국가주권을 틀을 넘어 의미 있는 국제인권보장을 추진해 나아가려고 한 시점에서 조약의 적극주의적 해석[24)]은 유럽인권재판소나 위원회에 부담된 필연적인 임무라고 할 수 있다.

V. 보충성(보완성)에 관한 논의

1. 보충성원칙의 배경

일본에서도 보충성에 관한 논의가 활발하게 이루어지고 있다.

보충성의 원칙은 우선 1986년 단일유럽의정서(SEA) 제25조에 따라 EEC조약 130t 조에 삽입됨에 따라 유럽환경법의 중요한 법원칙으로 되었다. 그후 1992년의 마스트리히트조약에 따라 EC조약 3b 조의 규정이 삽입됨에 따라 조약의 총칙적인 위치를 획득하였지만, 1996년 암스테르담조약에 의한 EC조약 5조에 놓여지게 되었다.

보충성의 원칙에는 모세의 10계명의 제4율법에까지 거슬러 올라가는 사회윤리론, 자유주의, 연방사상의 3가지 계보가 있다. EC조약 제5조는 그 계보에 따라 다양하게 해석될 수 있을 것이다.

EC 조약제5조의 보충성의 원칙은 조약의 총칙적인 위치에 있으며, EC법에서 법의 일반원칙인 지위를 획득하고 있다. EC환경법에

24) 적극주의라는 단어의 의미는 다의적이지만, 구주인권조약위반이 문제로 된 사건을 심사함에 있어 인권재판소(및 위원회)의 역할을 넓게 인정하여 그 위반의 유무에 관해 적극적으로 판단하고 인권옹호를 위해 적극적으로 조약위반을 인정해 나아가는 유럽인권재판소의 태도의 의미에서 사용되는 것이라 볼 수 있다.

서는 EC 조약 구130t조가 돌연 쓰여진 것이 아니라 그 이전부터 있었던 것을 확인한 것에 불과하다. EC조약 제5조는 공동체 권한의 집중 또는 공동체의 전속적인 권한이 주장에의 반격으로서 제정된 것이다. 그러나 보충성의 원칙은 EC환경법의 영역에서는 당연한 것으로서 EC조약 제5조가 제정되기 전부터 도입되어 온 것이다[25].

보충성의 원칙은 필연적으로 공동체의 권한 또는 관할의 분산화를 초래하는 것이다. 유럽의 장래상은 이 때문에 묘사하는 것이 어렵게 되는지도 모른다. 공동체의 전속적 관할이 확보되기 위해서는 보충성의 원칙은 적용될 여지가 없는 바, 그 전속적 관할·권한의 범위가 약해질 가능성을 염두에 두지 않으면 아니된다. 이 가능성은 개별한정적 수권론에 의해서 진보하여 왔지만, 보충성의 원칙은 그 영향을 더욱 강화시킬 것이 틀림이 없다. 그 결과로서 보충성의 원칙은 EC법의 초국가성의 이유에도 영향력을 부여할 것이다. 보충성의 원칙은 비례의 원칙의 전제로서의 위치를 획득하였다고 할 수 있다. 비례의 원칙에 위반할 것인가의 판단에 있어서는 우선은 보충성의 원칙에 비추어 본 검토가 전제되어야 한다. 이 변화는 아마도 이들의 공동체상이나 시민상과도 관련되면서 본격적인 검토과제로 됨에 틀림이 없다. 보충성의 원칙에 비례의 원칙을 추가함에 따라 공동체의 활동에 대한 법적 통제에 따른 전개는 이제부터가 과제이다[26].

---

25) 籾山錚吾, 補充性の原則の背景ー環境問題との關連においてー, 『EU法ヨーロッパ法の諸問題』石川明教授古稀記念論文集, 信山社(2002), 3면.

26) 籾山錚吾, 위의 논문 26면.

2. 보충성의 원칙의 확립과 과제

보충성의 원칙(Principle of Subsidiarity)이 유럽연합설립조약에서 처음으로 명기된 것은 경제분야에서의 통합에 한정되어 온 유럽공동체(EC)가 안전보장이나 내무협력 등의 정치 분야로 권한을 확대(EU)한 때이다. 이 문언에 의해서 요구되는 것은 공동체조직과 구성국권한과의 접점을 찾는 지침을 나타내는 것이었다.

실제로 매년 작성되는 보충성의 원칙적용에 관한 보고서인 Better lawmaking에는 시민사회와의 합의 아래에 정책을 입안하고 실시해 가는 것의 중요성이 강조되고 있다.

보충성 원칙의 조문화 이래 유럽연합에서 정책결정에 있어서는 시민에 의한 중요성이 인식되고 있는 것이다.

EU에서 통합방식은 산업이나 관세의 분야에서는 구성국의 권한을 공동체로 이양하는 것이었지만 단일 시장의 형성을 목표로 한 시장통합에서는 같은 방식이 취해지지 않았다. 즉 단일 시장형성을 위해 준비된 EU법은 약 280개 이었지만 그것은 구성국 레벨에서는 그보다 더 많은 법개정을 유발시키고, 단일시장의 형성에 있어서 EU레벨에서의 규제는 필요최소한의 구성으로 그치고 그것을 넘는 부분은 구성국간의 상호승인으로서 다양성을 유지하면서 자유이동이 실현되고 제품의 선택은 구매기업이나 소비자에게 맡기는 기능적인 권한의 분담방법이 취해지게 되었다. 즉 EU에서 보충성 원칙의 도입에는 합리적으로 현실적인 필요성이 있었던 것이다. 또한 보충성 원칙의 도입이 EU구성국간의 의견의 차이를 표면화시키지 않고 공통의 작업의 장을 제공하는 편의성이 있었던 것이다[27].

---

27) 八谷まちこ, 補完性の原則の確立と課題, 『EU法とヨーロッパ法の諸問題』 石川明教授古稀記念論文集, 信山社(2002), 57면.

그러나 보충성의 원칙의 근원적인 의의는 사회구성에서 최소단위인 개인의 자기실현을 최대로 하는 사회를 구축하는 것이라고 생각할 수 있다. 그러한 관점에서 서면 단순히 편의성의 요구에만 따르는 보충성 원칙의 실천은 결속이 강한 사회를 만들지 못하고 상호이해가 교차하는 영역으로 빠져버리게 만들지 모른다. 경제통합을 통해서 만들어지고 있는 것은 경제적인 합리성만으로 지배되는 시민사회가 아니라 사회적 결속이 있는 유럽사회이다. 따라서 그 결속을 보다 확고한 것으로 하는 원리로서 보충성의 원칙을 고쳐서 파악하는 것이 중요하다.

여기서 새롭게 논의되기 시작한 과제로 보완성의 원칙의 감시 문제가 있다. 새로운 감시기관을 설치해야 하는가의 여부에 대해 우선 정치적인 기관에 의할 것인가 법적인 기관에 의한 감시로 해야 하는가 의견이 나뉘어진다.

전자의 대표는 지방자치나 EU의 지역위원회이다. 새로운 도전에서 유연성을 잃어버리지 않기 위해서 또한 사법당국에의 과도의 권력의 집중을 피하기 위해서도 정치적 권위를 가지는 기관에 맡겨야 한다.

한편, 법적인 기관에 의한 감시를 주장하는 견해는 보완성의 원칙도 포함하는 권한배분에 관한 쟁점만을 판단하는 새로운 EU헌법재판소의 설치를 제창한다. 이는 권한이라는 것은 거의 인식의 문제이며 공동체와 가맹국간의 사이의 권한 영역에의 신뢰를 수립하는 것이 중요하다는 것이다.

조약에의 문언명기와 적용을 위한 의정서에 의해 형식적으로는 법적인 개념으로 되지만, 실제적인 운용은 정책마다 다르다는 것이 현실이다. EU의 의사결정의 전통에 비추어 보면, 감시기관의 문제는 설치할 것인가도 포함하여 보완성의 원칙을 둘러싼 불평이나 소송이 일정한 축척을 한 뒤에 이루어질 것이 아닌가.

그러나 이러한 축척이 EU에의 불신을 증폭시키는 것은 아니며, 보완성의 원칙이 EU의 통치원리로서 실효성을 확보하기 위해서는 우선 초국가적인 과제에서 정책결정에서 국가보다 하위 권한의 참가 틀을 확보하는 것이 중요하며 그것의 하나로서는 EU레벨의 통치의 정통성을 강화하는 것이다. 즉 제도적으로 민의의 반영의 반영이 불충분할 수 밖에 없는 구조로 되어 있는 EU에서 그 구조를 바꾸는 것 없이 민주적이라고 한다면, 공식적인 제도외에 어떠한 조치를 강구한다는 현실적인 방법밖에 남아 있지 않은 것이다. 또한 제도적으로 민주제가 불충분한 조직이 그 정통성을 조달하기 위한 최강의 수단은 시민의 폭넓은 지지의 획득일 것이다. 그 의미에서 EU에서 다양한 자문위원회의 활용은 정책의 입안·결정에서 필요한 정보를 획득하는 방법일 뿐만 아니라 정책형성에의 민의를 반영시키는 창구로서 EU의 민주적 과제를 극복하는 방법으로서도 의의를 가지는 것이라고 할 수 있다. 이러한 시민사회를 공적권한과 동등하게 두는 적극적 보완성의 원칙은 초국가적인 유럽레벨의 작업에서 시민사회를 도입함에 따라 유럽의 공적영역을 현실의 것으로 나아가게 하는 것이다[28].

Ⅵ. 일본에서 EU법에 대한 연구활동

1. 일본 EU학회의 활동을 중심으로

이 학회는 1976년 제1회 EC연구자대회가 동경에서 개최하였고,

---

28) 八谷まちこ, 위의 논문 58-61면.

1980년 제5회 EU 연구자대회를 개최하여 정식으로 일본EC 학회로 시작되었다. 1996년까지는 일본EC(영문명 : The Japan Association of EC Studies, ECSA-Japan)로 활동하다가, 1997년부터 일본EU학회(英文名称 : The European Union Studies Association-Japan, EUSA-Japan)로 바뀌었다.

日本EC學會・日本EU學會硏究大會의 기록을 보면 다음과 같다[29].

回	年	月	日	主催校	共通論題
(1)	1976	11	10/11	駐日ＥＣ委員會代表部(日本プレスセンター)	日本におけるＥＣ硏究
(2)	1977	11	12/13	慶應義塾大學	ＥＣの對外關係
(3)	1978	11	11/12	同志社大學	歐州統合はどこまで進んでいるか
(4)	1979	11	10/11	一橋大學	ＥＣと日本
일본 EU학회					
1	1980	11	8/9	立命館大學	ＥＣの競爭政策と産業政策
2	1981	11	7/8	學習院大學	ＥＣにおける勞働移動
3	1982	11	6/7	神戸大學	日米歐三極關係
4	1983	11	12/13	成城大學	ＥＣの對外政策
5	1984	11	10/11	早稻田大學	ＥＣと人權
6	1985	11	9/10	名古屋大學	歐州統合の現段階－ＥＣと加盟國の權限關係と政策調整－
7	1986	11	15/16	上智大學	轉換期を迎えたＥＣ－機構改革を中心に－
8	1987	11	14/15	福山大學	ＥＣの對外通商政策と通商法
9	1988	11	26/27	東海大學	域內市場の完成に伴う諸問題
10	1989	11	11/12	立命館大學	1992年ＥＣ市場統合と日本
11	1990	11	10/11	東洋大學	1992年ＥＣ市場統合と世界

29) 일본 EU학회의 홈페이지(http://wwwsoc.nii.ac.jp/eusa-japan)에서 학회활동에 관한 기록과 내용 등을 알 수 있다.

12	1991	11	9/10	同志社大學	ＥＣ統合の深化と擴大
13	1992	11	7/8	東北大學	ＥＣの政治統合
14	1993	11	13/14	姬路獨協大學	ＥＣ・國家・地域－統合の新たな挑戰と課題－
15	1994	11	12/13	學習院大學	マーストリヒト條約の多角的檢討
16	1995	11	4/5	關西大學	ＥＵ社會政策の多角的檢討
17	1996	11	9/10	東京経濟大學	ＥＵとアジア
18	1997	11	8/9	阪南大學	ＩＧＣの課題と展望
19	1998	11	7/8	成蹊大學	ＥＵ通貨統合
20	1999	11	6/7	慶應義塾大學	21世紀へ向かうＥＵ
21	2000	11	11/12	近畿大學	歐州統合の理論と歷史－シューマン・プラン50周年－
22	2001	11	17/18	長崎純心大學	ニース條約と歐州統合の新展開
23	2002	11	9/10	日本大學	ユーロの再檢討
24	2003	11	1/2	北海道大學	EUの擴大

가장 최근의 연구대회인 제25회(2004년도)의 활동에서 연구대회의 주제를 보면 다음과 같다.

共通論題：歐州憲法とIGC
ⓐ 田中俊郎(慶應義塾大學教授)「歐州憲法條約草案採擇への道」
ⓑ 橋田力(歐州國際戰略研究センター大學院生)「歐州統合の轉換点としての憲法條約－機構的構成における政府間主義と超國家主義の交錯」
ⓒ 中村民雄(東京大學助教授)「重層憲法秩序における『多様性の中の合同』：その法的論点」
ⓓ 山下英次(大阪市立大學教授)「<歐州憲法>における経濟ガヴァナンス問題と今後の課題—ユーロ・エリアの國際通貨政策の視点を中心に—」
ⓔ 在東京EU・加盟國外交官「彼らは歐州憲法をどのように見ているか」
ⓕ ハンス＝エッカート　シャーラー(ハンブルク世界経濟研究所シニア・アドバイザー)「歐州経濟の現況：展望と課題」

ⓖ 星野郁(國學院大學教授)「中東歐諸國の勞使關係とEU」
ⓗ クラフチック・マリウシュ(福岡大學教授)「擴大後のEUにおける勞働移動」
ⓘ 久保廣正(神戸大學教授)「擴大EUにおける歐州産業の立地」
ⓙ 川西重忠(櫻美林大學客員教授)「擴大EUと北東アジア共同体の研究ー試論」
ⓚ 岩村英之(東京大學研究助手)「國際間通貨交涉における交涉力の源泉としての通貨統合—ヨーロッパ通貨統合の政治経濟學的側面」
ⓛ 小川浩之(京都大學研究助手)「『英米特殊關係』とイギリスの第1回EEC加盟申請、1955～61年」
ⓜ 野間愛子(東京大學大學院生)「歐州共通農業政策の展開に伴うフランス農業セクター利益団体政治の変遷—ドゴールからシラクまで(1958年～2000年)—」
ⓝ 小西幸男(甲南大學講師)「EU環境法政策と國內環境法政策の整合性について」
ⓞ 土谷岳史(早稲田大學大學院生)「EUと民主的シティズンシップ」
ⓟ 田中素香(中央大學教授)「歐州協定FTAとEU＝中・東歐貿易の發展ーEU加盟後の中・東歐諸國の経濟發展との關連でー」
ⓠ 嘉治佐保子(慶應義塾大學教授)「第5次EU擴大の経濟的側面—安定成長協定の今後—」
ⓡ 林秀毅(みずほフィナンシャルグループ・新光証券)「第5次ＥＵ擴大の経濟的側面－金融を中心に－

2. EU법과 법과대학원(로스쿨)

새로운 법과대학원에서 교육 중에서 EU법은 어떻게 할 것인가가 논의되고 있다.

이러한 전체적 상황속에서 EU법은 주로 3년차에 배당되는 선택과목으로서 들어가게 된다. 일본의 법학은 전통적으로 유럽과 미국 선진국의 법제도를 수입함에 따라 발전해온 측면이 있지만, 독일, 프랑스, 영국 등 일본법에 영향을 준 각국법이 EU법우위의 원칙아래에서 규율되는 이상, EU법을 무시하고 이들 각국법을 연구하는 것은 위험하다. 법조계에서도 기존의 실무를 승계하는 것만으로 이를 비판적으로 검토하고 새로운 실무를 발전시키는 것을 요구하는 이상 외국법으로서의 EU법은 매력적인 것이다. 다른 한편, EU법의 내용은 WTO법등 국제경제법과도 관련을 가지고 있다. 지역경제통합의 선례로서 또는 자유무역과 환경 비무역적 관심사항이라는 대립하는 이익을 조화시키는 실험례로서 EU법은 많은 아이디어를 제공해 준다. 특히 앞으로의 법조는 국내외의 법률사무소뿐만 아니라, 국제기관·관공서등에 일할 기회가 부여된다. 이러한 법조에서 EU법은 직접 역할을 담당할 것이다.

예로서 와세다대학의 경우 EU관련과목으로서 3과목을 두고 있다. ① EU법이다. EU법의 기초이론에 중점을 두고 EU법의 총론적인 내용을 강의하는 것이다. 직접효과를 시작으로 하는 구주사법재판소에 의한 판례이론은 EU가맹국의 법조에 있는서는 불가결한 지식이다. ② EU경쟁법/통상법이다. EU역내의 활동하는 일본기업 가운데에는 경쟁법위반의 책임을 추급되어 고액의 과징금을 지불하는 경우도 있다. 국제적인 기업법무에 관심을 가진 학생은 놓칠 수 없는 과목이다. ③ EU환경법이다. EU에서 환경정책의 위치, 환경행동계획, 다양한 환경입법과 판례를 대상으로 하는 과목은 환경법에 관심을 가진 학생의 시야를 넓히는데 도움이 된다. 그러나 법과대학원에서 EU확대는 EU법의 지리적 적용범위의 확대를 의미하며 또한 헌법조약의 채택으로 나아가는 최근의 논의는 헌법이란 무엇인가, 민주주의란 무엇인가라는 법학에서 극히 원리적인 문제를 제기하고 있다. 이러한 문제제기는 EU의 영역내에 머물지 않고 보편적인 의의를 가지고 있으며 최근의 헌법연구자사이에서도 EU법에의 관심이 높아지고 있다[30].

Ⅶ. 결론-EU법의 발전과 아시아의 대응

1. EU법의 발전과 아시아에서 국제경제법질서확립

전세계를 대상으로 한 경제법질서로서는 WTO체제가 있다. WTO 체제와는 별도로 아시아 국가들을 대상으로 하는 국가간, 경우에 따라서는 해당 국가 내에서의 개인에게까지 법적인 권리·의무를 부과하는 형태로 구성되는 객관적인 규율의 체계 즉 국제법질서가 있는가에 대한 물음을 할 수 있다.

여기서 객관적이라는 것은 의무이행의 이익이 구체적인 권리를 가진자에게만 귀속하는 것이 아니라 규율내의 모든 수범자에 관한 따라서 구체적인 권리자의 동의만으로는 의무이행을 면제할 수 있는 것이 아닌 것을 말하는 것이며, 다시말하면 질서를 지지하는 일반이익 또는 공공성이 존재하는 것이다.

유럽에서는 EU 또는 EC가 널리 유럽공동체국가를 대상으로 하는 형태로 존재하며, 북미에서는 북미자유무역지역(NAFTA)가 EU 정도의 강력하지는 않지만 존재하고 이것이 현재에는 남북아메리카를 대상으로 하는 북주자유무역지역(FTAA)으로 2005년 결성을 목표로 교섭이 진행되고 있다. EC는 로마조약에 근거하여 설립되어 법적 문서가 작성되어 게다가 이들 해석적용에 종사하는 유럽공동체재판소를 준비하고 있으며, 이를 위해 오래전부터 체계적인 EU 법질서가 만들어져 온 것이다.

아시아를 대상으로 하는 국제경제망으로서는 아시아뿐만 아니라

---

30) 須網隆夫, EU法と法科大學院, 日本EU學會ニューズレターNO.11(2003.8.1), 2-5면. 자세한 내용은 위 학회의 홈페이지 참조.

환태평양국가들을 가맹국으로 포함하는 아시아태평양 경제협력회의(APEC)가 있다. APEC는 조약에 기초를 두는 정식의 국가조직은 아니지만, 다양한 원칙을 가지고 수뇌회의 등, 명확한 의사결정절차를 가지고 있다. 그 외에 동남아시아자유무역지역(AFTA). 동남아시아제국연합(ASEAN), 중국이나 일본, 한국과의 사이의 자유무역지역(FTA)의 조직구상을 가지고 있다.

① APEC : 완화된 국가간 협력조직체로서의 APEC이 출발하였으며 질서화의 도입을 위한 시애틀 각료화, 자유화 및 원활화의 진전에 따라 분쟁처리절차에 대한 장래의 발전가능성에 대해 검토한 大阪각료회의에서 회의의 결착을 보게 된다.

② ASEAN의 태도 : ASEAN국가는 APEC에서 질서화의 저항에 대해 아시아적 유의(Asian Way)라든가 APEC적 유의[31]라는 단어를 사용하였다. ASEAN은 자유무역지역을 결성하는 등 협력을 심화시켜 왔다. 그러나 기본원칙으로 일관해서 내정불간섭원칙으로 유지하고 있는 것이다.

여기서는 이 두 기구를 통한 아시아의 통합에 대한 고찰을 일본에서 진행되고 있다[32].

이러한 통합을 위한 최대의 조건으로서는 국가간의 법적 의무부과에 대한 문제가 관건일것이다. 법적 의무를 부과하여 일을 진행

---

31) 아시아적 유의의 특징 아이사의 문제는 아이사인의 손으로 해결한다는 범아시아주의, 역내의 상호존중과대국의 자제를 촉구하는 평등성, 대립의 표면화를 피해 시간을 걸쳐 전 당사자의 수락가능한 합의에 도달할때까지 비공식협의를 계속해 나아간다는 콘센서스형식, 합의가능한 문제부터 쌓아가는 점진주의, 행정레벨의 문제와는 분리하여 정치레벨에서 결단을 내리는 정관분리, 개인의 이익보다는 전체의 화합을 우선하는 공동체정신 등으로 분류할 수 있을 것이다.

32) 小寺彰, アジアにおける國際経済法秩序, 『法律時報』 74巻4号(2002), 37면 이하.

해 나아가는 것은 서구의 문화이며, 아시아는 전체의 조화를 중시하는 문화로서 법적인 제도화는 익숙하지 않다고 주장하기도 한다. 확실히 구미의 법문화와 아시아의 문화는 동일하지 않다. 그러나 아시아국가들이 동일의 문화를 가지고 있다고 할 수 없는 것은 인도와 동남아시아, 그리고 중국을 비교하는 것만으로도 그 문화의 차이를 알 수 있을 것이다. 따라서 ASEAN국가도 WTO에 가맹하고 있고, 법적 권리의무에 따라 구성된 법질서와 완전히 무관하지 않으며 여기서는 WTO의 流儀에 따라 활동하고 있다. 따라서 이들 국가가 WTO로부터 탈퇴를 검토하고 있기도 하다.

왜 WTO체제에는 복종하는가 APEC에서는 법적 권리의무에 의해 구성되는 WTO와 같이 강한 조직이 만들어지지 않는 것인가. 이것은 권리의무를 설정하고 국가가 이에 상반하는 경우에는 상호간에 이행을 촉구한다는 WTO적인 강한 어프로치를 APEC가 채용한다면 APEC가 대상으로 하는 분야 즉 국제협력이 비교적 진행하기 쉬운 경제분야에 대해서 ASEAN은 APEC에 매몰될 수 밖에 없다. 따라서 ASEAN국가가 ASEAN을 소중하게 하기위해서는 ASEAN을 통한 국가의 국제협력이 그들에게 있어서는 중요한 것이라 할 수 있다.

APEC이 강제력을 가진 기구가 아닌 완화된 협력체로 머물게 하는 것은 아시아의 고유성때문이 아니다. 오히려 ASEAN국가들의 각국 특성에 따른 정치적인 고려가 바로 그 원인이라 볼 수 있다. 따라서 그 배경에는 아시아제국이 서유럽제국과 같은 강고한 국가체제를 아직 확립하지 않고 이전과 같이 근대주권국가체제를 확립하는 도중이라고 하는 점에서 찾을 수 있을 것이다. ASEAN의 결성의도에서 보듯이 국가통합의 기초를 다지는 것만이 최우선과제인 것이며, 이는 ASEAN의 내용인 내정불간섭원칙을 고집하는 것이 큰 장애요인이라 볼수 있다. 이러한 과정속에서 일본에서는 EC와 EU의 통합과정속에서 그 기초를 찾아 아시아 국가의 통합적인 과정을 모색하는 것으로 유럽법에 대한 최대의 의의로 삼고 있다.

2. 동아시아국가간질서의 확립과 전망

森嶋通夫의 「일본에서 할 수 있는 것은 무엇인가-동아시아의 공동체를 제안한다」[33]가 화제가 되었다. 그 내용의 중심은 EU와 같은 지역통합을 보편적인 현상으로 보고 교통·통신 등 다양한 기술의 발전이 국가·사회에 대해 큰 영향을 미치며, 이들 기술의 발전에 의해 종래의 민족국가의 규모는 너무나 작은 것이 되어 국가를 초월하는 공동체가 인식되지 않으며 아니되는 시점에 왔다는 것을 주장한다. 그 결과 세계의 각지에 EU와 같은 공동체가 성립되며 따라서 이들의 지역공동체에 의해서 세계가 구성되어 나아가므로 결국에는 세계정부로 발전해 나아간다는 내용을 담고 있다. 그 중 동아시아의 공동체는 장래적으로는 경제공동체로서의 성격을 가지는 것으로서 최초는 경제건설을 위한 건설공동체로서 출발하여 지역관세를 철폐하여 시장공동체로 나아가는 것이다. 공동체 구성을 위한 논의는 우선 통합을 목표로 하는 것에 대한 是非, 통합의 가능성을 위한 기반정비, 통합과 법의 역할 등에 대한 것을 다룰 수 있을 것이다.

여기서 국제협력·지역협력을 진행해 나아갈 때에는 법의 역할이 중요하다. EU의 경과를 보듯이 국가간의 협력을 단순히 정치적인 것만으로 하는 것이 아니라, 무엇인가 법적인 틀을 만들어 이 법적

33) 森嶋通夫, 『日本にできることは何か』, 岩波書店(2000)

인 틀안에서의 협력을 통해 국제조직을 원활하게 진행해 가는 추진력으로 될 것이다. 물론 최초의 단계는 이러한 합의를 도출하는 것을 전제로 하는 것이다[34].

이러한 동아시아의 통합의 과정에 대해 최근에는 일본·싱가포르의 자유무역협정(FTA)가 체결되고 고이즈미총리가 주장하는 동아시아공동체구상, 아시아통화제도의 창설 등 아시아에 있어서 경제통합을 지향하는 논의가 활발하고 진행되고 있다.

그러나 이에 대한 일본의 EU법연구자의 입장에서는 비판이 가해지고 있으며, 그 이유는 첫째, 이들 논의가 예를 들어 정치, 경제일반, 혹은 통화라는 개별적인 관점으로만 이루어지고 있기 때문에 동아시아에 있어서 국가간질서의 전체적인 존재방식을 구상한다는 의미가 전혀 명확하지 않다는 것이다. 둘째, 이러한 경제통합을 지향할 때 여기에 법이라는 것이 어떠한 역할을 담당할 것인가에 관한 문제가 거의 인식되고 있지 않다는 것이다.

EU의 경우에는 통합이 EU법이라는 독자의 법질서를 만들어내고, 그 발전이 통합을 진전시켰다는 경위를 가지고 있으므로 EU에 일상적으로 접하고 있는 일본의 EU법연구자 입장에서 보면 필요한 논의가 빠져있다는 것이다. 이러한 현상에서 EU법에 적극적인 비교연구를 연구의 핵심으로 삼고 있다고도 볼 수 있다.

유럽연합은 전대미문의 월경적 통치공동체로서 아직 계속해서 움직이고 있다.

그것은 국가의 통치권능에 상당히 유사한 통치권한을 가졌기 때문에 EU에서 입법권한을 보면, 연방국가로 보이는 규범상을 보인다. 그러나 유럽연합 전체를 조망해보면 그것은 주제나 활동분야에

34) 東アジア國家間秩序の展望一森嶋通夫著日本にできることは何か一東アジア共同体を提案するを素材に,『法律時報』74巻4号(2002), 42-58면.

따라 통치방식을 달리 하는 복합체이며 같은 EU의 기둥 가운데에서도 주제에 따라 통치 방식을 달리하는 것도 있다. 소위 집행과정을 보면, EU · EC는 구성국의 국가기관에 의존하여 처음으로 집행을 관철할 수 있는 것이며 이면에서는 국가로서의 자율성을 가지고 있지 않다. EU는 전대미문의 통치체이다. 그 장래를 말하기에는 연방국가인가 국가연합이라는 도식을 버리고, 규범상과 실상의 양면을 바라보면서 정리가능한 것인가를 항상 비판적으로 검정하는 철저한 태도가 요청되고 있다. 유럽인이 말하는 유럽헌법이라는 것은 그러한 전대미문의 越境的 공동체의 통치규범을 구하는 새로운 도전인 것이며[35], 이는 유럽인 뿐만 아니라 전세계인의 새로운 도전이라고 평가할 수 있을 것이다.

---

35) 中村民雄, EC法からEU法へ一体制変化の含意と展望『EU法とヨーロッパ法の諸問題』石川明教授古稀記念論文集, 信山社(2002).

참고문헌

個人情報保護法制の國際比較一EU,『比較法硏究』64호(2002).

高橋和之, 國家主權とフェデラシオン一EU統合プロセスの憲法學的把握をめぐって一『歐州統合とフランス憲法の変容』, 有斐閣(2003).

宮前忠夫, EU基本權憲章の解說と全譯・21世紀を展望する基本權憲章、進んだ民主主義的諸權利の保障,『總合社會福祉硏究』18号(2001年3月).

大木雅夫, ヨーロッパ共同体における法の統一,『立教法學』4호 (1962).

東アジア國家間秩序の展望一森嶋通夫著日本にできることは何か一東アジア共同体を提案するを素材に,『法律時報』74巻4号(2002).

木下 ほか, ヨーロッパ統合と法,『比較法硏究』52号(1992).

藤原豊司, 見えてきた歐州統合の最終形態(ｖ)一ニース條約、東への擴大に道開く,『貿易と關稅』49巻2号(2001.2).

田中俊郎, 歐州連合と單一歐州議定書,『國際政治』94号(1990.5).

同, 單一歐州議定書と域內市場,『國際問題』340号(1988).

田村悅一,『EC行政法の展開』, 有斐閣(1998).

門田孝, 歐州人權條約の積極主義的解釋,『EU法の現狀と發展』, 信山社(2001).

網井幸裕, 國際議會主義と歷史的展開,『EU法の現狀と發展』, 信山社(2001).

森嶋通夫,『日本にできることは何か』, 岩波書店(2000).

須網隆夫, 新世紀におけるEU法の可能性,『法律時報』74巻4号(2002).

________, EU法と法科大學院, 日本EU學會ニューズレターNO.11(2003.8.1).

小久保康之, 單一歐州議定書と歐州議會,『日本EC學會年報』7号(1987).

小寺彰, アジアにおける國際経濟法秩序,『法律時報』74巻4号(2002).

辻村みよ子, フランス共和國憲法、樋口陽一＝吉田善明編 『解說世界憲法集』, 三省堂(2001)

_________,『市民主權の可能性』有信堂(2002.5).

_________, 歐州統合と憲法改正,『歐州統合とフランス憲法の変容』, 有斐閣

(2003).
安江則子, EU統合とフランス議會ーアムステルダム條約と憲法第88條,『EU法の現狀と發展』, 信山社(2001).
________, EU統合と議會制ーEUレベルの代議制民主主義の可能性,『EU統合の法的側面』(1993).
________, 歐州議會(2)『國會報』(1999.8月号).
伊藤洋一, 法における國內手續きの自立性の限界について, 北村一郎編,『山口俊夫先生古稀記念　現代ヨーロッパ法の展望』, 東京大學出版會(1998).
________, EU基本權憲章の背景と意義,『法律時報』74卷4号(2002).
籾山錚吾, 補充性の原則の背景ー環境問題との關連においてー,『EU法ヨーロッパ法の諸問題』石川明教授古稀記念論文集, 信山社(2002).
中村民雄, EUの法調和の實踐と比較法の課題,『比較法研究』65号(2003).
________, EC法からEU法へー体制変化の含意と展望,『法律時報』74卷4号(2002).
________, EC法からEU法へー体制変化の含意と展望『EU法とヨーロッパ法の諸問題』石川明教授古稀記念論文集, 信山社(2002).
只野雅人, 歐州統合下の意思形成と國民主權ー歐州議會・歐州議會選擧を素材としてー『歐州統合とフランス憲法の変容』, 有斐閣(2003).
長尾一紘, ドイツにおけるEU市民の參政權,『比較法雜誌』33卷3号(1999).
庄司克宏, EU基本權憲章に關する序論的考察,『横浜國際経濟法學』9卷2号(2000年12月).
________, ニース條約とEU機構改革ー「アムステルダム・レフトオーバーズ」への取り組みー,『EU法ヨーロッパ法の諸問題』石川明教授古稀記念論文集, 信山社(2002).
『外國の立法』第211号, 國立國會図書館調査及び立法考査局(2002년2月).
八谷まちこ, 補完性の原則の確立と課題,『EU法とヨーロッパ法の諸問題』石川明教授古稀記念論文集, 信山社(2002).
横尾日出雄l, フランスにおける憲法改正と統治構造の変容(1)(2),『法學新報』108卷3・4号(2001).

<Abstract>

Study on discussion the EU Constitution in Japan

―EU law's development and Asia community―

SEO, Bo-Keon*

Japan adopted a joint declaration from relationship with 1991 European community and that member country. 2002 is active the many flow humanly, it does, also the research result is various.

The objective of the research which it sees leads and the research with the Eu law's from Japan, it means that becomes the place reference which compares the Eu law and Korean law department and analyzes.

The first, It law philosophy analyzes fundamentally about European Union lega. And as problem of the rule organization Nees treaty, EU reorganization, it tries to observe the Europe council and an amendment to the constitution problem.

The second, It analyzes the relationship of doctor formation and sovereignty of nation under second, European unification. Also it tries to observe the suffrage of the European Union citizen.

The third, It tries to observe the problem regarding on supplement characteristic principle.

The fourth, The research work with the EU law, Japan it leads

* Constitution Researcher

and it reports the direction of research, it examines the connection with the law-school.

EU law development it leads conclusion and against the plan which establishes the international law order of Asia it researches the fact that with the contents.

유럽헌법의 전망

박인수*

Ⅰ. 서론

마스트리히트 조약이후 유럽연합은 경제적 통합과 회원국 가입확대를 지속적으로 실현하여 왔으며, 2000년 말 니스조약의 부속 형태로 유럽연합의 미래에 관한 선언 이후, Laeken 유럽이사회, 유럽미래회의, 정부간 회의의 활동 등을 거쳐 정치적인 통합을 모색하고 유럽시민의 기본권 보장을 위한 유럽연합 헌법조약안(이하 유럽헌법으로 부른다)에 대하여 2004년 10월 29일 회원국 정상들이 서명하였다. 동 헌법전 제4편 제447조 제2항에 의하면 회원국의 국내비준절차가 완전히 종결된 때에는 2006.11.1부터 효력을 발생하도록 규정하고 있으며, 전 회원국이 이때까지 비준하지 아니한 경우에는 최종적으로 비준을 행한 회원국이 비준서를 제출한 이후 2개월째의 1일에 효력을 발생하는 것으로 규정하고 있다. 그러나, 2006.

---

* 영남대 법대 교수

12월까지 전체 회원국의 비준을 받지 못하게 되는 경우에는 유럽헌법의 효력발생 시기가 상당기간 지연될 가능성도 배제할 수 없을 것이다. 왜냐하면, 회원국 중 마지막인 25번째 비준이 2006년 12월 중에 완료하여 비준서를 제출하게 되면 2007.2.1. 효력을 발생하게 되겠지만, 2007.1.1. 까지도 25번째 회원국 비준서의 제출이 없으면 2007.1.1. 이후에는 불가리아와 루마니아가 회원국으로 가입하게 됨에 따라 이들 신규 회원국이 유럽헌법의 비준을 위한 국내법적 절차를 새로이 개시하여 비준을 하여야 할 것이기 때문이다.

프랑스가 금년 5.29. 국민투표에서 유럽헌법의 비준을 부결하기 이전까지는 회원국들의 비준절차가 순조롭게 진행하고 있었다. 프랑스 이후 네델란드에서의 부결과 영국의 비준시기 연기는 유럽헌법의 효력 발생의 측면에서 중대한 도전이 되고 있다. 물론, 유럽연합의 기능과 권한의 행사는 현행 유럽연합의 기본협약인 마스트리히트 조약 이후의 제 조약과 규범들에 의하여 지속될 것이라 보겠으나, 명료하고 단순화된 기본규범인 유럽헌법의 효력 발생시기가 불확정된다는 점에서는 여전히 문제가 될 수 있다고 하겠다.

유럽연합은 정치적 통합을 위한 진일보로서 유럽헌법의 제정을 선택하였으나, 유럽연합에의 가입을 희망하는 국가들에 의한 유럽연합의 확대가 예견되고 있으므로 이들 가입희망국과 기존 가입국들간의 경제적 · 사회적 · 정치적 통합의 문제를 둘러싸고 유럽연합은 새로운 실험에 봉착하고 있다. 크로아티아, 세르비아 · 몬테네그로, 마케도니아, 보스니아 · 헤르체고비나와 같은 발칸국가들의 가입문제도 수많은 논쟁을 불러 일으키고 있으나, 이보다 터키의 가입승인 여부를 둘러싸고 유럽연합 회원국들의 반발이 보다 강하게 나타나고 있으며, 유럽연합의 정치적 · 사회적 통합과 유럽적 가치의 정립을 위하여서도 반드시 검토되어야 할 과제라 볼 수 있다.

회원국의 EU헌법 비준문제와 회원국 가입확대의 문제에 관하여 살펴보고자 한다.

Ⅱ. 회원국에 의한 유럽헌법 비준 문제

1. 비준현황

2004.10.29. 로마에서 유럽연합 회원국 정상들이 유럽헌법에 대하여 서명한 이후 2005.5.29. 프랑스의 국민투표에 의해 유럽헌법에 대한 비준이 부결되기 까지 리투아니아(2004.11.11). 헝가리(2004.12.20), 슬로베니아(2005.2.20), 이탈리아(2005.4.6), 그리스(2005.4.19), 슬로바키아(2005.5.11), 스페인(2005.5.18), 오스트리아(2005.5.25), 독일(2005.5.27) 등 9개국이 국민투표 또는 의회 동의의 방법에 의한 비준을 종료하였다.

2005.5.29. 프랑스 국민투표일이 임박함에 따라 프랑스 국민투표를 가결로 유도하기 위한 국제적 협조의 일환으로 오스트리아, 독일등이 앞당겨 비준을 행하였으나 프랑스는 반대 54.8%에 의해, 6.1 시행한 네델란드 국민투표결과는 반대 61.7%에 의해 비준을 부결하였다.

프랑스와 네델란드의 비준 반대에도 불구하고 라트비아(2005.6.2), 사이프러스(2005.6.30), 몰타(2005.7.6), 룩셈부르크(2005.7.10)에서 계속하여 유럽헌법 비준을 가결하였으나, 유럽연합은 프랑스와 네델란드의 비준부결 충격을 극복하지 못하고 있는 상태에 있다.

미비준국가 중 벨기에는 상원과 하원에서 비준안을 이미 통과해둔 상태이며 현재 지방의회의 비준절차를 진행 중에 있으며, 영국은 2006년 봄 국민투표를 통하여 비준하고자 계획하였으나 프랑스의 부결 이후 비준을 연기해 둔 상태에 있다. 프랑스가 부결 한 이후 소집된 2005.6. EU 정상회의 이후 폴란드, 에스토니아, 아일랜드, 핀란드, 스웨덴, 덴마크, 체코, 포르투칼에서는 비준 절차 연기 의사를 표명하였다.

유럽연합 25개 회원국 중 현재 기비준국은 13개국, 미비준국가 10개국, 비준부결국가 2개국의 상황에 있다.

2. 프랑스와 네델란드의 비준 부결의 원인

(1) EU확대와 경제적문제에 관한 비판적 시각 증대

EU 정치엘리트는 EU 통합과 확대를 통해 국제정치적인 영향력을 증대하고, 민주주의 확산과 경제성장을 촉진시킨다는 인식을 공유하고 있으나, 프랑스의 일반 시민들은 동구권 10개국이 EU에 통합됨으로써, 'polish plumber'로 상징화되는 값싼 노동력이 자국으로 유입되고 공장은 동구지역으로 이전하는 현상을 목격함으로써 EU확대 자체에 대한 비판적 시각이 점차 확대되었다.[1)]

또한 경제적인 면에서도 2000년 이후 EU 경제는 2% 내외의 저성장을 기록하고 있으며 프랑스 실업률의 경우 10.2%로서, Chirac 대통령이 집권한 1995년의 11.3% 비교하여 1%내외 정도만 개선되었다는 점에서 부정적 시각이 EU헌법의 비준부결로 나타나게 되었다고 볼 수 있다.

---

1) 이하 주구주연합대표부 홈페이지(http://www.koreanmissiontoeu.org/main/index.php)의 Hot issues 헌법조약 내용을 인용・요약함.

(2) 반 이슬람정서 확산

11월초 Paris 동북부 빈곤층 주거지역에서 발생한 이슬람청년들에 의한 소요사태도 경제적 문제를 떠나 반이슬람정서의 확산에서 비롯되었다고 보고있다. 프랑스, 네덜란드 등 EU전역에 회교도 인구가 증가되고, 이들의 유럽사회로의 동화 미흡 및 각종 범죄와의 연관확대 등으로 회교도에 대한 사회적 우려가 점증하였으며, 이러한 반이슬람정서 또한 비준부결로 연결되어졌다고 분석하고 있다.[2)]

또한 지난해 작년 EU확대에 이어 EU헌법조약의 비준 과정이 진행됨으로서 EU헌법이 비준되면 인구 7000만에 달하는 터키가 EU에 가입할 것이라는 EU헌법에 대한 잘못된 인식이 일반국민에 확산된 것이 원인이라고 보는 견해도 있다.[3)]

(3) 기존 사회주의 복지모델 변화에 대한 불안감

사회주의 복지모델을 기반으로 운영해온 기존 EU의 모습이 EU확대 전후로 경쟁적 요소를 중시하는 영국과 친미 성향을 띠고 있는 New Europe의 영향력 증대로 인하여 복지사회의 구현이 더욱 힘들게 되어진다고 단정한것도 비준부결의 원인이 되고 있다. 즉 프랑스와 네덜란드의 일반국민은 EU헌법조약이 이러한 EU확대와 경쟁모델 도입과정을 상징화하는 것으로 인식함으로써 복지모델에 대한 불안감을 나타내 보였다.

이러한 제요인들이외에 Chirac 대통령, Balkenende 총리 등 현 정치인에 대한 불만도 노정된 것으로 보고 있다.

---

2) http://www.koreanmissiontoeu.org/general/general.php; EU헌법조약비준동향 참조.

3) Ibid., id.

3. 유럽헌법 비준의 전망

프랑스와 네덜란드의 비준 실패이후 Tony Blair 영국총리는 선거결과와 EU헌법조약의 미래에 대해 숙고할 시간이 필요하다는 의견을 제시했고, 여타 EU회원국들의 연속적인 비준 실패 사태가 발생할 수 있다는 점을 우려한 EU는 6.16~17간 개최된 EU정상회의에서 당초 2006년 11월로 정해져 있던 국내비준 시한을 연장키로 합의하였다.[4)]

EU헌법조약은 일정기간의 냉각기를 거쳐 향후 처리 방향이 정해질 것으로 보이는 데, EU 전문가들은 부결된 회원국의 2차 국민투표실시방안, 헌법조약의 부분적 적용방안, 헌법조약의 재협상방안 등의 3가지 시나리오를 제시하고 있다.

헌법조약의 재협상방안은 현실적으로 대단히 어렵다고 전망하고 있다. 물론 모든 EU회원국들이 헌법조약안 협상시와 마찬가지로 정부간회의(IGC)에 합의할 경우 재협상이 이론상으로 가능하다. 그러나, 현 헌법조약이 회원국간 줄다리기 끝에 어렵게 합의되었고, 현재 회원국수도 25개국으로 대폭 늘어난 상황에서 재협상을 할 경우 신규회원국들의 새로운 요구들만 제시되고 실익없이 혼란만을 야기할 것이 분명하기 때문에 사실상 어려울 것으로 보인다.[5)]

EU이사회 상임의장(EU대통령), EU외무장관 등 회원국간 이견이 없는 조직과 관련된 사항과 현 Nice조약의 결점을 보완하는 수준에서 기존 헌법조약의 일부만을 선택하여 시행하자는 헌법조약의 부분적 적용방안(cherry-picking the constitution)도 제시되고 있으나

4) Ibid.; 오행겸대사 '외교'지 기고문(10월), EU헌법조약과 유럽통합의 미래 참조.

5) Ibid., id.

이 역시 법적, 정치적 측면에서의 복잡성으로 실현가능성이 크지 않다.6)

국민투표 재실시 방안은 1992년 마스트리트 조약을 비준하는 과정에서 1차 국민투표때 비준에 실패한 덴마크가 2차 국민투표에 비준에 성공한 사례가 있다는 점에서 일단 가장 현실성있는 대안이라고 볼 수는 있다. 그러나, 같은 사안에 대해 재차 국민투표를 한다는 것이 문제가 있고 프랑스와 네덜란드에서 비교적 큰 차이로 부결된 사안이 재투표에 회부한다고 해서 통과될 것이라고 아직 낙관하기 어렵다.7)

지난 6월 EU정상회의에서 EU헌법조약의 국내비준 시한을 연기하기는 하였으나 무작정 현상태로 장기간 헌법조약을 방치할 수는 없다. EU통합에 대한 부정적 영향을 축소시키기 위해서도 일정시간 이후 타협을 통한 해결책 모색에 나설 것으로 전망된다. 구체적인 시기는 주요 EU회원국의 국내 정치상황과 밀접하게 관련이 될 것으로 보이는 데, 금년 9월의 독일 총선, 2006년 이탈리아 총선, 그리고 2007년 프랑스 대선 등 EU 주도회원국의 국내정치 일정이 어느 정도 완료되는 2007년이 되어야 구체적인 해결책 모색이 시작될 것으로 전망된다.8)

---

6) Ibid., id.

7) Ibid., id.

8) Ibid., id.

Ⅲ. 회원국 가입확대의 문제

1. 25개 회원국으로의 확대

(1) 2004. 5. 1 이전 EU회원국

EU는 52년 유럽 석탄철강공동체(ECSC)로 발족한 이래, 4차례에 걸친 확대과정을 거쳐 2004.5.1 이전까지는 15개국으로 구성되어 있었다.

- EC 원가맹국(52년) : 불란서, 독일, 이태리 및 베네룩스 3국
- 1차확대(73년) : 영국, 아일랜드, 덴마크
- 2차확대(81년) : 그리스
- 3차확대(86년) : 스페인, 포르투갈
- 4차확대(95년) : 스웨덴, 핀랜드, 오스트리아

1997.6. 암스테르담 정상회담에서 중□동구 국가들과의 EU 확대협상을 위해 92년 마스트리히트 조약을 대체하는 "암스테르담 조약"을 채택하고, 97.10 동 조약에 서명하였으며, 동 조약 체결에 따라 98.3월부터 우선 협상 대상국 6개국(폴란드, 헝가리, 체크, 슬로베니아, 에스토니아, 사이프러스)과 회원국 확대 교섭을 개시하였다. 1999.1.1부터 회원국 중 11개국이 참가한 유럽 단일통화가 도입되었으며, 참가국의 통화 및 금리정책을 유럽중앙은행에서 추진하게 됨으로써 경제통화 통합에 성공하였다.

1999.5.1 "암스테르담 조약"이 발효됨으로써 이를 바탕으로 회원국 확대 교섭이 더욱 진전되고 경제통합 차원에 넘어, 정치, 사회분

야에서의 통합을 위한 공동 외교안보정책 및 내무□사법 분야에서의 통합 노력을 보다 적극적으로 추진하였다. 2000.3월부터 2차 가입 협상 대상국 6개국(슬로바키아, 라트비아, 리투아니아, 몰타, 루마니아, 불가리아)과 가입협상 개시하였으며, 2000.12월 니스 정상회의에서는 암스테르담 조약에 포함되지 못한 집행위의 규모 및 구성, 각료이사회 투표권수 조정, 가중다수결에 의한 결정분야 확대, 긴밀한 협력 등에 관해 합의, "니스조약"을 채택하고 2001.2.26 동 조약에 서명하였다.

2002.12 코펜하겐 정상회의에서 10개국(헝가리, 폴란드, 체크, 에스토니아, 라트비아, 리투아니아, 몰타, 슬로바키아, 슬로베니아 및 사이프러스)과의 EU 가입협상이 완료됨에 따라, 2003.4 아테네에서 가입조약에 서명하고, 해당국들은 2004.5.1일자 EU에 가입하였으며 회원국 자격으로 2004년 구주의회 선거에 참여하였다.

2. 불가리아와 루마니아의 가입

루마니아와 불가리아의 가입협정은 2005.4.25~26간 룩셈부르크에서 개최중인 EU외무장관회의 기간중 Junker EU의장국(룩셈부르크) 총리, Saxe-Coburg 불가리아 총리, Basescu 루마니아 대통령간에 체결되었다. 금번 가입협정 체결로 양국은 observer 자격으로 모든 EU회의에 참석할 수 있는 기회를 부여받았다.[9)]

동 협정은 루마니아, 불가리아 및 EU 25회원국의 비준을 거쳐 발효되며, 루마니아와 불가리아는 EU와 약속한 개혁과제 이행에 있어 큰 문제가 없는 경우 2007.1.1 부로 EU회원국이 될 수 있다.

---

9) http://www.koreanmissiontoeu.org/general/general.php; 루마니라 및 불가리아 EU가입협정서명 참조.

2007년 루마니아와 불가리아의 EU가입이 이루어질 경우 EU의 인구는 484백만명으로 증가되며(양국의 인구는 3천만) EU는 몰도바와 흑해를 경계로 접하게 되어 노르웨이, 스위스, 발칸 5개국을 제외한 서부 및 중부유럽 전체가 EU로 편입되게 된다.

EU관계자들과 당지 언론에서는 불가리아의 2007년 가입에 대해서는 대체로 낙관적으로 보고 있는데 반해 루마니아에 대해서는 내무사법, 경쟁 (국가보조금) 등 11개 분야에 개혁 성과가 상대적으로 미진한 것으로 평가하고 있는 것으로 분석되고 있다.[10)]

3. 발칸국가들의 EU가입 논의 동향[11)]

(1) 세르비아 · 몬테네그로

Kostunica 세르비아 총리는 2005.6.16(목) 금년 10월 '안정화 및 제휴협정(SAA)' 체결 협상개시를 희망하면서, 세르비아가 2012년 세르비아 · 몬테네그로의 EU가입을 목표로하고 있다고 피력하고 있으며, 동 내용은 6.30(목) Miroljub Labus 세르비아 부총리와 Solana EU고위대표와의 면담에서 재확인되었다. Solana EU고위대표는 6.30 최근 세르비아 · 몬테네그로 국가연합 헌법개정안 통과 등 세르비아의 개혁노력을 평가하면서, 세르비아의 EU가입 준비와 관련, 구유고전범재판소(ICTY) 활동 협조 등 세르비아가 국제적 의무준수 노력을 강화할 것을 희망하였다.

EU는 2005.4월 세르비아 · 몬테네그로와의 SAA 체결을 위한 타당성보고서를 채택하였으며, 금년 10.5 밀로세비치 정권 붕괴 5주

10) Ibid., id.

11) Ibid.; 발칸국가들의 EU가입 논의동향 인용.

년에 즈음하여 SAA 협정 체결협상을 개시하는 것을 목표로하여 세르비아의 개혁을 유도하고 있다.

(2) 마케도니아

Ilinka Mitreva 마케도니아 외무장관은 2005.6.22(수) 마케도니아가 2005년말까지 EU가입후보국 지위를 획득하고, 2006년 EU가입협상을 개시할 것을 희망한다는 의견을 피력하였다.

마케도니아는 2001.4월 SAA협정을 체결하였으며, 2004.3월 EU 가입을 기신청하였는 바, 금년 12월 EU정상회의시 EU가입후보국 자격을 획득할 수 있도록 EU집행위가 금년 11월까지 마케도니아의 EU가입후보국지위부여에 대한 의견을 이사회에 제출해 줄 것을 기대하고 있다. 이와관련, Rehn EU확대담당 집행위원은 마케도니아가 자국내 알바니아계 민족의 권익보호, 선거, 경찰개혁 등 정치분야의 개혁진전과 고실업, 저투자, 저성장의 경제를 개혁하기 위한 노력을 더욱 진행해야 할 것이라고 보고 있다.

(3) 크로아티아

Barroso EU 집행위원장 등 EU지도부는 2005.1.17 EU를 방문한 Ivo Sanadar 크로아티아 총리와의 회동 계기에 지난 2004.12 EU 정상회의시 결정한 2005.3.17 크로아티아의 EU 가입협상 개시를 위해서는 크로아티아 정부의 유고전범재판소(ICTFY)에 대한 철저한 협조가 전제 조건임을 재확인 하고 있다.

2005.6.13 EU외무장관회의시 Del Ponte 유고전범재판소 소추관은 크로아티아의 유고전범재판소활동 협조노력이 가시적 성과를 보이기 위해서는 향후 3~4개월이 더 소요될 것이라고 평가하였으며,

이와관련, 2005.6.30 EU는 EU확대에 대한 시민들의 이해를 높이기 위해 크로아티아 및 터키의 사회단체와 EU의 사회단체간 대화 기회를 마련하겠다는 내용의 정책제안서를 발표하였다.

(4) 보스니아・헤르체고비나

2005.6.30 Mladen Ivanic 보스니아・헤르체고비나 외무장관은 유고전범재판소활동협조 및 경찰개혁 등 지난 2년간 보스니아의 개혁 진전 상황을 감안하여 금년말경 SAA 협정체결 협상이 개시되기를 희망하고 있다. EU는 보스니아・헤르체고비나와의 SAA 협정체결을 위한 타당성 보고서를 2003.11월 채택하였으나, 보스니아측의 개혁 미진으로 지난 2년간 SAA 체결협상을 개시하지 못하였다.

(5) 전망

프랑스와 네덜란드의 EU헌법비준 국민투표과정에서 EU확대에 대한 일반 EU시민의 부정적인 정서가 확인되면서, 터키, 발칸국가들의 EU 가입에 대한 EU 내부의 추진력이 약화된 상태이며, Villepin 프랑스 총리는 2005.6.15 Le monde지와의 회견에서 불가리아와 루마니아에 대한 기존 약속(commitment)은 지켜져야 할 것이나, 그 외의 EU확대에 대해서는 더 숙고할 필요가 있다는 입장을 피력함으로써 EU확대에 대하여 신중한 입장을 보여주고 있다.

그러나, EU가 발칸국가들에 대해 EU가입이라는 유인책을 통해 발칸국가들의 개혁, 민주화, 경제발전을 유도해 온 상황에서 EU확대 논의를 중단할 경우 발칸 국가내 민족주의세력과 급진주의 세력에 개혁중단의 빌미를 제공하여 발칸국가들의 정치, 경제적 안정이

위협받을 수 있다는 우려도 제기되고 있는 상황이다.[12)]

따라서, 발칸의 EU가입준비는 기존 '안정화 및 제휴과정'에 따라 진행될 것으로 보이나 EU확대에 대한 EU내부의 부정적인 정서를 반영하여 보다 강화된 기준을 적용하여 진행될 것으로 예상되며, 특히 세르비아·몬테네그로의 경우처럼 분리독립의 가능성이 있는 국가의 경우 SAA협정 체결등 EU가입 준비 과정이 당초 계획보다 지연될 가능성이 큰 것으로 분석되고 있다.

크로아티아의 경우 1인당 GDP가 작년 $7,700불에 달할 정도로 경제적 기반이 탄탄하며(루마니아 또는 불가리아의 1인당 GDP의 2배 규모), 정치, 사회 발전도 상당한 수준에 도달해 있다고 평가되고 있는 바, 유고전범재판소 협조문제가 순조롭게 해결될 경우 여타 발칸국가에 비해 EU가입 협상이 상대적으로 신속하게 진행될 것으로 전망되며, Economist등 언론에서는 크로아티아의 EU가입이 2010년 전후에 이루어 질 수 있을 것으로 예상하고 있다.[13)]

4. 터키의 가입

EU외무장관들은 2005.10.3 그간 난항을 겪어왔던 터키와의 EU가입협상안에 대해 최종 합의하였으며, 이에 따라 2005.10.3 터키와의 EU가입 협상이 시작되었다. 동 협상안에 터키의 회원국자격 이외의 다른 대안(special partnership) 문구 삽입을 고집해온 오스트리아는 협상안에 EU의 흡수능력(absorption capacity)을 고려한다는

---

12) Rehn EU확대담당 집행위원은 최근 '확대우울증(enlargement blues)'으로 인해 발칸의 '안정화 및 제휴과정'이 중단되거나 지체될 경우 심각한 부작용이 우려된다는 의견을 피력한 바 있다.

13) Ibid., id.

표현을 강화시키는 수준에서 가입 협상안에 합의하였다. 따라서, 기존 협정안상의 'common objective of negotiations is accession'이라는 문구와 'an open-ended process the outcome of which cannot be guaranteed in advance'란 표현은 유지되고 있다.[14)]

금번 외무장관회의에서는 그간 오스트리아 등의 유보적 태도로 난항을 겪어왔던 터키 가입협상 문제가 타결됨으로써 터키가 EU 가입을 신청한지 46년만에 가입협상이 정식으로 시작되었다는 점에서 역사적인 의의가 있으며, 터키 가입협상 개시관련 그간의 순탄치 못했던 논의과정을 감안시, 향후 터키의 가입협상이 타결되기까지는 상당한 시간이 더 소요될 것으로 전망된다.[15)]

Ⅳ. 결론

유럽헌법 비준에 대한 프랑스와 네덜란드의 부결은 EU헌법의 장래에 중대한 파장을 불러 일으키고 있는 것이 사실이다. 그러나 프랑스와 네덜란드의 EU헌법 부결이 EU헌법의 사망선고라 보기는 어려우며 EU의 활동과 운영이 마비되는 상태로까지 나아가게 할 것이라 전망할 수도 없다. 유럽연합이 헌법의 제정에 의해 정치적 통합을 꾀하기까지에는 수많은 난관과 위기가 있었으며, 적절한 방법과 시간적 유예에 의해 극복하였다는 점을 고려하면 지난 6月 정상회의에서 논의된 바와 같은 숙고기간이 도과한 후 새로운 해결방법에 의해 유럽헌법이 전회원국에 의해 비준될 것이라 기대해 볼 수 있다.

---

14) Ibid.; 터키 EU가입협상개시 참조.

15) Ibid., id.

유럽의 과제중 가장 중요한 현안 문제는 역시 회원국의 확대에 있으며, 확대의 방향은 2007년 불가리아와 루마니아의 가입이후 발칸 국가순으로 전개될 것으로 전망하고 있다. 터키의 가입문제는 2005.10.3. 비로소 EU차원의 공식적 논의가 개시된 만큼 상당기간 소요될 것이라 보이며, 부정적 시각이 적지 아니하므로 기존 여타 국가의 가입보다 훨씬 어려운 과정을 거칠 것이다.

유럽연합헌법은 유럽의 국가연합형태를 더욱 공고하게 하는 데 그 기여하는 바가 지대하다고 볼 수 있다. 종전 유럽공동체와 유럽연합에 의하여 제정 또는 체결되었던 복잡하며 다양한 규범들을 통일된 법전으로 체계화하고, 유럽연합에게 독립된 법인격 주체를 부여함으로써, 유럽연합을 하나의 규범적 공동체로 창설하고 있는 것이 유럽헌법이라 할 수 있기 때문이다.

따라서 헌법이라는 용어에 불가분적 관계에 있는 국가라는 관념에 몰입하여 유럽연합헌법은 유럽연방을 대외적으로 선포하는 신호탄의 성격을 가지는 것이라 이해하기 보다는 헌법의 기본적 개념의 외연이 규범적 공동체를 창설하는 근본규범으로 확장되었다고 보는 것이 타당할 것으로 사료된다.